NA ESCURIDÃO

OBJETIVA

HÉCTOR TOBAR

NA ESCURIDÃO

Tradução
Renata Telles

OBJETIVA

Grafia atualizada segundo o Acordo Ortográfico da Língua Portuguesa de 1990, que entrou em vigor no Brasil em 2009.

Título original
Deep Down Dark: The Untold Stories of 33 Men Buried in a Chilean Mine, and the Miracle That Set Them Free

Capa
Adaptação do cartaz do filme *Os 33* cedido pela Fox Film do Brasil © 2015 Twentieth Century Fox Film Corporation. Todos os direitos reservados.

Revisão
Raquel Correa
Flora Pinheiro
Tamara Sender

CIP-Brasil. Catalogação na fonte
Sindicato Nacional dos Editores de Livros, RJ

T553n
Tobar, Héctor
Na escuridão/ Héctor Tobar; tradução Renata Telles. – 1. ed. – Rio de Janeiro: Objetiva, 2015.
326p.

Tradução de: *Deep Down Dark: The Untold Stories of 33 Men Buried in a Chilean Mine, and the Miracle That Set Them Free*
ISBN 978-85-390-0695-3

1. Chile – História. 2. Memória. 3. Segurança do trabalho. 4. Operação resgate. 5. Acidentes de trabalho. I. Título.

15-24099 CDD: 983
CDU: 94(83)

[2015]
Todos os direitos desta edição reservados à
EDITORA OBJETIVA LTDA.
Rua Cosme Velho, 103
22241-090 — Rio de Janeiro — RJ
Telefone: (21) 2199-7824
Fax: (21) 2199-7825
www.objetiva.com.br

Para o povo chileno

Talvez eu vá, através de pesadas montanhas,
por duros veios, solitário mineral:
e vou tão fundo que não vejo fim
nem distância: tudo se torna próximo,
e essa proximidade faz-se pedra.

Não sou nenhum perito em sofrimento
e empequeneço neste escuro grande.
Tu o és, porém: adensa-te e prorrompe!
Realiza-se em mim tua mão toda
e, com meu grito, seja eu todo em ti!

— Rainer Maria Rilke, *O livro de horas**

* Tradução de Geir Campos. 2 ed. Rio de Janeiro: Civilização Brasileira, 1994.

SUMÁRIO

Primeira fileira: Alex Vega, Ariel Ticona, Carlos Barrios, Carlos Bugueño, Carlos Mamani, Claudio Acuña, Claudio Yáñez. Segunda fileira: Daniel Herrera, Darío Segovia, Edison Peña, Esteban Rojas, Florencio Avalos, Franklin Lobos, Jorge Galleguillos. Terceira fileira: José Henríquez, José Ojeda, Juan Carlos Aguilar, Juan Illanes, Jimmy Sánchez, Luis Urzúa, Mario Gómez. Quarta fileira: Mario Sepúlveda, Omar Reygadas, Osman Araya, Pablo Rojas, Pedro Cortez, Raúl Bustos, Renán Avalos. Quinta fileira: Richard Villarroel, Samuel Avalos, Víctor Segovia, Víctor Zamora, Yonni Barrios.

PRÓLOGO: CIDADES NO DESERTO

A mina San José fica dentro de uma montanha arredondada, rochosa e sem vida no deserto do Atacama, no Chile. O vento erode lentamente a superfície da montanha, produzindo uma poeira laranja-acinzentada que desce a encosta e forma poças e dunas de pó. O céu sobre a mina é azul-claro e límpido, e permite que o sol extraia toda a umidade do solo sem nenhuma barreira. Somente a cada doze anos, mais ou menos, uma tempestade digna do nome varre o deserto, cobrindo de chuva o terreno da San José. A poeira se transforma então em uma lama tão grossa quanto concreto recém-misturado.

Poucos visitantes vêm a esse canto do Atacama, embora o naturalista Charles Darwin tenha passado pelas redondezas, brevemente, no século XIX durante sua viagem pelo mundo em um navio de pesquisa da Marinha Real Britânica. Os habitantes locais lhe contaram histórias cientificamente implausíveis, ligando as raras chuvas a terremotos. A vastidão do Atacama e a ausência de vida animal surpreenderam Darwin, que descreveu o deserto em seu diário como "uma barreira bem pior do que o mais turbulento dos oceanos". Mesmo nos dias atuais, os ornitólogos que passam por essa parte do Chile observam que há poucas, ou quase nenhuma, espécies de aves a serem encontradas. No coração do deserto, a única presença viva conspícua é a dos trabalhadores das minas, e de uma ou outra mulher, transportados em caminhões ou micro-ônibus para as montanhas de onde o ouro, o cobre e o ferro são extraídos.

A riqueza de minerais sob as montanhas inférteis atrai trabalhadores vindos de Copiapó, a cidade mais próxima, e de muitos outros cantos distantes do Chile para as minas do Atacama. Juan Carlos Aguilar é quem mais viaja para chegar à San José: mais de 1600 quilômetros. No mapa, é possível perceber que o formato do Chile se parece com o de uma cobra, e o percurso de Aguilar para chegar ao trabalho o leva por metade do corpo da cobra. Sua viagem semanal começa nas florestas temperadas do sul do Chile. Na mina, supervisiona uma equipe de três homens que consertam carregadores frontais e os veículos atarracados, com longos braços e aparência de inseto, conhecidos como "jumbos", durante um turno de sete dias que começa na manhã de quinta-feira. Mas sua viagem para o trabalho tem início 36 horas antes, na terça-feira à noite, na cidade de Los Lagos. Nenhum trabalho local paga tão bem quanto o que ele tem no deserto, então Aguilar acomoda seu corpo cansado, de meia-idade, em um ônibus Pullman e observa as sombras das florestas de faia, as fazendas de eucalipto e os rios das montanhas passarem pela janela. O clima combina com seu humor: o céu está escuro e gotas de chuva batem nas janelas, como normalmente ocorre quando ele sai para trabalhar. A precipitação média da região do Chile onde mora, no paralelo 40 do hemisfério sul, é de 260 centímetros por ano.

Um dos mecânicos da equipe do supervisor mora um pouco mais perto da mina. Raúl Bustos é da cidade portuária de Talcahuano, próxima ao paralelo 37. Há cinco meses, Talcahuano foi atingida por um tsunami, desencadeado por um terremoto de 8,8 graus de magnitude. O desastre matou mais de quinhentas pessoas, deixou a cidade coberta de piscinas de água do mar, nas quais se agitavam milhares de peixes, e carregou a base naval na qual ele costumava trabalhar. Bustos é um rigoroso pai de dois filhos e um marido dedicado. Toma um ônibus em direção ao norte e viaja por uma paisagem plana, cheia de estufas, tratores e dos terrenos de pousio e cultivados do centro agrícola do Chile. Passa pela cidade de Chillán, onde outro membro da equipe de Aguilar inicia sua viagem em direção ao norte, passando por Talca, cidade na qual um alto e religioso operador de jumbo pega outro ônibus. Os homens que trabalham dentro da mina San José dividem-se em dois turnos, A e B, cada um trabalhando sete dias de uma vez, e todos esses homens foram escalados para o turno A. Este, por sua vez, é dividido em turnos diurnos e noturnos de doze horas, o que mantém a mina funcionando sem interrupção, das oito horas da manhã às oito da noite e das oito da noite às oito horas da manhã seguinte.

Os homens do turno A logo chegam a Santiago, com seus arranha-céus e viadutos em construção. É bem cedo quando os sulistas entram na cidade, uma próspera capital latino-americana cuja característica mais marcante — a enorme e altiva silhueta dos vizinhos Andes — com frequência se perde no nevoeiro da notória fumaça da cidade.

Nos terminais de ônibus intermunicipais no centro de Santiago, não longe do palácio presidencial, mais homens partem para a mina San José. Um deles é Mario Sepúlveda, um agitado pai de dois filhos. Sua reputação entre os colegas é a de que força demais o carregador frontal que opera (o que obriga os mecânicos a consertá-lo repetidas vezes), de que fala alto e demais e é imprevisível de modo geral. Na quarta-feira à tarde, inicia a viagem de oitocentos quilômetros de Santiago à mina San José, mais tarde do que deveria: há uma boa chance de que não consiga chegar ao trabalho na hora certa. O apelido de Mario na San José é "Perri", uma abreviação de "Perrito", o diminutivo da palavra *perro*, ou cachorro. Pergunte a Mario por que o chamam de Perri e ele lhe dirá que é porque ama cachorros (tem em casa dois vira-latas que pegou em um abrigo) e porque "tenho o coração de um cachorro". Como um cachorro, Mario é leal, mas se tentarem machucá-lo, "eu mordo". Ele e a esposa, Elvira, têm dois filhos, o primeiro concebido em um encontro apaixonado "de pé, encostados em um poste". Agora têm uma casa nos arredores de Santiago com um grande freezer de carnes, o bem mais valioso de Mario, e uma pequena mesa quadrada na sala de estar, seu lugar preferido para relaxar. Antes de partir para o norte, saboreia uma refeição apressada à mesa com Elvira, a filha adolescente e o filho mais novo, Scarlette e Francisco respectivamente.

Após deixarem o centro de Santiago e atravessarem os subúrbios onde moram as classes trabalhadoras, no norte da cidade, os muitos ônibus carregando os homens do turno A penetram vales cheios de vinícolas e árvores frutíferas, tendo à sua direita os Andes cobertos com a neve do inverno de agosto. O clima é mediterrâneo, mas a paisagem se torna cada vez menos verde a cada hora e a cada paralelo atravessado: 33, 32, 31. Logo estão entrando na região árida chamada Norte Chico, ou Pequeno Norte.

Mineiros e outros aventureiros percorrem essa rota desde os primórdios da história do Chile. O norte é a fronteira desértica do Chile, seu "Oeste Selvagem". Era o lugar preferido do ditador Augusto Pinochet para aprisionar seus inimigos. Foi nessa região, no alojamento de uma mina de salitre abandonada, que Pinochet prendeu mais de mil dissidentes políticos, que passavam o tempo estudando astronomia sob o límpido céu do deserto. O movimento sindicalista chileno nasceu no norte, fundado no início do século XX por trabalhadores das minas de nitrato, mais tarde massacrados na cidade de Iquique. No Chile democrático de hoje, a maioria dos habitantes do norte ainda é eleitora fiel da esquerda. Pinochet também mandou enterrar os homens e as mulheres que assassinou em covas rasas no deserto no Norte Grande, e seus ossos ainda estão sendo descobertos quarenta anos depois por parentes em busca dos "desaparecidos".

Quando os homens do turno A chegam à cidade portuária de Coquimbo, a quatrocentos quilômetros da mina San José, tomam o caminho percorrido por Charles Darwin em 1835 no trecho chileno de sua viagem. O Chile era então um país jovem, com meros 25 anos de idade, e Darwin desembarcou de seu navio, o HMS *Beagle*, para fazer observações geológicas, da flora e da fauna locais com um pequeno grupo de expedição que percorria o continente com quatro cavalos e duas mulas. A estrada entre Coquimbo e Copiapó atravessa a região de mineração mais antiga do Chile, e o naturalista britânico encontrou muitos mineiros em seu lento percurso por esse mesmo caminho.

Na cidade de Los Hornos, os homens do turno A avistam o oceano Pacífico quando a Rota 5, parte da Rodovia Pan-Americana, passa pelo litoral. Há algo cruel nessa última visão do oceano e do horizonte, com o sol do fim de tarde lançando seus raios quentes na extensa superfície da água: pelos próximos sete dias, os homens passarão a maior parte do tempo centenas de metros abaixo da terra, em cavernas de largura suficiente apenas para que seus veículos possam passar espremidos. Nessas semanas de trabalho no inverno do hemisfério sul, só avistarão o sol brevemente, por alguns minutos de manhã, antes do início de seu turno, e no horário do almoço. Não muito longe da praia de Los Hornos, Darwin avistou uma montanha que estava sendo sistematicamente "perfurada, como um grande formigueiro". Descobriu que os mineiros locais às vezes ganhavam grandes somas de dinheiro e, "como marinheiros com o dinheiro de recompensas", encontravam maneiras de "desperdiçar" suas riquezas. Os mineiros que Darwin conheceu bebiam e gastavam em excesso, e em poucos dias retornavam "sem um tostão" para seus trabalhos miseráveis, para "darem mais duro do que burros de carga".

Os homens do turno A não esperam ficar sem dinheiro tão cedo — na verdade, são bem remunerados em comparação à maioria dos trabalhadores chilenos contemporâneos. Mesmo o mais mal pago entre eles ganha em torno de 1200 dólares por mês (quase três vezes o salário mínimo no Chile), e com o acréscimo de certos bônus pagos por fora, ganham ainda mais. Em vez de desperdiçar seus salários, usam-nos para construir um estilo de vida típico de classe média, com dívidas no cartão de crédito, pequenos negócios e financiamentos imobiliários, pensão para as ex-mulheres e mensalidades das universidades dos filhos. Alguns dos homens do turno A são evangélicos abstêmios, e o temperamental Mario Sepúlveda é testemunha de Jeová e também não bebe. Mas a maioria se permite um golinho ou dois após um dia de trabalho, sendo uísque, cerveja e vinho tinto suas libações preferidas. Alguns certamente bebem mais do que deveriam: em Copiapó, a parada final do ônibus para os sulistas que atravessam o país, um de seus colegas do norte está bebendo com tanta sede que é possível que não consiga trabalhar no dia seguinte. Trabalhar debaixo da terra no Chile dos dias de hoje ainda é uma labuta árdua e cansativa que pode deixar os homens se sentindo como "burros de carga" maltratados, e a morte continua assombrando a atual mineração subterrânea. Quando Darwin cavalgava em direção ao norte, deparou com o funeral de um mineiro, um homem que era carregado para sua cova por quatro de seus colegas, vestidos em estranhos trajes compostos por longas camisas de lã escura, aventais de couro e cinturões de cores vibrantes. Os mineiros não usam mais essas roupas, mas nos últimos anos os homens da mina San José lamentaram a morte de colegas que trabalhavam aqui. Também viram amigos serem mutilados pelas súbitas explosões de rochas aparentemente sólidas, uma das causas mais imprevisíveis de acidentes na mineração subterrânea profunda. Raúl Bustos, o mecânico da cidade portuária de Talcahuano, é relativamente novo na San José, mas já viu o santuário que os homens construíram debaixo da terra para as vítimas da mina. Agora, no ônibus, carrega um rosário que levará consigo quando o dia de trabalho começar.

No último trecho da viagem de ônibus, os homens entram na extremidade sul do deserto do Atacama, uma planície onde Darwin teve dificuldades para encontrar alimento para seus animais. No Atacama, que pode ser o deserto mais antigo do mundo, além de ser o mais seco, existem estações meteorológicas que nunca receberam uma gota de chuva. Das janelas do ônibus, parece que Deus decidiu arrancar todas as árvores e a maioria dos arbustos, deixando apenas algumas plantas resistentes que pontilham a planície marrom pálido com manchas de um monótono verde-oliva. A beira da estrada lentamente recupera a vivacidade quando os ônibus entram no vale do rio Copiapó, com sua terra irrigada, coberta de diferentes tons de verde. As pimenteiras, abundantes nas cidades desérticas dos Estados Unidos, são nativas desse canto do Chile e começam a aparecer pela beira da estrada, pingando folhas finas no chão enquanto os ônibus chegam à cidade de Copiapó. Nos últimos quatrocentos metros do percurso, os homens passam pelo velho cemitério público de Copiapó, onde estão enterradas muitas gerações de mineiros, incluindo o pai de um dos homens do turno A, um mineiro aposentado que bebeu até morrer e foi enterrado há poucos dias. Depois do cemitério, o ônibus passa rápido, rangendo, por uma vizinhança coberta de barracos de latão, uma das áreas mais pobres da cidade, e então cruza a ponte curta que atravessa o canal do rio Copiapó.

A maioria dos homens que trabalham na San José mora em Copiapó, a cidade mais próxima à mina. Muitos são mineiros veteranos, de quarenta e muitos, cinquenta ou sessenta e poucos anos, e têm memórias agradáveis desse leito de rio. O rio Copiapó estava vivo quando eram garotos e atravessavam correndo suas águas refrescantes, que chegavam apenas à altura dos tornozelos. Na época, trevos cresciam em poças no local onde a Rota 5 atravessa o rio, assim como quando Darwin chegou a Copiapó e mencionou em seu diário o aroma agradável. Há uma geração, o rio Copiapó começou a morrer e hoje é uma imagem desagradável aos olhos, de cor cáqui e enfeitada com lixo e arbustos espinhosos. A precipitação anual média em Copiapó não chega sequer a um centímetro e meio, e a água não escoa pelo canal desde que a última grande tempestade caiu na cidade, há treze anos.

Quando o ônibus chega ao terminal, os trabalhadores do turno A saltam e descarregam as malas. Dividem táxis de Copiapó, e atravessam a cidade até uma das duas pensões nas quais dormirão pelas próximas sete noites. Nas últimas poucas horas antes do início do dia de trabalho, em 5 de agosto, todos os homens do turno A, à exceção de um, estão em Copiapó ou nos subúrbios da cidade.

* * *

A geologia era uma ciência incipiente quando Darwin visitou o Chile em 1835: em sua viagem de navio para a América do Sul, lera um dos textos fundadores da nova ciência, *Princípios da Geologia*, de Charles Lyell. Ao chegar ao Chile, Darwin presenciou uma erupção vulcânica nos Andes e notou a presença de conchas no chão, algumas dezenas de metros acima do nível do mar. Também passou por um terremoto de dois minutos enquanto descansava em uma floresta próxima ao porto de Valdivia. Essas experiências e observações levaram Darwin a deduzir, mais de um século antes da formalização da teoria das placas tectônicas, que o solo sobre o qual se encontrava estava sendo gradualmente empurrado para cima pelas mesmas forças que causavam explosões vulcânicas. "Podemos chegar com segurança à conclusão de que as forças que lentamente e com pequenos impulsos elevam continentes, e aquelas que em períodos sucessivos fazem expelir matéria vulcânica de orifícios abertos, são idênticas", escreveu. Hoje os geólogos dizem que o Chile está localizado sobre o chamado "círculo de fogo" — aquela vasta fenda na Terra onde os pedaços da crosta do planeta do tamanho de continentes se encontram. A placa de Nazca empurra por baixo a placa Sul-Americana. Como uma criança que se enfia na cama e levanta as cobertas, formando um caroço, a placa de Nazca levantou a Sul-Americana, criando os picos de 6 mil metros de altura dos Andes, um processo chamado pelos geólogos de orogênese.

A rocha das montanhas ao norte de Copiapó nasceu do magma das profundezas da Terra e é atravessada por vastas redes de depósitos minerais. Esses veios foram criados há mais de 140 milhões de anos, durante a era dos répteis, aproximadamente 20 milhões de anos após a aparição das plantas com flores, mas antes da chegada das abelhas, e 40 milhões de anos antes de o maior dos dinossauros — o *Argentinosaurus* — ter vagado pelo continente. Um líquido rico em minerais subiu pela crosta terrestre, espremendo-se pelas fissuras do sistema de falhas do Atacama por mais de 100 milhões de anos, desde o fim do período Jurássico até o início do Paleógeno. Finalmente, o líquido solidificou-se, formando os cilindros de rocha de duzentos metros de altura carregados de minério, conhecidos como "chaminés de brecha", e as finas camadas de veios entrelaçados às quais os geólogos se referem como *stockwork*. Esses depósitos enterrados de quartzo, calcopirita e outros minerais atravessam as montanhas do sudoeste ao nordeste, adicionando ao mapa dos prospectores linhas que são como um eco das gigantescas placas continentais muitos quilômetros abaixo.

Em Copiapó, dois micro-ônibus da empresa, conhecidos como *liebres* (lebres), começam a apanhar os homens do turno A nas pensões e em diversas paradas nos bairros das classes trabalhadoras da cidade. Nessa manhã, há muitos desses ônibus indo e voltando em Copiapó, pois esse é um momento de alta na cidade, o mais recente em um ciclo de altos e baixos que dura mais de trezentos anos. Uma corrida pelo ouro na Copiapó do século XVIII foi seguida por uma corrida pela prata três anos antes da chegada de Darwin. Antes do fim do século XIX, a prata já havia acabado, mas a invenção de explosivos à base de nitrato levou a um boom na mineração de salitre mais ao norte, no deserto do Atacama. Os mineiros chilenos forneciam o ingrediente essencial com o qual os europeus guerreavam e se matavam aos milhares: essa bonança, por sua vez, levou o Chile a invadir as terras ricas em nitrato dos vizinhos Peru e Bolívia, transformando Copiapó em base de operações militares. Mas a vitória na Guerra do Pacífico resultou em mais um declínio na economia de Copiapó quando os investimentos foram retirados da cidade e transferidos para os territórios recém-conquistados pelo Chile. No entanto, a crescente demanda global por cobre no século XX levou a mais um boom e à construção de uma fundição de cobre no local em 1951. Uma série de "milagres" econômicos na Ásia no fim do século XX aumentou ainda mais a demanda pelos minerais chilenos e trouxe mais mineiros para Copiapó, especialmente após a abertura da Candelaria, uma mina de cobre a céu aberto, em 1994. Esse boom mais recente ajudou a drenar e finalmente matar o rio Copiapó, pois tanto a cidade em crescimento quanto os métodos de mineração modernos necessitavam de grandes volumes de água.

Na primeira década do século XXI, a quadruplicação do preço do ouro (para quarenta dólares o grama) e uma alta recorde nos preços do cobre levaram os homens a se aventurarem mais fundo na mina San José, antes não tão lucrativa, e em outras minas no vale do rio Copiapó. A população de Copiapó cresceu para 150 mil habitantes, e prédios mais altos foram construídos, incluindo o mais alto da cidade, um luxuoso edifício residencial de quinze andares na rua Atacama, juntamente com o primeiro resort de Copiapó, o Antay Cassino e Hotel, uma construção cujos toques modernistas incluem uma cúpula carmesim com o formato de um chapéu turco. Os preços crescentes dos minérios também colocaram mais dinheiro no bolso dos homens que trabalhavam na mina San José, e nos últimos meses e anos, os homens do turno A vêm comemorando seus lucros inesperados adicionando quartos a suas casas e organizando grandes festas, com frequência para os filhos e netos. Às vezes essas reuniões de família são organizadas no parque El Pretil, uma área com gramados irrigados, eucaliptos e pimenteiras e um pequeno zoológico com lhamas, corujas e dois leões desmazelados em uma jaula pintada de lilás.

No final de sua última semana de trabalho, cerca de vinte homens do turno A compareceram a uma festa na casa de Víctor Segovia, um operador de jumbo com gosto pela música e um fraco pela bebida. Encheu-se uma grande panela com carne de boi, frango, porco e peixe, e o anfitrião preparou o guisado localmente conhecido como *cocimiento*, um prato que é por si uma espécie de celebração da abundância. Alguns dias depois, o primo de Víctor, Darío Segovia, planejava uma grande festa de aniversário para sua filhinha no dia 5 de agosto, quando chegou a notícia de que estava sendo requisitado para um turno extra naquele mesmo dia (um dia que tinha tirado de folga). A remuneração por esse único dia de trabalho (90 mil pesos chilenos, ou cerca de 180 dólares) era boa demais para ser recusada, e ele disse à mãe de sua filha, sua companheira, Jessica Chilla, que teriam de adiar a festa de aniversário. Só por despeito, Jessica se recusou a falar com ele ou a preparar o jantar na noite anterior a sua partida para o trabalho.

Antes do amanhecer e do início do turno, o casal faz as pazes. Aproximadamente às seis e meia, Darío beija Jessica, desce os degraus que levam do segundo andar de sua casa à porta da frente, para e volta para envolver com os braços a mulher que ama. Abraça Jessica por vários segundos, um momento de delicadeza e afetividade por parte daquele homem de 48 anos, musculoso e calejado. Abraçá-la talvez seja sua maneira de pedir desculpas, mas é também um intervalo de sua rotina doméstica, e Jessica fica ansiosa quando Darío sai pela porta.

Luis Urzúa parte de um bairro de classe média em Copiapó. É o supervisor do turno A, e outros homens em sua posição são conhecidos por dirigir seus próprios veículos até a mina, mas Urzúa faz o percurso junto de seus subordinados. Pega o ônibus não muito longe de outro ponto em Copiapó, onde conheceu a esposa, Carmen Berríos, vinte anos antes. Urzúa vem de uma família de mineiros e começou a trabalhar no subterrâneo ainda adolescente, mas quando conheceu Carmen tinha um cobiçado emprego na superfície e viria a obter uma qualificação técnica como topógrafo. Carmen é uma mulher inteligente, romântica, que escreve poesia quando bate a inspiração e que, no decorrer dos anos, fez do esforçado Luis Urzúa seu projeto: entre outras coisas, tenta fazer com que ele fale de maneira mais clara, pois frequentemente resmunga, com a mesma dicção de um mineiro pobre. Quando ele termina o trabalho, às oito da noite, ela já está com o jantar pronto e o casal se senta para comer com os dois filhos crescidos, ambos já na faculdade.

Do lado de fora, uma espessa névoa matinal desce sobre a cidade escurecida. Em um lugar onde quase nunca chove, a água paira no ar, flutua sobre os postes de luz e sobe as ravinas que cortam a cidade. A névoa é uma ocorrência quase diária nessa parte do Chile e tem até nome: *la camanchaca*. Algumas vezes, a neblina é tão espessa que os veículos não conseguem transitar com segurança pelas rodovias que levam à mina, e o início do trabalho é postergado até que ela se dissipe, embora hoje não seja um desses dias. Nas esquinas de Copiapó, os homens aguardam o ruído das "lebres" surgir da neblina.

Cada membro do turno A, de uma maneira ou de outra, está indo para a San José nesta manhã pela mulher ou pelas mulheres de sua vida: esposa, namorada, mãe, filha. Jimmy Sánchez, que tem dezoito anos e, portanto, não está legalmente autorizado a trabalhar na mina (é preciso ter no mínimo 21), tem uma namorada que está grávida, uma complicação que levou seus familiares a implorarem aos gerentes da mina para que lhe dessem um emprego. No bairro batizado em homenagem a Arturo Prat, um herói da Guerra do Pacífico, o miúdo e belo Alex Vega acaba de se despedir da esposa, cujo nome também é Jessica. Ela se recusou a dar o costumeiro beijo de despedida no marido, pois está zangada com ele, embora logo vá esquecer por quê. A pouco menos de um quilômetro de distância, em um bairro batizado em homenagem ao papa João Paulo II, um dos membros das equipes que fortificam os corredores da mina deixa a casa da namorada. Yonni Barrios é um Romeu barrigudo, de fala mansa e cicatrizes nas bochechas. Vive com sua mais nova namorada, a menos que esteja brigado com ela. Neste caso, mora com a esposa. Convenientemente, as duas moram a menos de um quarteirão de distância, e ao caminhar para pegar o ônibus Yonni vê a porta da casa da esposa. Fez um empréstimo para pagar pela lojinha que ela mantém em casa, e quitar essa dívida (além de ajudar a namorada com a casa dela) é uma das razões pelas quais está acordado tão cedo hoje, ouvindo o som do ônibus que se aproxima e que o levará ao trabalho.

Existem muitas superstições a respeito de mulheres e minas que constituem expressões ambivalentes acerca das mulheres e do trabalho subterrâneo em uma cultura dominada pelos homens. Reza uma das lendas que a própria montanha é uma mulher e que, de certa forma, "você a está violando cada vez que entra nela", o que explica por que a montanha com frequência tenta matar os homens que entalharam corredores em seu corpo rochoso. Segundo outra, mulheres trabalhando no subterrâneo atraem má sorte (embora pelo menos um dos mineiros tenha uma irmã que trabalhou durante décadas em sua própria mina) e quase nunca se vê uma mulher nas cavernas da San José. A separação entre a esfera doméstica e urbana, dominada pelas mulheres, e a mina no deserto, centrada nos homens, é tão grande que a maioria das esposas e namoradas dos trabalhadores do turno A nunca foi à San José nem sabe ao certo sua localização.

Os ônibus chegam e os homens, ainda sonolentos, tomam seus lugares. Arrastam-se pela cidade e pela névoa, passando pelos prédios de cor mostarda da Universidade do Atacama, próximos ao limite norte da cidade, onde a filha de um dos homens do turno A estuda Engenharia Civil. Chegam à pista da Rodovia Pan-Americana que leva ao norte, deixam Copiapó e rumam em direção aos restos mortais dos desaparecidos e às antigas minas de salitre do interior do deserto do Atacama. A San José fica a 56 quilômetros de Copiapó, e o último ponto de referência no caminho é uma montanha rochosa logo além dos limites da cidade, conhecida como "Monte Berrante". Darwin viu esse monte, o *Cerro Bramador*, e escreveu sobre o barulho singular que fazia. Hoje o som é frequentemente comparado àquele de um instrumento latino-americano conhecido como pau de chuva. Uma lenda local conta que o barulho é o rugido de um leão que guarda um tesouro dentro da montanha; segundo outra, é o fluxo de um rio subterrâneo ainda não descoberto. A explicação semicientífica é que os depósitos de magnetita da montanha atraem e repelem grãos de areia que vibram no vento.

* * *

Darwin seguiu a estrada que passa pela montanha sibilante até chegar ao porto onde o HMS *Beagle* esperava por ele; navegou então até as ilhas Galápagos, nas quais suas observações das aves locais o levariam a elaborar a teoria da seleção natural. Mas os homens do turno A viram à direita logo depois da montanha berrante, saindo da Rodovia Pan-Americana e dirigindo-se ao norte e para o interior em uma estrada estreita de asfalto gasto. Pelos primeiros poucos quilômetros, a estrada atravessa em uma linha longa e reta uma planície feia de areia marrom-acinzentada, coberta com pedras quebradas e plantas sopradas pelo vento. Os ônibus passam por um atalho para o Cerro Imán, ou Monte Ímã, que contém uma mina de minério de ferro, depois a estrada começa a se curvar, entrando em um vale estreito cercado por montanhas rochosas e áridas. Os montes se erguem como ilhas avermelhadas em um mar de areia cinza-claro, e arbustos com a forma e o tamanho de ouriços-do-mar aparecem ao longo da beira da estrada. Um homem que depare com essa paisagem hoje ainda vê o implacável vazio do Atacama percebido por Darwin: não há animais perambulando ou correndo, nem postos de gasolinas ou lojas de beira de estrada, ou qualquer outro sinal de habitação humana. As montanhas adquirem uma coloração marrom-avermelhada e laranja e parecem fotografias da superfície de Marte. Finalmente, os ônibus entram em outro vale e passam por uma placa azul que anuncia a divisa entre as terras da Companhia de Mineração San Esteban e suas duas minas irmãs, a San Antonio e a San José. Daqui, os homens começam a avistar as estruturas de madeira, latão e aço da mina, corroídas e desgastadas pelo vento, com um aspecto tragicamente solitário na paisagem estranha. Lentamente, iniciam uma subida suave, e logo os prédios familiares na encosta vão entrando em foco: os bangalôs da administração, os vestiários, as cantinas. Mas os homens sabem que a mina é como um iceberg, pois essas estruturas na superfície representam apenas uma pequena fração de sua vastidão subterrânea.

Abaixo da terra, a mina se expande em passagens que levam a vastos espaços interiores abertos com explosivos e maquinário, trilhas para galerias e canhões artificiais. A cidade subterrânea da mina San José tem um clima próprio, com temperaturas que sobem e caem e brisas que mudam em diferentes horas do dia. Seus atalhos subterrâneos têm placas e regras de trânsito para manter a ordem, e diversas gerações de topógrafos planejaram e mapearam sua expansão terra abaixo. O caminho central que liga todas essas passagens à superfície chama-se La Rampa. A mina San José forma uma espiral descendente de profundidade quase igual à altura dos maiores arranha-céus da Terra, e o percurso pela Rampa desde a superfície até a parte mais profunda da mina é de quase oito quilômetros.

A mina San José, fundada em 1889, está posicionada sobre depósitos minerais que têm a forma de duas faixas paralelas de rocha mais maleável, incrustadas a um ângulo de sessenta graus dentro de uma rocha muito mais dura, cinza e semelhante ao granito, chamada diorito. Uma velha construção de madeira em uma encosta marca o local onde o minério chegava mais perto da superfície. A construção costumava abrigar um guincho que içava homens e minerais para fora da mina, mas não é usado há décadas e hoje parece uma relíquia de um velho faroeste. Passados 121 anos da abertura da mina San José e seiscentos metros abaixo daquela antiga construção, o turno da noite está terminando. Homens cobertos de fuligem cinza e encharcados de suor começam a se reunir em uma das cavernas da mina, em um local que funciona como um ponto de ônibus subterrâneo, para esperar pelo caminhão em que farão o percurso de quarenta minutos de volta à superfície. Durante o turno de doze horas, os homens observaram uma espécie de estrondo lamuriento à distância. Muitas toneladas de rocha estão caindo em cavernas esquecidas nas profundezas da montanha. As vibrações e os sons causados por essas avalanches são transmitidos através da estrutura rochosa da montanha da mesma forma que as ondas de choque de descargas atmosféricas viajam pelo ar e pela terra. A mina está "chorando" muito, os homens dizem uns aos outros. "*La mina está llorando mucho.*" Esse gemido estrondoso não é incomum, mas sua frequência, sim. Para os homens da mina, é como se estivessem ouvindo uma tempestade distante ganhando intensidade. Felizmente, seu turno está prestes a acabar. Alguns dirão ao próximo grupo de homens a entrar na mina, os homens do turno A diurno, "*La mina está llorando mucho*", mas é improvável que a San José feche por isso. Os homens que trabalham aqui já ouviram essas tempestades se formando antes. O trovão sempre acaba se afastando e, cedo ou tarde, a montanha volta a seu estado de tranquilidade e estabilidade.

* * *

Ao chegarem ao terreno da mina, os homens do turno A passam pela guarita da segurança e depois pela entrada da Rampa, um túnel aberto com explosivos no diorito da montanha há mais de uma década. A entrada para a mina San José é um orifício de cinco metros de largura por cinco de altura, e as bordas que dão para o mundo exterior assemelham-se a uma série de dentes de pedra. Caminhões cheios de homens e minério agora começam a emergir dessa boca, pois o turno anterior está terminando. Foram removidas algumas centenas de toneladas de rocha contendo minérios, coberta de partículas de sulfeto de cobre do tamanho de unhas, brilhando com os mesmos pastéis marmóreos dos quadros da art nouveau: carmesim, verde-floresta, marrom-avermelhado e amarelo metálico, cristais tetragonais do minério de cobre conhecido como calcopirita. Quando processada, cada tonelada métrica dessa rocha chega a produzir dezoito quilos de cobre (com um valor em torno de 150 dólares) e menos de trinta gramas de ouro (no valor de algumas centenas de dólares). O ouro é invisível, embora muitos dos homens mais velhos do turno A tenham crescido ouvindo seus pais dizerem ser possível senti-lo em rochas como essas.

Os homens entram em fila nos vestiários tão mofados e apertados quanto os de um velho navio. Vestem aventais, prendem pacotes de pilhas recém-carregadas aos cintos e lâmpadas aos capacetes azuis, amarelos e vermelhos. Luis Urzúa coloca o capacete branco, símbolo de seu status de supervisor, e também amarra ao cinto de couro um tubo de oxigênio de "autossalvamento" do tamanho da palma da mão. Urzúa é relativamente novo na San José, tranquilo para um supervisor de turno, e não conhece a equipe tão bem quanto gostaria, em parte porque ela está sempre mudando de um dia para o outro. Hoje, um homem se juntará ao turno A e trabalhará no subterrâneo pela primeira vez; e ao entrar na mina, Urzúa percebe que outro das duas dezenas de homens que trabalharão para ele hoje ainda nem chegou ao trabalho.

Após sua longa viagem de Santiago, Mario Sepúlveda chegou a Copiapó tarde demais para pegar os micro-ônibus para a mina. Está parado em uma esquina de Copiapó e feliz com a situação. Da última vez que esteve na cidade, conversou com um amigo que administra outra mina, não muito grande. Esse amigo sabe bem que a San José está perpetuamente em estado precário, tanto financeira quanto estruturalmente, e ofereceu a Sepúlveda outro emprego. Agora são nove horas da manhã, o turno A diurno da San José começou há uma hora e Sepúlveda acha que, se tiver sorte, vai ser despedido da San José por não ter comparecido ao trabalho hoje, o que permitirá que o amigo o contrate para a outra mina com facilidade. Esses pensamentos estão passando por sua mente quando o motorista de outro micro-ônibus passa e o avista.

"Perri!", grita o motorista da janela, usando o apelido de Sepúlveda. "Perdeu seu ônibus? Estou indo para aqueles lados. Te dou uma carona. Entra aí."

O homem chega à mina San José depois das nove e meia, com mais de noventa minutos de atraso, e o coração apertado. A essa altura, a neblina já se dissipou, e Sepúlveda fica parado sob a luz do deserto por alguns minutos finais antes de pegar a condução para descer à mina e ao trabalho.

PARTE I

SOB A MONTANHA DO TROVÃO E DA DOR

1

FUNCIONÁRIO-PADRÃO

Na mina San José, o nível do mar é o principal ponto de referência. O túnel de cinco por cinco da Rampa começa no nível 720, ou seja, 720 metros acima do nível do mar. A Rampa desce para dentro da montanha em zigue-zague, depois, mais abaixo, torna-se uma espiral. Caminhões basculantes, carregadores frontais, picapes e outras máquinas e os homens que as operam chegam a descer abaixo do nível 200, para a parte da montanha onde ainda há minerais a serem trazidos para a superfície, trabalhando em corredores que levam da Rampa aos veios de rocha contendo minério. Na manhã do dia 5 de agosto, alguns dos homens do turno A descem até o nível 40, aproximadamente 680 metros abaixo da superfície, carregando minérios recém-extraídos para um caminhão basculante. Outro grupo encontra-se no nível 60, e trabalham para fortificar um corredor próximo a um local onde um homem foi mutilado em um acidente no mês anterior. Alguns se reuniram para um momento de descanso, ou ociosidade, no Refúgio — um espaço fechado mais ou menos do tamanho de uma sala de aula, talhado na rocha no nível 90. Como o nome sugere, o Refúgio tem como objetivo servir de abrigo em caso de emergência, mas também funciona como uma espécie de sala de descanso, pois o ar fresco da superfície é bombeado para dentro dele, oferecendo uma trégua da umidade e do calor, que com frequência chegam a 98% e 40°C nessa parte da mina. Os homens que trabalham na San José dizem que é como um "inferno", uma descrição com certo embasamento científico, já que é o calor geotérmico que emana das entranhas da Terra que torna a mina mais quente quanto mais profundo.

Os mecânicos liderados por Juan Carlos Aguilar encontraram abrigo do calor montando uma oficina no nível 150, em um corredor não muito longe do grande abismo interior chamado El Rajo, que pode ser traduzido como "a Fenda". O ar circula pela Fenda e uma levíssima brisa corre daquele abismo escuro para a oficina improvisada. Os mecânicos decidiram começar a semana de trabalho pedindo que Mario Sepúlveda lhes mostrasse como opera seu carregador frontal. Observam-no usar a embreagem para parar o veículo, passando diretamente para a marcha a ré, sem colocar em ponto morto.

"Quem te ensinou a fazer isso?", perguntam os mecânicos. "Está errado. Não é para fazer assim." Ao fazer isso, ele está estragando a transmissão, gastando o diferencial.

"Ninguém me ensinou", responde Sepúlveda. "Aprendi olhando." Os mecânicos trabalham para uma empresa que presta serviços de manutenção para a mina e não ficam surpresos ao saber que um funcionário da San José opera um equipamento caro sem ter recebido nenhum treinamento formal. A San José é uma mina mais antiga e menor, conhecida por corte de custos e por suas condições de trabalho primitivas e práticas de segurança negligentes. Entre outras coisas, a mina possui túneis de fuga verticais que seriam inúteis em uma emergência, pois não há as escadas necessárias para que os mineiros os utilizem.

Depois de informado a respeito do uso adequado da embreagem, Sepúlveda deixa os mecânicos e vai trabalhar no nível 90.

Durante toda a manhã, a montanha continuou seu intermitente lamento estrondoso, o som de uma explosão distante seguido por um longo gemido. Carlos Pinilla, o gerente geral da Companhia de Mineração San Esteban, ouve esse barulho enquanto se locomove em uma picape entre os níveis da San José. Possui um escritório na superfície, mas agora está nas profundezas da montanha para impor alguma disciplina em um local de trabalho casual demais para seu gosto. "Tive que repreender todo mundo do turno, supervisores e funcionários", diz. "Nenhum desses caras era uma pombinha branca indefesa. Eu não queria que eles ficassem com medo de mim. Mas se eu descesse lá e encontrasse os caras sentados sem trabalhar, conversando, queria que eles pelo menos se levantassem quando vissem o chefe. Sem isso, tudo começaria a desmoronar..."

Pinilla é um homem de mais ou menos cinquenta anos que exibe papadas. Ele foi subindo de cargos administrativos em mineradoras até chegar a gerente geral das duas minas da Companhia de Mineração San Esteban. É descrito por seus subordinados como arrogante, o tipo de homem que ladra ordens e trata os mineiros como se sua presença suada de alguma forma o ofendesse. Em um país com rígidas distinções de classe como o Chile, os trabalhadores são com frequência submetidos à arrogância deslavada por parte dos mais abastados. Mesmo nesse contexto, para os mineiros, Pinilla se destaca como um "capacete branco" especialmente dominador, sobretudo em comparação a outro "capacete branco" de fala mansa logo abaixo dele na hierarquia da mina, o supervisor de turno Urzúa. Recentemente, um dos membros do turno A, Daniel Herrera, diversas vezes pedira a Pinilla que providenciasse novos filtros de ar para as máscaras que os homens usam até que, segundo alega, o gerente geral finalmente respondeu com sarcasmo: "Ãrrã, eu vou trazer para vocês um caminhão cheio de filtros!". Pinilla é "*el amo de la mina*", senhor e mestre da mina, o mineiro Jorge Galleguillos afirma. Galleguillos tem 56 anos, e homens mais velhos como ele têm medo de Pinilla porque ele pode demitir qualquer um em um piscar de olhos, levando ao desemprego e à posição nada invejável de ter que procurar trabalho em um setor em que ser jovem e robusto são qualidades especialmente valorizadas. Ao mesmo tempo, somente os mineiros mais velhos e experientes ousaram protestar contra as crescentes evidências da fraqueza estrutural da mina San José.

Após 121 anos durante os quais homens e máquinas esvaziaram a montanha, deixando-a oca, a mina San José ainda está intacta graças à dura rocha cinza de diorito que compõe a maior parte da massa da montanha. Na gíria da mineração, o diorito é uma rocha "boa", no sentido de que se mantém firme quando perfurada. Enquanto a rocha contendo minério é como um bolo farelento que começa a se desintegrar assim que é cutucada, o diorito é mais como um creme endurecido. De modo geral, o diorito oferece uma excelente estrutura para um túnel, precisando de poucos reforços. A Rampa foi aberta nessa rocha e é o único caminho de fato para entrar e sair da mina. Até recentemente, nenhum dos trabalhadores da San José acreditava que ela estivesse correndo risco de desabar. Então, há alguns meses, uma rachadura da largura de um dedo foi descoberta na Rampa, no nível 540.

Mario Gómez mostrou a rachadura a seu supervisor de turno assim que a viu. Gómez tem 63 anos e dirige para dentro da mina um caminhão de trinta toneladas de capacidade. "Estou tirando meu caminhão dessa mina", disse Gómez na época. "E nem eu nem ninguém vai voltar até você trazer o gerente da mina e os engenheiros de Copiapó para eles darem uma olhada nisso e avaliarem a situação." Algumas horas mais tarde, o engenheiro e o gerente geral chegaram. Colocaram espelhos dentro da rachadura de mais de um centímetro: se a montanha ainda estivesse se movendo e rachando, o movimento quebraria os espelhos. Mas os espelhos ficaram intactos.

"Olha, a Rampa é a coisa mais segura desta mina", disse o gerente aos mineiros. "Essas rachaduras estão todas vindo da Fenda. As paredes da Fenda podem desabar a até cinco metros de distância que não vai acontecer nada com a Rampa." Mais espelhos foram colocados na rachadura quando apareceu um vazamento de água, mas continuaram todos no mesmo lugar e intactos por meses. Galleguillos observava os espelhos toda vez que passava dirigindo. Anotou outras observações inquietantes em um caderno: "Queda de material sentida no nível 540... descolamento de paredes do túnel no nível 540". Depois obrigou o gerente da mina a assinar uma cópia dessas anotações. Mais tarde, confrontou novamente o gerente.

"Como vamos saber que você não está indo lá e substituindo esses espelhos quando não estamos olhando?", perguntou Galleguillos.

"Você é o quê?", retrucou o gerente. "Um covarde?"

Agora Pinilla cruza várias vezes com os trabalhadores enquanto patrulha em sua picape o interior da mina. No meio da manhã, Yonni Barrios e sua equipe de fortificadores o veem no nível 60 e lhe dizem que a montanha está emitindo sons que normalmente não se escutam a essa profundidade. "Não se preocupem", responde Pinilla, "a montanha está apenas se assentando" ("*el cerro se está acomodando*"). Mais acima, no nível 105, outro grupo de trabalhadores tem uma conversa semelhante. O estrondo pode ser ouvido em cada canto da mina e está fazendo com que um sentimento de preocupação misturado com negação se propague pelos corredores. A mineração é algo inerentemente perigoso e aqueles que têm décadas de experiência no subterrâneo se orgulham de enfrentar os riscos. Os homens do turno A desenvolveram o hábito de reclamar às esposas e namoradas a respeito da San José usando o eufemismo preferido de que as condições na mina estão "complicadas", mas depois minimizam o perigo quando pressionados a dar mais detalhes.

Luis Urzúa também já disse à mulher que a San José está "complicada", e que, quando aceitou o emprego há alguns meses, estava plenamente a par dos acidentes recentes na mina. Nesta manhã, ouve as reclamações de sua equipe a respeito dos estrondos, alguns inclusive insistem que deveriam todos voltar à superfície. Urzúa diz para esperarem. O supervisor de turno tem 55 anos e, apesar de seu diploma de topógrafo de mina, admite que se sente intimidado por pessoas "maiores" do que ele. Poderia confrontar o chefe, Pinilla, e exigir que todos os seus homens fossem retirados; na verdade, alguns dos homens do turno A estão começando a considerá-lo fraco por não fazer isso. Mas nesse momento, nenhum dos homens reclama muito abertamente, recusando-se a trabalhar por mais um minuto sequer e deixando a mina de imediato, uma medida que os homens da San José já tomaram antes.

Mario Gómez, o homem mais velho do turno A, tem dois dedos faltando na mão esquerda — um lembrete do que pode acontecer de uma hora para outra no subterrâneo. Por volta do meio-dia, também recebe um aviso do desastre iminente: há "fumaça" vindo do nível 190, o motorista Raúl Villegas diz a Gómez quando os dois se cruzam na Rampa em seus caminhões basculantes. Mas Gómez escuta a voz durona e austera em sua cabeça que lhe diz para ser cauteloso, mas não temeroso. Ao passar dirigindo pela "fumaça", dá uma olhada e conclui: *É só poeira, o que é normal na mina.*

Ainda assim, os relatos de explosões e barulhos estranhos continuam chegando e, no fim da manhã, o chefe de todos os chefes, Carlos Pinilla, está, de acordo com seus subordinados, começando a agir de maneira estranha. Urzúa e seu segundo em comando, o capataz Florencio Avalos, o avistam em sua picape no nível 400. Pinilla para e ilumina com uma enorme lanterna as paredes de rocha da Rampa, e outro trabalhador que o vê nesse momento diz: "A lanterna dele era enorme, tão maior do que as que a gente carregava que fiquei nervoso de vê-lo usar uma coisa daquelas". Mais tarde, outros trabalhadores o veem entrar em um dos corredores que saem da Rampa e usar a mesma lanterna dentro do espaço cavernoso e escavado da Fenda. Também o veem parado ao lado da picape, como se estivesse tentando ouvir algo ou sentir algum movimento da montanha. Ele parece estar escutando algo quando para na entrada dos corredores perto do nível 400 e limpa as placas azuis e brancas que dizem ENTRADA PROIBIDA e PASSAGEM SECUNDÁRIA. "Achei estranho", diz Urzúa, "ver meu *jefe* limpando as placas de sinalização." Quando Florencio Avalos cruza com Pinilla um pouco depois do meio-dia, o gerente geral lhe diz que está com um pneu furado e precisa de um estepe o quanto antes. "Ele parecia nervoso", diz Avalos. "Assim que trocamos o último parafuso, ele deu no pé e nós não o vimos mais."

Na Rampa, dirigindo de volta para a superfície, em torno de uma da tarde, Pinilla cruza com Franklin Lobos, ex-astro de futebol, alto, calvo e uma espécie de celebridade local cuja principal fama no subterrâneo é a de ser ranzinza. Lobos dirige o caminhão que transporta os trabalhadores para dentro e para fora da mina, e nesse momento está descendo para buscar os homens para o almoço.

"Franklin, eu queria te falar duas coisas", diz Pinilla. "Primeiramente, eu queria te dar os parabéns por ter mantido o Refúgio limpo e organizado." O Refúgio possui dois armários de metal abastecidos com comida, supostamente suficiente para manter toda a equipe do turno viva por dois dias. Como motorista do caminhão de transporte dos trabalhadores, Lobos fica com as chaves desses armários e é responsável por manter o Refúgio em ordem. "E em segundo lugar", continua Pinilla, "assim que puder, quero que você fale com o encarregado das provisões, porque vamos preparar uma caixa com mais provisões para o Refúgio. Mais alimento, cobertores e um kit de primeiros socorros, esse tipo de coisa."

Pinilla parece estar com pressa para sair da mina. Além disso, está fazendo preparativos para uma emergência, mas diz não ter a ver com achar que a mina está prestes a desabar. Sua maior preocupação não é um acidente, mas sim que a agência governamental chilena encarregada da segurança nas minas feche a San José. A lanterna grande é necessária para uma inspeção de rotina na caverna escavada da Fenda: considerando que chega a ter 180 metros em certas partes, é preciso um feixe de luz especialmente poderoso. E Pinilla acaba de dar ordens para que mais suprimentos de emergência sejam levados para o Refúgio, pois os mineiros sempre roubam a comida armazenada (ele finalmente comprou um cadeado e uma cinta de alumínio para impedir que isso continue acontecendo) e se um inspetor considerar os suprimentos insuficientes, a mina pode ser interditada.

Em 2007, o governo chileno ordenou que a San José fosse fechada depois que uma explosão subterrânea matou o geólogo Manuel Villagrán. Os proprietários prometeram ao governo que tomariam uma série de medidas para melhorar a segurança, e a San José pôde ser reaberta. (Os homens construíram um santuário de velas votivas em homenagem a Villagrán no local onde ele morreu e onde o veículo no qual estava continua enterrado.) Diferente de outras minas na região de Copiapó, a San José não pertence a um conglomerado estrangeiro, mas a dois filhos do falecido Jorge Kemeny, um exilado da Hungria comunista que se estabeleceu nessa parte do Chile em 1957. Marcelo e Emérico Kemeny, infelizmente, não herdaram do pai nem o dom nem a paixão pela mineração. Emérico deixou sua parte do trabalho de administração da mina para o cunhado, Alejandro Bohn. Os Kemeny e Bohn enfrentavam dificuldades para manter lucrativa a Companhia de Mineração San Esteban e ao mesmo tempo cumprir as exigências do governo chileno. A empresa precisava instalar escadas dentro dos túneis de ventilação como uma saída de emergência alternativa à Rampa e também novos ventiladores para aumentar a circulação de ar e abaixar a temperatura no fundo da mina, que às vezes chegava perto de 50°C. Como se reconhecessem suas limitações relativas à segurança, os proprietários contrataram uma empresa chamada E-Mining, que se encarregaria das operações diárias da mina. A E-Mining recomendou a instalação de um sistema de monitoramento sísmico projetado para detectar movimentos potencialmente catastróficos da estrutura interna da montanha; ele nunca foi adquirido. Recomendou também o uso de outros dispositivos de detecção de movimento conhecidos como geofones, mas os caminhões da mina sempre passavam por cima de seus cabos de fibra óptica e, após um mês, eles pararam de funcionar. No fim das contas, a San Esteban começou a atrasar os pagamentos à E-Mining, que acabou cancelando o contrato e retirou seus funcionários. A San Esteban contratou então um antigo funcionário da San José, Carlos Pinilla, para tomar o lugar da E-Mining. A San Esteban não tem orçamento para pagar os sismógrafos nem para manter os geofones funcionando, e também não instalou as escadas nem os sistemas de ventilação requeridos pelo governo. Basicamente, é impossível fazer todos esses investimentos e ainda manter a mina de médio porte lucrativa. Entre outras coisas, a empresa tem uma dívida de 2 milhões de dólares com a Enami, uma empresa estatal que processa minério para minas de pequeno e médio porte. Assim como os trabalhadores que conhecem os perigos da San José, mas trabalham lá mesmo assim, os proprietários também estão cientes dos riscos e ainda assim a mantêm aberta. Para não falir nem fugir às suas ambições e responsabilidades financeiras, arriscam a vida dos mineiros.

Ao dirigir para a superfície, Carlos Pinilla está fazendo exatamente o que os proprietários sempre lhe pediram: mantendo a mina operante, extraindo o minério para gerar dinheiro, cortando custos e torcendo para que o pior não aconteça, confiante de que o diorito extremamente rígido da Rampa se manterá firme e permitirá que os homens escapem, mesmo que a estrutura interna da montanha, enfraquecida após mais de cem anos de escavações e explosões, provoque o desmoronamento do resto da mina.

Se Pinilla mandar que todos saiam, mas o lugar não desabar, é possível que perca o emprego. Além disso, nesse momento, ele acredita que a San José tem pelo menos mais vinte anos pela frente.

Logo depois da uma da tarde, dois homens se cruzam em uma passagem esculpida na pedra: um está subindo e o outro, descendo. Carlos Pinilla, o homem de capacete branco que começou como auxiliar administrativo de armazém e foi subindo de cargo até chegar a gerente geral, acelera sua picape para começar a subida para a superfície e a luz do dia. Franklin Lobos, um homem cuja sorte tem estado em franco declínio, observa sob um capacete azul o *jefe* se afastar. Lobos estende a mão e solta o freio de mão de seu caminhão, deixando que a gravidade faça a primeira parte do trabalho e o envie em sua jornada descendente. Liga o farol de neblina — o farol principal do caminhão nunca funcionou — e se dirige para o Refúgio, abaixo do nível 100, onde os homens começam a se reunir para esperar por sua carona para o almoço.

Descendo um pouco mais, no nível 500, Lobos vê um caminhão se aproximar, e como a preferencial é de quem está subindo, ele o deixa passar: é Raúl Villegas, o motorista que acaba de reclamar da "fumaça", dirigindo um grande caminhão basculante carregado de toneladas de minério.

Os homens acenam um para o outro, e Lobos continua sua descida. Chega ao nível 400, onde as placas brilham um pouco mais, graças ao trabalho de polimento de Pinilla. O mineiro mais velho, Jorge Galleguillos, está na cabine com Lobos. Eles estão descendo para verificar o sistema de tanques e mangueiras que leva água da superfície para a mina. A descida é lenta e tediosa, segue o feixe rasteiro dos faróis por um único túnel cinza, sinuoso e repetitivo, como se estivessem entrando na paisagem sombria, úmida e vazia do subconsciente de um mineiro. Dirigem por mais meia hora, passando por uma curva rochosa depois da outra, em corredores de bordas irregulares e serrilhadas abertos por dinamite. Estão perto do nível 190 quando veem algo branco passar voando pelo para-brisa do caminhão, da direita para a esquerda.

"Você viu aquilo?", pergunta Galleguillos. "Era uma borboleta."

"O quê? Uma borboleta? Não, não era", responde Lobos. "Era uma pedra branca." Os veios ricos em minério da mina são cheios de um quartzo translúcido e leitoso, que brilha sob a luz.

"Era uma borboleta", insiste Galleguillos.

Lobos acha praticamente impossível uma borboleta voar no escuro, mais de trezentos metros abaixo da superfície. Mas, por enquanto, desiste de argumentar.

"Sabe de uma coisa, você está certo. Era uma borboleta."

Lobos e Galleguillos continuam dirigindo por mais uns vinte metros. Ouvem então uma enorme explosão, e o corredor a seu redor começa a se encher de poeira. A Rampa está desabando bem atrás deles, perto do ponto onde uma pedra ou uma borboleta passou em frente ao para-brisa.

O barulho e o susto interrompem o trabalho dos 34 homens que se encontram nos corredores de pedra. Homens usando equipamentos hidráulicos para erguer pedras, homens ouvindo as pedras se chocarem contra as caçambas de metal dos caminhões basculantes, homens esperando em um cômodo esculpido na pedra pelo caminhão que os levaria para o almoço, homens perfurando pedras, homens dirigindo máquinas a diesel por uma estrada de pedra e homens com roupas e rostos cobertos de pó de pedra.

O motorista Raúl Villegas é o único que consegue escapar do desabamento. Observa horrorizado a nuvem de poeira que se forma em seu retrovisor, e rapidamente aumenta a velocidade do caminhão. Acelera pela nuvem em direção à saída, e quando chega à boca na qual a Rampa se abre para a superfície, a poeira o segue. Uma nuvem de areia marrom continuará saindo daquele orifício malformado durante horas.

No nível 190, dentro do caminhão de transporte dos funcionários, Lobos e Galleguillos são os dois homens mais próximos do desabamento — que os atinge com um estrondo monstruoso, como se um enorme arranha-céu estivesse vindo abaixo, conta Lobos. A metáfora é mais do que adequada. A arquitetura vasta e irregular da mina, improvisada no decorrer de um século de ambição empresarial, está finalmente cedendo. Um único bloco de diorito, da altura de um prédio de 45 andares, desprendeu-se do resto da montanha e está caindo pelas camadas da mina, derrubando partes inteiras da Rampa e causando uma reação em cadeia, com o desabamento da montanha acima dele. Pedras e minérios graníticos se soltam e caem, batem em outras rochas e fazem com que as partes sobreviventes da mina estremeçam como num terremoto. A poeira criada pelas explosões voa para os lados, para cima e para baixo, e é lançada pelos corredores do labirinto da mina.

Em um escritório localizado aproximadamente trinta metros acima da abertura da mina, Carlos Pinilla, o ambicioso gerente geral, escuta o estrondo. Seu primeiro pensamento é: *Hoje eles não deveriam estar dinamitando.* Conclui ser provavelmente mais uma queda de rocha na Fenda, o que não é nenhum motivo de preocupação. Mas o som atroador não para. Seu telefone toca e a voz do outro lado da linha diz: "Sai do escritório e olha para a entrada da mina". Pinilla vai ao encontro do sol do meio-dia e vê uma enorme nuvem de poeira, a maior que viu em toda a sua vida.

2

O FIM DE TUDO

Quando o "megabloco" de diorito se solta, emite um som alto e percussivo. Muitos dos 33 homens presos no subterrâneo não o ouvem. Estão mais no fundo da mina, usando protetores de ouvido ou operando equipamentos pesados e barulhentos. No nível 150 alguns operam o carregador subterrâneo Toro 400, parado a menos de dez metros do abismo onde começa a Fenda. Esperaram por uma hora e meia alguém trazer da superfície uma chave inglesa especial. Assim, o trabalho está atrasado, e eles agora se apressam para terminá-lo antes do almoço. Às 13h40, três homens estão usando a chave inglesa para apertar os últimos dois parafusos de uma das rodas de 1,5 metro do jumbo quando ouvem algo que soa como um tiro. Logo depois, são derrubados por uma onda de choque e envolvidos pelo som de pedras caindo. As paredes em volta começam a sacudir, e pedras do tamanho de laranjas caem ao redor. Raúl Bustos, que sobreviveu a um terremoto e a um tsunami cinco meses antes, corre para debaixo do chassi do Toro 400. O mesmo faz Richard Villarroel, um rapaz de 26 anos cuja namorada está grávida de seis meses do primeiro filho do casal. Juan Carlos Aguilar, o homem que passou pelas florestas tropicais do sul do Chile para chegar até aqui, se agarra a um cano de água. Por dois minutos, seus ouvidos são tomados pelo estrondo do desabamento da montanha: conforme descreveria um deles mais tarde, era como ouvir várias britadeiras destruindo uma só calçada ao mesmo tempo. Então uma segunda onda de choque, indo na direção oposta à da primeira, varre o corredor, causando a queda de mais rochas. Pedras caindo de dentro da caverna adjacente começam a encher a oficina improvisada, e quando o barulho finalmente diminui um pouco, eles olham e veem que um dos veículos próximos da beirada da caverna está parcialmente enterrado sob pedras.

Os três homens se reúnem e, aos gritos, concordam em caminhar até a Rampa para procurar o quarto membro de sua equipe, um homem que está dirigindo uma picape que talvez possa ser usada para escaparem.

Alguns minutos antes, Juan Illanes tinha recebido ordens de seu chefe, Juan Carlos Aguilar, para deixar a oficina improvisada e ir buscar água potável. Para fazer o curto percurso até o Refúgio, é necessário usar uma picape. Illanes acaba de passar pelo nível 135 quando depara com uma placa de rocha caída. A pedra tem cerca de dois metros de comprimento e talvez 25 centímetros de espessura, grande demais para que ele possa transpor com a picape. Precisa sair e movê-la ou encontrar um jeito de contorná-la. Engata então a ré e está prestes a tirar a mão da alavanca de câmbio quando ouve um poderoso "foguetório" (*un cohetazo*). As paredes da Rampa começam a cuspir pequenas pedras, e ele pisa fundo no acelerador para voltar de ré, mas apenas por um ou dois segundos, pois sente então a onda de choque atingir sua picape, seguida por uma nuvem de poeira e um terremoto, como se a Rampa estivesse dentro de uma caixa de papelão que alguém tivesse decidido chacoalhar, conta mais tarde. Espera um pouco e, lembrando-se dos colegas no nível 150, vira a picape e sobe de volta pela Rampa em direção à oficina, manobrando o veículo pela nuvem raivosa de poeira que vem em sua direção. A poeira é tão densa que ele não consegue enxergar onde está e fica batendo na parede lateral do túnel. Finalmente, para e espera, com os faróis e o motor ligados. Está sentado dentro da cabine quando uma figura emerge da nuvem de poeira e é iluminada pelo feixe curto do farol da picape — é seu chefe, Aguilar. Outros dois homens vêm correndo em sua direção, os outros mecânicos, Raúl Bustos e Richard Villarroel.

Illanes diz a eles que é impossível dirigir a picape através da poeira, então os quatro encontram uma parte da Rampa onde há uma parede fortificada por uma malha de aço. Acomodam-se perto da rede de metal, uma defesa frágil contra uma mina que está desmoronando ao seu redor.

* * *

O som e a onda de choque continuam correndo mina abaixo, passando por outro grupo de trabalhadores que estão perfurando a rocha no nível 105, incluindo um viúvo de 47 anos chamado José Ojeda. No nível 100, Alex Vega está esperando por Franklin Lobos e pelo caminhão que o levará para almoçar. Ele descansa e joga conversa fora com os colegas, incluindo Edison Peña, um mecânico nativo de Santiago de 34 anos conhecido na San José por ser agitado e ansioso. Peña mantém a forma percorrendo Copiapó sobre uma bicicleta apelidada de Vanessa, em homenagem a uma estrela pornô. Com a hora do almoço se aproximando, Peña está desanimado, pois tinha a esperança de que, com toda a comoção a respeito dos barulhos da montanha, o resto do dia de trabalho fosse cancelado. Mas isso não aconteceu. Ambos os homens ouvem o estrondo, cuja intensidade diminuiu após ter percorrido algumas centenas de metros de rocha granítica até alcançá-los. "Estávamos acostumados a barulhos", diz Alex mais tarde. "Era normal ouvir a montanha roncar. Como o chefe costumava dizer: 'A montanha é um ser vivo'." Mas esse barulho é diferente de todos os outros e é seguido por um estrondo que cresce em volume a cada segundo. Os mineiros de capacetes azuis, amarelos e vermelhos que estão descansando com Vega e Peña no nível 105 começam a olhar em volta e uns para os outros. Seus rostos perguntam: *Alguém sabe o que é isso?* Finalmente alguém grita: "*La mina se está planchoneando*". A mina está desmoronando. Sentem uma rajada de vento seguida pela entrada de uma nuvem de poeira na Rampa, vinda de túneis que levam a partes mais antigas da mina, já desativadas. A nuvem desce pela Rampa e logo os alcança, cobrindo-os de terra e pequenas pedras enquanto correm na direção do Refúgio em busca de abrigo.

Cerca de dez metros abaixo de Vega e Peña, Samuel Avalos está entre um segundo grupo de trabalhadores, reunido no próprio Refúgio ou perto dele, que aguarda o caminhão para o almoço. O passado e o histórico profissional de Avalos são ainda mais confusos e complicados do que os da maioria de seus colegas. Até recentemente, trabalhava como camelô, e ainda vende discos piratas para ganhar um dinheiro por fora, o que lhe rendeu seu apelido, "CD". É um homem pequeno, engraçado, ao mesmo tempo tímido e dotado de um senso de humor irônico que lhe permitiu aguentar períodos nos quais teve de sobreviver da venda de flores e outras mercadorias em esquinas. Quando entra no Refúgio, realiza um ritual que pareceria excêntrico ou insano em qualquer outro local de trabalho: despe-se e fica só de cueca no meio dos colegas vestidos. Após meio turno de serviço, seu macacão já está encharcado de suor, então ele o tira, torce para tirar o excesso de umidade e o pendura para secar em um dos canos. O Refúgio é um cômodo talhado na pedra, com um chão de azulejos brancos, uma parede de blocos de concreto e uma porta de aço que o separa da Rampa. Outros homens entram e saem, mas ninguém fala com Avalos, que fica lá de pé, seminu, relaxando. Avalos está esperando no Refúgio há um bom tempo, tempo suficiente para que seu uniforme esteja um pouco mais seco. Está vestindo o macacão quando escuta o estrondo.

De início, Avalos se pergunta se alguém estaria usando dinamite dentro da mina, mas não havia nenhuma detonação programada para aquele dia. Seria ruim se alguém estivesse realizando explosões sem avisar, embora isso já tenha acontecido. Além disso, o som é mais alto do que o de qualquer explosão controlada. O que poderia ser?

Víctor Zamora, um homem de cabelos cacheados que cresceu na cidade de Arica, na fronteira com o Peru, também está perto do Refúgio, sentado em uma pedra com formato de banco. Fumante compulsivo, está tragando mais um cigarro e se sentindo muito bem, relaxado, apesar da dor ora fraca, ora lancinante de um molar cariado. Está acompanhado dos membros de sua equipe de fortificação, e mais tarde se lembrará desse instante como um momento de satisfação e companheirismo. Os homens que trabalham juntos em um turno referem-se uns aos outros como *los niños*, quer tenham 21 ou 61 anos de idade, e Zamora na verdade gosta de trabalhar na San José com os "meninos". Sente-se confortável com a maneira como os homens se tratam como iguais, "ninguém é melhor do que ninguém". Agora Zamora também ouve a explosão e, como trabalha nas minas desde jovem, com algumas interrupções, sua primeira reação não passa de outro trago no cigarro.

Depois de mais ou menos um minuto, a primeira onda de choque atinge Zamora e o derruba do banco de pedra, abrindo com violência a pesada porta de metal do Refúgio, logo adiante. Ele se levanta e corre para a porta.

Nos minutos de pânico que se seguem, Alex Vega, Edison Peña e diversos outros mineiros que esperavam pelo caminhão do almoço correm para o Refúgio, juntando-se a Samuel Avalos, Víctor Zamora e aos outros três. Logo, há cerca de vinte e poucos homens amontoados lá dentro. Do lado de fora, para além da porta de aço, a montanha está desmoronando. Após quinze ou vinte minutos, o barulho não é mais tão alto, e os homens começam a juntar a coragem coletiva de fugir para um lugar mais seguro, passando pela porta de aço e pela parede de blocos de concreto até chegarem à Rampa e caminharem apressadamente até a superfície, a quase sete quilômetros de distância.

Após ter passado a manhã dirigindo por todos os níveis da mina onde havia homens em serviço, o gerente de turno, Luis Urzúa, está no nível 90, não muito longe de onde Mario "Perri" Sepúlveda opera um carregador frontal. Às 13h40, ouve um estrondo, que pode ser escutado mesmo com o ruído do carregador, algo que soa como uma enorme pedra caindo na Fenda. É normal ouvir esse tipo de barulho vindo das cavernas escavadas da mina quando os trabalhadores estão extraindo minério em níveis mais altos, e Urzúa não fica especialmente preocupado. Cinco minutos depois, ouve outro estrondo e pede a Sepúlveda que desligue a máquina, o que este já está fazendo, pois acredita ter acabado de sentir um dos grandes pneus do carregador estourar. Sepúlveda está removendo seus protetores auditivos quando a onda de pressão atravessa o túnel e lhe tampa os ouvidos. *O que é isso*, se pergunta, e nesse momento Florencio Avalos chega na picape Toyota Hilux branca do supervisor do turno para anunciar que a mina parece estar desabando. Sepúlveda e Urzúa pulam na picape e os três sobem pela Rampa em direção ao Refúgio, onde descobrem que todos os homens que deveriam estar lá, em busca de abrigo, se foram.

Com Sepúlveda ainda na picape, os dois supervisores, Urzúa e Avalos, voltam a descer pela Rampa. Dirigem para longe da superfície e da segurança, pois ainda há homens mais no interior da mina. "Temos que nos certificar de que aqueles *huevones** saiam", diz Urzúa. Retirar cada um dos homens que estão trabalhando no subterrâneo no final do dia é a responsabilidade que Urzúa assume cada vez que entra na mina.

Trinta metros abaixo, no nível 60, o imigrante boliviano Carlos Mamani está trabalhando dentro de outro carregador frontal. Essas são suas primeiras horas no subterrâneo da mina. Passara no teste para operar o carregador, realizado na superfície, apenas alguns dias antes e, nessa mesma manhã, fez uma espécie de prova final no subterrâneo, supervisionado por um dos mecânicos. Após observá-lo por um tempo, o mecânico deixou Mamani trabalhar sozinho pela primeira vez. É o tipo de momento que Mamani, um rapaz sério de 24 anos, com cara de mais novo, imaginara por muitos anos. Crescera falando o idioma aimará em uma fazenda no belo e desolado Altiplano, uma das áreas mais pobres do país mais pobre da América do Sul. Quando adolescente, juntou-se ao fluxo que imigrava para o Chile a fim de trabalhar colhendo uvas e na construção civil, ao mesmo tempo que acalentava o sonho secreto de se tornar detetive de polícia. Em vez de fazer faculdade, contentou-se com um pouco de treinamento técnico e hoje está controlando sozinho pela primeira vez uma grande máquina de fabricação sueca, com um manete e painel digital. Os medidores no painel brilham na escuridão da caverna, aumentando a sensação de Mamani de estar operando um equipamento complexo e moderno.

O carregador de Mamani está preso a um grande cesto suspenso que acomoda dois homens que trabalham no teto de um túnel, usando britadeiras para executar a chamada "fortificação". A equipe de quatro homens que trabalha com ele inclui Yonni Barrios, o homem que tem duas casas, e Darío Segovia, o homem que nessa mesma manhã deu à sua mulher um abraço mais longo e sincero do que de costume. Estão inserindo vigas de metal de quase dois metros na rocha para segurar uma malha de aço cuja finalidade é impedir que qualquer pedaço de pedra caia sobre os que trabalham logo abaixo. Mamani não sabe, pois é seu primeiro dia, mas os mineiros do cesto sabem: foi nesse local que um mês

---

* Termo usado no Chile tanto como insulto quanto como apelido carinhoso, derivado de *huevo*, ou ovo, gíria para testículo.

antes Gino Cortés foi esmagado por uma pedra de mais de uma tonelada, e teve a perna esquerda amputada. Mamani se esqueceu de trazer para o subterrâneo a lanterna que lhe foi dada — deixou-a no vestiário, na superfície, mas Barrios lhe disse que não se preocupasse, que poderia pegá-la na hora do almoço. Mamani não conhece a rotina diária da mina, e está olhando para o relógio, vendo que são quase duas horas da tarde e se perguntando: *Quando vamos comer? Quando esses caras vão parar de trabalhar? Será que vão parar? Da próxima vez, vou tomar um café da manhã mais reforçado.*

Acima dele, os homens de repente param de trabalhar. Pelo para-brisa, Mamani os observa. Barrios e Segovia se olham como se dissessem: "O que foi isso?".

Barrios está operando uma britadeira e usa protetores de ouvido, portanto não ouviu a explosão distante. Mas acaba de sentir uma espécie de onda de pressão atravessar o corpo. Sente todo o corpo ser espremido e, logo depois, desespremido, como se estivesse dentro do cilindro de uma bomba de mão com alguém pressionando o êmbolo para baixo, depois o puxando. Segovia ouve a explosão e olha para baixo, para os dois homens abaixo deles, seus assistentes, Esteban Rojas e Carlos Bugueño. "Tem alguma coisa acontecendo", grita um deles. "Estamos com o ouvido entupido." Mas a equipe continua trabalhando por mais vários minutos, até que começam a cair pedrinhas do teto do túnel e a poeira começa a entrar.

Dentro da cabine, Mamani se pergunta se a nuvem de areia que começa a se formar do lado de fora de seu carregador frontal também faz parte do trabalho. Mas não, não é, pois seus colegas começam a gesticular para que abaixe o cesto e saia logo do túnel com o carregador. Mamani faz o que lhe pedem, então vira e vê Daniel Herrera estendendo o braço para abrir a porta do carregador. Assim que ela se abre, os ouvidos de Mamani se tampam e ele perde boa parte de sua capacidade auditiva: enxerga os lábios dos companheiros se mexendo, mas tem dificuldade de entender o que está sendo dito.

Um dos trabalhadores começa a mover sua lanterna em círculos, um sinal que Mamani sabe, das outras minas nas quais trabalhou, significar algo muito assustador: *Saiam! Evacuem a mina! Saiam agora!* De onde se encontram, é um percurso de oito quilômetros até a superfície, uma subida de seiscentos metros, uns quarenta minutos de descida e só Deus sabe quanto tempo subindo; um percurso pelo qual Mamani nunca dirigiu.

Instantes depois, Mamani entra com o carregador na Rampa, levando vários homens para dentro de um túnel cada vez mais cheio de poeira, com destino ao Refúgio. A grande máquina bate constantemente na parede, pois ele não consegue enxergar.

Um pouco mais adiante, no nível 90, veem o supervisor do turno, Urzúa, e o capataz, Avalos, descendo. Continuem subindo, dizem os chefes. Nós alcançamos vocês. Vamos descer para procurar os dois homens que estão trabalhando mais abaixo.

No decorrer da manhã, Mario Gómez fez três viagens para dentro da mina. Com o caminhão vazio, consegue fazer o percurso de descida em aproximadamente trinta minutos; totalmente carregado de rochas contendo ouro e cobre, leva mais de uma hora para subir de volta, forçando o motor em primeira e segunda marchas. Logo depois do meio-dia, está na superfície com o caminhão vazio, e decide tirar seu intervalo de almoço. Entra na cantina da empresa, feita de chapas de metal corrugado, enfia no micro-ondas o pote de arroz e carne e em seguida o retira. Após uma única colherada, para. Gómez recebe um salário-base, mas também um valor fixo por cada viagem à mina. Pensa no dinheiro e decide que seria melhor almoçar no subterrâneo enquanto o carregador enche o caminhão, acrescentando assim uma viagem extra ao dia. A viagem adicional, que quase lhe custou a vida, vale 4 mil pesos chilenos, algo em torno de nove dólares.

Gómez entra no caminhão e dirige até o nível 44, onde estaciona dentro de um corredor com pilhas de rochas carregadas de minério esperando para serem transportadas até a superfície. É, nesse momento, o homem trabalhando mais fundo na mina, a aproximadamente 680 metros abaixo da superfície. O homem que opera o carregador que supostamente colocaria o minério no caminhão não está ali, então Gómez começa a almoçar na cabine, com o motor ligado e o ar-condicionado funcionando para se proteger do calor de quase quarenta graus. Dez minutos depois, o operador do carregador chega: Omar Reygadas, cabelos brancos, 56 anos. Ele levanta uma porção de rocha e joga-a na caçamba do caminhão. Nesse momento, Gómez sente um sopro de ar no rosto, o que é estranho, pois as janelas do caminhão estão todas fechadas. Então sente uma forte pressão nos ouvidos, como se seu cérebro fosse um balão inflando, conta. O motor do caminhão para, e após alguns segundos volta a funcionar sozinho. Durante todo esse tempo, Reygadas continua operando o carregador, e o barulho das rochas caindo na caçamba deixa tanto Gómez quanto seu colega surdos para qualquer outro som. Reygadas também sentiu o estrondo e a onda de pressão, e conclui que o supervisor do turno, Urzúa, mandou que fossem realizadas detonações sem aviso. É mais uma mancada perigosa nessa mina já cheia de mancadas e a última gota para Reygadas. *Chega*, pensa. *Vou terminar esse trabalho, dizer umas poucas e boas àquele idiota do Urzúa e pedir demissão.*

Quando o caminhão de Gómez está totalmente carregado, ele começa a dirigir para a superfície. Após avançar apenas algumas centenas de metros em uma parte íngreme da Rampa, o túnel a seu redor começa a ser tomado por uma nuvem de poeira. Isso não o deixa especialmente preocupado, já viu acontecer antes, então tenta seguir com o caminhão pela nuvem, mas ela se torna tão densa que Gómez só consegue enxergar alguns poucos metros à frente do para-brisa. Corre o risco de bater o caminhão contra as laterais da Rampa, então para, abre a porta e estende o braço para sentir a parede — é reta, sem curva, e ele volta para a cabine, endireita o volante e vai mais rápido, dirigindo cegamente até enxergar Urzúa perto de sua janela, gesticulando para que ele pare e saia. Gómez abaixa a janela e, nesse momento, é tomado de assalto por um barulho ensurdecedor, cuja memória vai assombrá-lo nos dias, semanas e meses seguintes, fazendo com que chore ao lembrar. Ouve o estrondo de diversas explosões simultâneas, o som de rochas se partindo, as paredes de pedra a seu redor parecendo se rachar, como se pudessem estourar a qualquer instante.

Os homens que estavam no Refúgio fazem duas tentativas de escapar durante tréguas nas explosões. Depois que uma primeira tentativa termina com uma retirada de volta para o Refúgio, tentam novamente, só para descobrir que um novo terremoto subterrâneo está começando. A sólida rocha da montanha é transformada em uma massa viva, pulsante. O teto e o chão da Rampa viram ondas de pedra rolando e a montanha arremessa pedregulhos que surgem da escuridão do túnel, rolando e quicando ladeira abaixo, cada um deles é uma arma letal mirando seus corpos. "Éramos um rebanho de ovelhas, e a montanha estava prestes a nos devorar", diz mais tarde José Ojeda. Para Víctor Zamora, o som da rocha explodindo os faz sentir como se uma metralhadora estivesse apontada para ele e seus colegas. É demais, assustador demais, perigoso demais, então voltam correndo para baixo, mas é como se estivessem correndo em uma ponte balançando com o vento, conta um dos mineiros. Luis Urzúa e Florencio Avalos chegam nesse momento e veem o grupo de homens em pânico correndo em direção à picape. Observam hipnotizados enquanto outra onda de choque percorre o túnel. Parece pegar Alex Vega, o menor e mais franzino deles, e levantá-lo do chão, como se fosse uma pipa em forma de mineiro atingida por uma súbita rajada de vento. Outros são derrubados, caindo, debatendo-se no ar. Eles tropeçam, homenzarrões de macacão, homens com corpos moldados por vinho tinto, cerveja e churrasco no quintal, mimados pelas esposas, mães e sogras. A rajada empurra Zamora de frente para a parede da Rampa, arrancando alguns dos dentes com os quais nasceu e outros feitos por um dentista e acrescentando uma dor mais aguda àquela já enfraquecida e persistente de um molar apodrecendo. Quando ele e os outros enxergam a picape do supervisor, põem-se de pé e correm em direção ao veículo. Zamora espreme o corpo coberto de pó e a boca ensanguentada no assento estreito atrás do motorista.

A maioria dos outros homens pula na caçamba da picape. "Vai! Vai! Vamos sair daqui!", gritam depois que todo mundo subiu. No volante, Avalos conduz o veículo em direção à superfície. A picape Toyota Hilux afunda sob o peso de duas dúzias de homens, "espremidos como abelhas em uma colmeia", conta Carlos Mamani. Ele está de pé sobre o para-choque traseiro, abraçado às pernas dos homens de pé na caçamba. Para os homens na cabine, com o capô parecendo erguer-se no ar, a picape é como uma aeronave sobrecarregada lutando para levantar voo. A poeira mais uma vez se torna densa demais para que seja possível enxergar, então Mario Sepúlveda sai da cabine e caminha na frente do veículo com sua lanterna, guiando o motorista. Marchando e dirigindo dessa maneira pela nuvem de poeira, encontram Raúl Bustos e os outros três empreiteiros que estavam na oficina, e eles também se amontoam na traseira da picape e compartilham histórias das explosões que sentiram de onde estavam, na beirada da caverna. Avançando ainda mais pela poeira, os homens ouvem a aproximação de um ruído mecânico: é o caminhão de transporte dos trabalhadores, com Franklin Lobos e Jorge Galleguillos. Sepúlveda ilumina com a lanterna o rosto dos homens mais velhos e enxerga o olhar pálido do medo extremo. Os veteranos contam sobre o desabamento de que escaparam e Galleguillos insiste no fato de ter visto uma borboleta alguns momentos antes. Urzúa ordena que eles virem o caminhão e subam de volta. Quando Lobos faz isso, a maioria dos homens deixa a picape e passa para o caminhão. A subida continua, mas a cada curva da espiral, passando dos níveis 150 e 180, mais detritos aparecem na Rampa, como se estivessem chegando mais perto da cena de uma batalha que teve pedras como arma. Passando por uma curva após a outra, continuam seguindo em frente até se aproximarem, depois da 18ª volta após o Refúgio, do nível 190. Algumas vezes param porque a poeira está densa demais e aguardam cinco, dez, quinze minutos até que se disperse um pouco. Por fim, há pedras demais no caminho para que seja possível continuar, e todos os homens saem da picape e do caminhão de transporte dos funcionários e seguem a pé. A subida, a um ângulo de seis graus, poderia se tornar rapidamente cansativa, especialmente devido ao calor e à umidade, mas não para homens que estão sendo carregados por sua própria adrenalina, tentando imaginar a luz do meio-dia que os aguarda no fim dessa lenta jornada — e que é frequentemente interrompida — se a Rampa tiver se mantido intacta, como prometeram os gerentes e proprietários da mina. Continuam caminhando por cerca de 45 metros, seguindo, no meio de uma nuvem de areia, as luzes de suas lanternas de mão e daquelas presas aos capacetes, até que os feixes atingem um objeto que parece estar bloqueando o caminho adiante. É a superfície cinza de uma placa de pedra, de tamanho e formato não muito claros no meio da poeira ainda serpenteante. Sentam-se e esperam naquela nuvem por vários minutos que o ar se torne menos poeirento. Conforme isso vai acontecendo, o tamanho do obstáculo à sua frente vai se tornando aparente.

A Rampa está bloqueada de cima a baixo e de um lado ao outro por uma parede de pedra.

Para Luis Urzúa, parece “a pedra que colocaram sobre o túmulo de Jesus”. Para outros, é uma cortina de pedra, e para um dos mineiros, uma "guilhotina" de pedra. É uma placa chata e lisa de diorito azul-acinzentado que caiu atravessada na Rampa como as armadilhas que caem súbita e teatralmente nos filmes de ação. Para Edison Peña, o mais perturbador é o fato de a pedra parecer tão nova — é uma placa limpa, livre da ferrugem e da poeira da mina, como se tivesse sido criada recentemente só para prendê-los.

Somente mais tarde os homens descobrirão o incrível tamanho do obstáculo à sua frente, que ficaria conhecido em um relatório do governo chileno como um "megabloco". Uma enorme seção da montanha caiu em um pedaço único. Os mineiros são como homens de pé no fundo de um penhasco de granito: a rocha à frente tem quase 170 metros de altura. Pesa 700 milhões de quilogramas, ou aproximadamente 770 mil toneladas, duas vezes o peso do Empire State Building. Alguns dos homens já conseguem sentir a enormidade do desastre. Mario Gómez acredita, assim como outros, que o desabamento teve origem no nível 540, onde uma grande rachadura fendera a Rampa, causando o vazamento de água vários meses antes. Foi lá que, por insistência de Jorge Galleguillos e alguns dos mineiros mais antigos, os proprietários da mina colocaram espelhos na rachadura para ver se a rocha estava se movendo. Os espelhos nunca se quebraram, mas no fundo, neste momento, Gómez, Galleguillos e os outros veteranos sabem que a mina ruiu naquele ponto. De acordo com seus cálculos rápidos (e em grande parte corretos), é provável que pelo menos dez níveis da Rampa tenham sido destruídos.

"*Estamos cagados*", diz um dos mineiros. Em português: Estamos fodidos.

Para seus colegas mineiros, Alex Vega parece ser o mais desesperado para sair. Em um dia comum, sob a luz do sol, Alex tem a beleza melancólica e musculosa de um modelo em uma propaganda de cigarro, com costeletas longas, mas não muito, e sobrancelhas bem-definidas. Tem em torno de 1,67 metro de altura e aqui, diante da pedra, parece especialmente pequeno, embora sua pequenez seja o que lhe dá esperança. Deita de barriga no chão e espia através de uma pequena abertura debaixo da rocha cinza que bloqueia a saída — talvez seja o único que consiga passar por aquele espaço.

Como muitas pessoas do norte, Alex Vega é um sujeito caseiro, tranquilo. Engravidou a namorada, Jessica, aos quinze anos e depois se casou com ela. Estão juntos há quinze anos. Na San José, seu apelido é "El Papi Ricky", inspirado em um personagem de novela que, como Alex, é um jovem pai de uma adolescente. Alguns anos antes, Alex e Jessica pegaram um empréstimo para comprar um terreno no bairro de Arturo Prat, em Copiapó, e estão lentamente preenchendo o terreno com quartos e construindo um muro baixo de blocos de concreto em torno da propriedade, um símbolo de sua boa sorte e trabalho árduo. O muro está agora com um pouco menos de 1 metro, e Alex mantém seu trabalho bem-remunerado de mecânico na mina para poder terminá-lo, apesar de ter sido advertido pelo pai e por dois de seus irmãos (que costumavam trabalhar na San José) sobre os perigos da mina. Alex quer voltar para casa, e o único caminho é essa abertura onde o bloco caído abriu o chão da Rampa. Diz aos homens que acredita poder se espremer pela abertura.

"Não", diz Urzúa. Vários outros homens concordam que fazer aquilo seria uma loucura.

Vega insiste e finalmente Urzúa lhe diz: "Mas tenha cuidado. Vamos ficar aqui escutando, e se a rocha começar a rachar ou a se mover, te avisamos".

Vega espreme sua pequena estrutura em uma fenda de rocha irregular. "Naquele momento, eu estava sentindo uma enorme adrenalina", conta mais tarde. "Não pensei nem medi o risco." Não muito tempo depois, pensa: *Que coisa idiota eu fiz.*

Com a lanterna na mão, se arrasta por seis metros na rachadura até não poder mais avançar.

"Não dá para passar", anuncia após sair.

Para alguns dos homens mais velhos e mineiros veteranos, a visão do bloco de pedra e as palavras de Vega trazem uma sensação esmagadora de que aquele é o fim. Muitos já ficaram presos dentro de minas em decorrência de pequenas quedas de rochas que puderam ser removidas por uma escavadeira em poucas horas, mas essa parede cinza é algo completamente diferente de sua experiência. A pedra plana é uma visão da morte, e ela faz com que reflitam, diante dela, sobre o mundo do qual foram separados: o reino dos vivos, de famílias e de brisas carregadas de neblina, de lares e obrigações paternas. Todas as coisas que estão deixando por resolver em suas vidas começam a surgir em seus pensamentos. Galleguillos pensa que nunca verá o novo neto e sente as lágrimas escorrerem pelo rosto. Gómez percebe que, assim como o pai minerador, que morreu de silicose, ele trabalhou por tempo demais e abusou da sorte: primeiro perdeu dois dedos, agora vai perder a vida. Vai morrer como mineiro. *Daqui não saio*, pensa. *Hasta aquí llego*.

O silêncio confuso dos homens é logo preenchido pelo som do capataz do turno contando. Raúl Villegas, que estava dirigindo um dos caminhões de minério, está faltando, mas Franklin Lobos e Jorge Galleguillos o viram a caminho da superfície e parece provável que ele tenha conseguido sair. "Trinta, 31, 32...", Urzúa conta novamente e mais uma vez chega a 32, mas os homens ficam mudando de lugar e ele não está seguro de que sua contagem esteja certa, pois na mina San José as listas de nomes mudam de um dia para o outro. Nada na mina é certo, embora o supervisor esteja convencido de uma coisa: é provável que não exista um jeito de escapar e nem de as equipes de resgate chegarem até eles nessa coleção aleatória de passagens abertas em uma montanha.

3

A HORA DO JANTAR

Não há nada especialmente fora do comum no telefonema que o mineiro Pablo Ramírez recebe por volta de duas da tarde, quando está de folga. É do secretário de Carlos Pinilla, na Companhia de Mineração San Esteban. "Tem um problema na mina", diz o secretário. "Um problema com a Rampa. Don Carlos está dizendo que é para você vir até aqui. E parece que você só vai precisar de alguns operadores para o seu turno." Ramírez está em casa, em Copiapó, aproveitando as últimas poucas horas antes de começar a trabalhar no turno da noite da San José. Quando o atual turno terminar, ele assumirá as rédeas de Luis Urzúa como supervisor do turno da noite, mas isso só deveria acontecer dali a umas cinco horas. A julgar pelo tom trivial do secretário, deve ter havido mais um deslizamento de pedras da caverna da Fenda e a retirada dos trabalhadores será uma tarefa rotineira, porém árdua, envolvendo a remoção de rochas da Rampa por alguns operadores de máquinas. Perderão um dia de produção.

É isso que Ramírez está pensando enquanto dirige para a mina. Não está preocupado com os conhecidos que estão lá dentro. Conhece bem cerca de metade dos homens: o capataz do turno, Florencio Avalos, é um de seus melhores amigos, e os dois filhos de Florencio chamam Pablo de "*tío*". Ramírez e Avalos, ambos com aproximadamente trinta anos, são jovens inteligentes, têm boas perspectivas de carreira na mineração e, até esse momento, Ramírez não ouviu nada que o convença de que não vai estar sentado tomando uma cerveja com o amigo muito em breve. Às quatro e meia da tarde, Pablo chega à mina e vê algo significativamente mais perturbador do que esperava. A boca da mina, sua única entrada, está jorrando poeira. Um pouco de poeira saindo da mina não é assim tão fora do comum, mas Ramírez nunca tinha visto a nuvem gorda que enxerga agora, erguendo-se da entrada cavernosa "como um vulcão", conta mais tarde. Ouve então os barulhos: as explosões produzidas por quedas de rochas, um estrondo lamuriante que se repete várias vezes. Mas isso também não é tão incomum, pois a montanha emite ruídos constantes de suas entranhas rumo ao mundo exterior. Sempre que uma equipe de trabalhadores realiza uma detonação mais profunda, por exemplo, o som normalmente segue pelas passagens da mina e sobe até a superfície. Mas nem o som nem a poeira param. Já passadas as cinco, seis horas da tarde, a poeira ainda impossibilita a entrada na mina e o resgate dos homens que ali se encontram. Com o passar das horas, trabalhadores e gerentes se reúnem do lado de fora com um ar um pouco perdido. Entre eles está Carlos Pinilla, com seu capacete branco. Pinilla tentou entrar duas vezes, tendo conseguido chegar apenas ao nível 440 antes que a nuvem de poeira se tornasse espessa demais para que pudesse seguir em frente.

Por volta das cinco horas, o anoitecer se aproximando rapidamente no inverno do hemisfério sul, Pinilla leva uma equipe de homens para dentro da mina: Pablo Ramírez e dois outros supervisores entram com ele.

Descem em uma picape, fazendo diversas curvas em zigue-zague sem nenhum incidente, até que, no nível 450, veem uma rachadura de cinco centímetros de largura atravessando o chão da Rampa. O "bom" diorito do único acesso de entrada e saída da mina sofreu uma fratura maior do que Ramírez jamais viu, e ele se lembrará dessa visão como o momento em que compreendeu a gravidade do acidente pela primeira vez. Avançam um pouco mais, e Ramírez acompanha o farol da picape, esperando ver a qualquer momento as rochas soltas do desabamento na caverna escalada da Fenda. Em vez disso, no nível 320, após ter dirigido por 4,5 quilômetros desde a entrada da mina, a picape depara com um obstáculo inesperado: seus faróis iluminam uma massa cinza e plana. A Rampa está bloqueada, de cima a baixo, por um único pedaço de rocha. Ramírez acha que já viu ou se preparou para qualquer desastre possível na mineração, mas nunca imaginou ou se planejou para nada assim. É como se alguém tivesse passado uma faca e cortado a mina ao meio. Os homens saem da picape e se postam diante dela, a sólida parede de rocha que não poderia estar ali.

"*Cagamos*", alguém diz, repetindo sem saber a mesma palavra usada pelos homens presos por essa mesma pedra 130 metros abaixo. Estamos fodidos. Ramírez, um homem que se orgulha de ser capaz de enfrentar qualquer problema que uma mina possa trazer, de repente se sente impotente, como se não houvesse nada que ele ou o chefe pudessem fazer para resgatar os 33 homens presos do outro lado da rocha. A única esperança são as chaminés, mas somente uma unidade de polícia especial — uma equipe com equipamentos de escalada — conseguirá entrar por elas.

Parado com seu capacete branco em frente à rocha sólida, Pinilla parece atordoado. É o homem mais poderoso no dia a dia dos homens da mina San José, o chefe nervoso que saiu às pressas e deixou seus subalternos para trás logo antes da queda dessa rocha. Mas agora, começa a chorar. "Normalmente ele é um babaca metido a machão quando se trata desse tipo de coisa", Ramírez dirá mais tarde. "Mas ele começou a chorar imediatamente."

"Pensei, não é possível, tinha certeza de que alguém deveria estar morto", conta Pinilla depois. Às 13h45, no momento do desabamento, o caminhão dos funcionários deveria estar subindo, levando os homens para o almoço na superfície. Os empreiteiros não deveriam nem estar na mina àquela hora, e era mais do que provável que também estivessem saindo da mina para almoçar. Pinilla imagina esses homens esmagados sob as pedras e não consegue deixar de pensar: *Eu sou o filho da mãe que mandou todos eles lá para baixo.*

Dirigem de volta à superfície e encontram os proprietários, Marcelo Kemeny e Alejandro Bohn, os esperando de capacetes brancos. Têm que pedir ajuda, não há outro jeito. Isso faz com que Bohn e Kemeny entrem em seu caminhão e dirijam morro abaixo, afastando-se da mina em direção à rodovia, em busca de um sinal de celular. Há uma linha telefônica na mina mas, por algum motivo, optam por não usá-la. Às 19h22, mais de cinco horas após o colapso, os proprietários da mina San José ligam para as autoridades pela primeira vez.

A chamada chega ao corpo de bombeiros local, depois aos escritórios do Serviço Nacional de Geologia e Mineração e, finalmente, à divisão de desastres do Ministério do Interior chileno, que supervisiona toda a polícia e as forças de segurança do Chile. Uma hora mais tarde, seis homens do

Grupo de Operações Especiais da polícia chilena (Gope) chegam à San José com equipamentos de escalada. Entram na mina com uma picape e estão na Rampa, próximo ao nível 450, quando um dos pneus fura ao passarem sobre a rachadura recém-formada no chão. Seguindo-os em outra picape, Carlos Pinilla e Pablo Ramírez reparam que o tamanho da rachadura dobrou.

Se a unidade de polícia soubesse que a rachadura era recente e o quanto cresceu nas últimas duas horas, talvez se desse conta da instabilidade da montanha e interrompesse seus esforços de resgate. Então, segundo o relato de Ramírez a respeito do momento em que a equipe de resgate sai para rapidamente trocar o pneu, Pinilla olha para ele e coloca um dedo sobre os lábios. Ramírez entende e não diz uma palavra sequer sobre essa crescente e assustadora fissura na montanha, um sinal de alerta de que outro desabamento certamente virá em breve.

Horas se passam com os 33 homens presos atrás de uma nuvem de poeira e uma cortina de pedra, mas os administradores da Companhia de Mineração San Esteban ainda relutam em ligar para as famílias dos trabalhadores. "Em algumas minas, o primeiro instinto é tentar esconder essas coisas o máximo possível", diz mais tarde um oficial chileno. Às três da tarde, poderiam ter ligado e dito: houve um desabamento, vai levar um tempo para retirá-los de lá, então não os esperem para o jantar. Às sete da noite, poderiam ter dito: parece ser mais sério do que esperávamos e não sabemos exatamente quando vamos conseguir retirá-los, mas até onde sabemos, eles estão em segurança. Em vez disso, por mais de oito horas após o acidente, com a noite de quinta-feira prestes a se transformar na madrugada de sexta, os representantes da empresa continuam sem dizer nada e a notícia do acidente chega às esposas, mães, pais e filhos em Copiapó e outras cidades espalhadas pela espinha estreita do Chile por meio dos boletins vagos, alarmantes e frequentemente imprecisos de diversas estações de rádio e televisão.

Uma mulher que não está listada em nenhum documento da companhia de mineração e sem nenhum direito legal a qualquer informação privada é uma das poucas que logo têm notícias, vindas de alguém com conhecimento mais ou menos direto da situação, sobre o que está acontecendo na mina: a amante grandalhona, de bochechas rosadas e sempre feliz, de Yonni Barrios, Susana Valenzuela.

O cunhado de Susana trabalha em uma mina em Punta del Cobre, nos arredores de Copiapó, e fica sabendo do acidente quando começa a se espalhar pela comunidade de mineradores a notícia de que talvez precisem de homens para um resgate. Esse cunhado liga para a esposa, irmã de Susana, que às sete da noite aparece à porta da casa de Yonni e Susana em Copiapó e pergunta: "O Yonni está aqui?".

"Não, não está", responde Susana.

A irmã põe Susana em contato com seu marido. "Houve um desabamento na mina às duas da tarde e *los niños* estão enterrados vivos", diz ao telefone. "Eles não têm como escapar."

"Foi isso que ele me disse: 'Enterrados vivos'. 'Não têm como escapar'", conta Susana. "As pessoas que trabalham nas minas sabem o que significa dizer esse tipo de coisa. Então eu fiquei desesperada."

Com a irmã, Susana se dirige à unidade local da polícia nacional chilena, os notoriamente sérios, incorruptíveis e eficientes Carabineros. Mas a polícia também não sabe de nada. Contudo, no curto período durante o qual Susana e a irmã estão lá, a notícia chega ao posto e elas observam os veículos policiais começarem a partir para a San José. Os Carabineros sugerem às mulheres que se dirijam ao hospital, mas Susana e a irmã voltam correndo para o bairro onde moram e contam a notícia para Marta, a esposa de Yonni.

Marta é uma mulher muito menor, mais velha, mais severa e séria do que Susana. As duas se conhecem há anos, pois Yonni vive pulando da casa de uma para a da outra. Susana conheceu Yonni na casa de Marta e mencionou à esposa do mineiro que precisava de alguém para construir uns móveis. "Esse velho feio com quem eu moro, meu marido, fez aquilo ali", disse Marta. "Estou cansada dele." Yonni então surgiu do quarto onde a esposa o mantinha "prisioneiro", ou assim conta Susana. Marta explica que aguentou as escapadas dele por anos. Susana pensa: *Esse cara não é nada feio*. Em seu sorriso triste e solitário há um quê de malandragem, o olhar sedutor de um homem ferido que quer abrir a alma para você, assim que você puder escapulir e ficar sozinha com ele, imediatamente. "Eu trouxe ele para cá e gostei dele", diz Susana, "e preparei um almocinho e depois fizemos amor." Ele nunca construiu o móvel. Agora essa história é um prólogo leve e cômico para a tragédia daquele mesmo homem mulherengo enterrado e perdido na mina San José. Quando fica sabendo do acidente pela amante do marido, Marta responde em um tom bastante seco: "Sua participação nessa história fica por aqui. Daqui em diante eu estou no comando. Vai buscar o livro de casamento". A *libreta de matrimonio* é uma espécie de caderneta, assinada pelo oficial que realiza a cerimônia de casamento civil e usada para solicitar diversos serviços governamentais e para obter acesso a locais onde apenas o cônjuge pode entrar (por exemplo, um quarto de hospital ou necrotério). Esse documento está em posse de Yonni, na casa de Susana.

Susana busca obedientemente o livreto de casamento do namorado e, juntas, ela e a esposa seguem para o hospital.

Carmen Berríos está em Copiapó, no ônibus, e o motorista escuta uma animada música mexicana no rádio, forçando todos os passageiros a ouvi-la também. Ela passou o dia com o pai e está voltando para casa para preparar o jantar do marido, Luis Urzúa, e dos dois filhos. De repente, os acordeões serpenteantes dão lugar à voz de um locutor. "Extra, extra, extra!", diz a voz, em um tom característico de radialista que não consegue evitar dar um toque de animada antecipação a uma notícia de última hora. "Tragédia na mina San José! Um desabamento!" A notícia não vai além do esboço de uma história e a música mexicana retorna. Para Carmen, descobrir ao som de música folclórica mexicana que talvez tenha perdido o marido é uma justaposição estranha, cruel e inesquecível.

"Motorista, o que ele disse?", pergunta. Porque, para ser honesta, Carmen não sabe exatamente onde Luis trabalha. Ele mudou de emprego há alguns meses e ela nunca foi à nova mina, assim não sabe ao certo se a mina noticiada no rádio é a mesma em que o marido trabalha. Por um momento, sua pequena dúvida se torna uma fonte de esperança. "Será que você pode mudar para outra estação?", pede ao motorista. "Talvez eles tenham mais informações..."

"Só tem isso", diz o motorista. "É uma edição especial. Talvez tenham mais informações mais tarde."

Ela chega em casa e escuta mais notícias: há mineiros feridos e mortos, diz o rádio, e agora fica inegavelmente claro que se trata da mina de Luis. "Todo o pesadelo caiu em cima de nós, porque não sabíamos se era verdade ou não." O relógio na sala de estar passa das nove e meia e Luis não chega em casa. Os dois filhos, ambos universitários, estão estudando e nem se dão conta de que o jantar está atrasado. Às dez e meia, ela os chama e diz: "Precisamos fazer uma reunião de família. Estão dizendo no rádio que houve um acidente na mina onde o pai de vocês trabalha". Ela liga o rádio para que eles escutem e há informações de que homens feridos foram levados para o hospital San José del Carmen, em Copiapó, mas Carmen decide ir à mina para confirmar que ele estava lá quando o desabamento ocorreu. Um amigo da filha lhe dá carona em uma picape, usando um GPS, pois Carmen nunca esteve na San José e não conhece o caminho.

Carmen Berríos atravessa uma sinistra paisagem noturna cheia de sombras de montanhas redondas e rochosas, que faz com que se lembre de um sonho recente, no qual Luis estava preso no subterrâneo. No sonho, ele era resgatado e subia à superfície em um ônibus. A picape sai da autoestrada e pega a curta trilha que leva à mina, subindo a montanha com seu aglomerado de luzes brilhantes, até chegar ao portão principal e à guarita da segurança. Carmen salta do carro e depara com uma noite de frio seco e intenso. É quase meia-noite.

Em sua casa em um bairro de classe média de Copiapó, Mónica Avalos, a esposa do capataz Florencio Avalos, costura. Está diminuindo um pouco um dos suéteres do filho de dezesseis anos e, ao mesmo tempo, cozinhando uma sopa para Florencio. O marido adora sopa, e Mónica está fazendo um preparado de carne picada do qual se lembrará como sendo especialmente substancial, do jeito que Florencio gosta. O cheiro dessa refeição enche a sala de estar e a pequena sala de jantar anexa onde ela, Florencio e os dois filhos se reúnem todas as noites para a refeição. Mónica não está assistindo à televisão nem ouvindo rádio, pois gosta de silêncio na casa. Os filhos estão em seus quartos. Sua principal companhia nesse momento é o grande relógio na sala de estar, que está quase marcando a hora em que Florencio normalmente chega e ela lhe serve o jantar: nove e meia, como de costume na América do Sul.

O telefone toca, é sua irmã. "Olha, eu não quero te deixar preocupada, mas houve um desabamento na mina. Um desabamento muito grande. Na mina onde o Florencio trabalha. A San José. O Florencio já chegou em casa?"

"Não, mas deve estar chegando a qualquer momento." Essa ligação é seguida pela chegada das nove e meia e de vários longos minutos durante os quais a cadeira de Florencio à mesa de jantar continua vazia. De repente, Mónica não consegue nem se lembrar do nome da mina onde Florencio trabalha. Era a San José? Ela se lembra de tê-lo ouvido falar que trabalhava em uma mina com outro nome de santo: San Antonio. Antonio, não José, é isso que ela está pensando. Ela sobe e desce a escada, em uma espécie de transe frenético, olhando para o relógio que continua se afastando das nove e meia. O filho de oito anos, que está sozinho no quarto assistindo à televisão e que sempre conversou com o pai sobre trabalho e, portanto, sabe perfeitamente o nome da mina, de repente entra correndo na sala de estar e grita: "Mamãe, o papai morreu! Meu pai morreu!".

"Não! Não!", a mãe responde. "De onde você tirou isso?"

"Não mente!", grita o menino. "Está dando no jornal!"

No andar de cima, no quarto do filho mais novo, em frente à televisão, Mónica desmaia. O filho mais velho, César Alexis, "Ale", vem reanimá-la, acalmar os ânimos e assumir subitamente o papel de pai. Ale tem dezesseis anos, a mesma idade que tinham Florencio e Mónica quando ela engravidou dele, e de repente está calmo e forte, como se estivesse de alguma forma canalizando Florencio.

"*Cálmate*", diz Ale à mãe. "*Cálmate.*" Decidem ir até a casa de Pablo Ramírez, que trabalha na mesma mina. E se alguém sabe a verdade e não a esconderá deles, esse alguém é Pablo. Quando Mónica e os dois filhos chegam à casa de Pablo e batem à porta, não sabem que ele está, naquele momento, entrando na mina desmoronada à procura de Florencio e dos outros 32 homens que estão com ele. Ninguém responde por quinze minutos, até que finalmente a esposa de Pablo vem à porta e diz: "O Pablo não está. Ele foi para a mina porque aconteceu um acidente". Mónica liga para outro dos amigos de Florencio, Isaías, e eles dirigem juntos até a mina, mas se perdem nas estradas dos arredores da cidade. Ao chegarem, ela percebe o vazio do lugar. Vê homens de capacetes e uniformes andando de um lado para o outro sem nenhum propósito definido diante da entrada da mina. Parece que ela é a primeira e a única mulher ali.

•

Em Talcahuano, Carola Bustos, que sobreviveu ao terremoto e ao tsunami com o marido, decide que não suporta a ideia de contar para os dois filhos pequenos o que aconteceu com o pai deles. Eles ouvirão sua voz embargada e a verão chorar, e a visão da mãe abatida os deixará tristes. Para poupar os filhos dessa dor, ela os deixa sob os cuidados dos avós, seguros tanto física quanto emocionalmente, e sai para pegar um voo sem se despedir. Carola deixa que os pais expliquem sua ausência aos netos: "Mamãe foi para Santiago procurar trabalho, mas não demora a voltar".

Cerca de dezessete horas após o desabamento, o telefone toca na casa de Mario "Perri" Sepúlveda, em Santiago. Elvira, que atende pelo apelido "Cati", recebe a ligação de uma amiga sete e pouco da manhã.

"Cati, houve um acidente em uma mina e parece que o Mario está lá", diz a amiga.

Por um momento, parece uma piada. "Não", diz Elvira. Parece impossível que uma amiga de Santiago possa saber a respeito do que Mario está fazendo centenas de quilômetros de distância ao norte.

"Eu não estou de sacanagem", diz a amiga. *No te estoy huevando.* "Liga no Canal 7."

Elvira liga a televisão e vê uma notícia de Copiapó. Após alguns momentos, Mario aparece na tela, um homem de quarenta anos, bem-barbeado e não especialmente feliz, fitando a câmera com olhos vermelhos por causa do flash na fotografia não muito lisonjeira de seu cartão de identificação da empresa de mineração. Seu nome completo aparece na legenda: MARIO SEPÚLVEDA ESPINACE. O noticiário fornece algumas informações adicionais. O desabamento ocorreu na tarde do dia anterior, eles estão enterrados centenas de metros abaixo da terra e toda a comunicação foi perdida. Após digerir a gravidade da situação, quando tem tempo para pensar exatamente quanto o marido deve estar sofrendo, Elvira se pergunta: *Como é que aquele homem louco vai sobreviver confinado desse jeito? Ele precisa se movimentar. Ele não vai aguentar.*

Quanto ao acidente em si, Elvira não está surpresa; Mario mais ou menos o previra. Quando ia trabalhar, frequentemente a lembrava a respeito do seguro e da previdência social aos quais ela teria direito se alguma coisa acontecesse com ele na mina. Ele falava tanto e com tanta raiva sobre o fato de a San José estar à beira do colapso que suas preocupações invadiam os sonhos da filha de dezoito anos, Scarlette. Certo dia, vários meses antes,

Scarlette teve um pesadelo em que ficava sabendo que o pai havia morrido na mina. Acordou gritando "Meu pai está morto!" e foi impossível convencê-la de que tinha sido apenas um sonho. Chorava e tremia, e a mãe foi forçada a levá-la ao hospital até que Mario terminasse seu turno, ligasse para casa e dissesse: "Scarlette, sou eu, seu pai! Eu estou vivo! Estou bem! Não aconteceu nada comigo. Só estou no trabalho...".

Com Mario agora soterrado, Elvira não consegue deixar de pensar nos sonhos de Scarlette como uma espécie de profecia à qual ninguém quis prestar atenção. Pergunta-se: *Como eu vou explicar ao nosso filho que o pai está preso e que não há nada que possamos fazer?* Francisco tem treze anos, mas é e sempre foi pequeno para a idade. Nasceu após uma gestação de apenas cinco meses, pesando apenas um quilo, e passou seus primeiros 69 dias de vida em uma incubadora. Pai e filho são muito próximos, têm um laço muito forte criado durante aquelas dez semanas em que um impotente Mario foi forçado a suportar a visão de seu bebê em uma caixa, com pernas e braços minúsculos e olhos fechados, sendo alimentado por tubos, aparentemente lutando pela vida com punhos cerrados do tamanho de botões de rosa. Mario encheu o resto dos dias do menino com todo o amor que pôde lhe dar. Tornou-se o incentivador, comediante e pregador pessoal do menino, levando-o consigo em uma série de aventuras ao ar livre e pontificando sempre sobre as maravilhas e idiossincrasias das máquinas elétricas, o bom senso e a sensibilidade necessários para se criar cavalos e cães e também sobre as raízes rurais da família Sepúlveda como *huasos*, os equivalentes chilenos aos caubóis. Por inúmeras vezes, Elvira assistira a pai e filho andando a cavalo, jogando futebol juntos ou sentados em frente à televisão, extasiados com um filme sobre paternidade, lealdade e guerra, o favorito de Mario: o vencedor do Oscar *Coração Valente*. Mario é um grande fã de Mel Gibson "porque eu e meu filho não somos altos e Mel Gibson também não". "Seu coração é livre", diz o filme. "Tenha a coragem de segui-lo."

Mario disse ao filho "Eu sou seu Corazón Valiente", e agora aquele mineiro chileno de coração valente está na televisão. Primeiro em sua fotografia de funcionário e depois, surrealmente, em um vídeo no qual conversa com a câmera, rindo, sendo o Perri de sempre.

As únicas imagens que temos dos mineiros são essas gravadas por Mario Sepúlveda, diz o repórter da televisão. Mario ama filmar e lá está ele, fazendo uma descrição dos beliches na casa onde fica hospedado com os colegas que também vêm de outras cidades durante os sete dias em que ficam em Copiapó.

Elvira segue para o aeroporto para pegar um voo com destino a uma cidade que nunca visitou. Mais tarde naquele dia, está atravessando a extremidade sul do deserto do Atacama com o filho choroso, que não consegue parar de dizer quanto sente a falta do pai. Também está com a filha, que já fora hospitalizada por ter acreditado em um sonho que parecia loucura, mas que agora ganhou forma no mundo real. Ao desembarcarem ao encontro da luz invernal do deserto, veem imagens e palavras transmitidas e repetidas em todos os televisores e rádios a seu redor: Mario Sepúlveda Espinace, pai de dois filhos. Supostamente desaparecido na mina San José.

4

"ESTOU SEMPRE COM FOME"

Os homens finalmente começam a dar as costas para a cortina de pedra que os separa da superfície. Dividem-se em dois grupos. O primeiro e menor deles decide buscar uma passagem para a superfície na matriz de buracos escavados e túneis entrecruzados da mina. Formado por aproximadamente oito homens, o grupo se dirige para uma das chaminés perfuradas na pedra entre os diferentes níveis da Rampa. A finalidade principal dessas chaminés é permitir a entrada de ar, água e eletricidade na mina, mas também deveriam ter sido equipadas com escadas para proporcionar uma rota de fuga entre os diferentes níveis. Em teoria deveria ser possível subir por dez dessas entradas e sair da parte desabada da mina, mas na prática apenas algumas das chaminés têm escadas e *los niños* não têm muita esperança de que conseguirão encontrar um caminho para a superfície. Ainda assim, partem em busca da chaminé mais próxima, que fica a uma curta caminhada ladeira abaixo, em direção ao nível 180.

Um segundo grupo bem maior, com 25 homens, vai se dirigir ao Refúgio para esperar, e caminha em direção ao caminhão de transporte dos funcionários. Quando os grupos se dividem, Florencio Avalos, o capataz e segundo em comando do turno, chama Yonni Barrios à parte. "Quando vocês chegarem lá em baixo no Refúgio, cuide daquelas duas caixas de provisões", diz a Barrios. "Ainda não deixe *los niños* comerem, porque é possível que a gente fique preso aqui por muitos dias." Avalos diz isso em voz baixa, pois não quer disseminar o pânico entre os homens. Escolhe dizê-lo a Barrios, porque Yonni está entre os mineiros mais velhos e mais experientes do grupo e também porque é o tipo de homem que segue qualquer ordem que lhe for dada. "Yonni, estou confiando em você. Eu quero que você cuide daquele armário para mim. Não deixe ninguém abrir até que a gente volte, por favor."

Carlos Mamani, o imigrante boliviano, se junta à fileira de homens em caminhada e percebe o quanto precisa daquela lanterna que esqueceu na superfície. O supervisor que o testava no carregador Volvo L120 dissera que não era urgente ter uma e que ele poderia pegá-la durante o intervalo de almoço. Agora Mamani vai ter que se acostumar ao medo humano e natural do escuro, pois sem uma lanterna a escuridão é sua companheira constante. Quando a fileira de homens em marcha começa a se dispersar na ladeira, Mamani atravessa um trecho escuro e caminha de modo incerto entre as silhuetas dos pedregulhos espalhados pelo caminho, os olhos erguidos para seguir os cones e os feixes de luz incandescente vindos dos capacetes dos outros mineiros. Finalmente chegam ao caminhão de transporte dos funcionários, e ele pula na caçamba para percorrer o resto da descida até o Refúgio.

No Refúgio, e após uma rápida exploração das proximidades, os homens reparam que todas as conexões com a superfície foram cortadas: a eletricidade, o sistema de interfone, o fluxo de água e de ar comprimido. Apesar dos péssimos indícios, alguns homens presos — especialmente aqueles com menos experiência na mineração subterrânea — acreditam que serão resgatados em um dia ou talvez menos que isso. Aquelas primeiras horas começam a passar lentamente, pontuadas por um ou dois roncos de estômagos (afinal, acabaram de perder o almoço) e pelo estrondo contínuo das pedras caindo em algum lugar nos espaços escuros além da luz fraca e quente das lanternas em seus capacetes, muitas das quais começam agora a ser desligadas para economizar as pilhas. Quando se está com fome, esperar para comer é uma provação, ainda mais quando se está sentado em um cômodo com dois armários trancados cheios de comida, um estoque de calorias guardado por um mineiro de meia-idade um tanto tímido. Yonni Barrios, o homem que não consegue enfrentar nenhuma das duas mulheres em sua vida, agora tem a responsabilidade de tentar impedir que mais de vinte homens famintos comam os suprimentos de emergência.

* * *

A pequena expedição de fuga começa com um mineiro dirigindo um carregador jumbo, um braço longo e uma plataforma, até a abertura da chaminé. Esse equipamento normalmente é usado para erguer os homens que fortificam os tetos da mina e abrem buracos na rocha para colocar cargas explosivas. Mario Sepúlveda sobe no cesto e é erguido até um buraco no teto. Raúl Bustos, o mecânico da cidade portuária de Talcahuano, o segue. Para Luis Urzúa, escalar a chaminé é ao mesmo tempo perigoso e inútil, e, portanto, o supervisor do turno fez um tímido esforço para impedir os homens de tentar. "Escalar aquela chaminé não ia funcionar. Nenhum daqueles homens estava pensando na segurança. E pode notar que os caras que subiram lá primeiro não eram de fato mineiros", diz ele mais tarde, referindo-se a Sepúlveda e Bustos, nenhum dos quais vem de uma família de mineiros. Mas Urzúa começa a perder rapidamente sua autoridade sobre os homens, que estão determinados a fazer alguma coisa para tentar se salvar. Erguendo a cabeça no buraco de dois metros de diâmetro, Sepúlveda fica surpreso ao ver uma escada, construída com pedaços de vergalhão enfiados na rocha. Começa a subir, na esperança de encontrar uma saída. Após mais ou menos um minuto, percebe que está muito acima do peso para fazer isso, mas continua. São aproximadamente trinta metros até o próximo nível, e o buraco sobe em declive. A poeira e a fumaça do exaustor do veículo dificultam a respiração. Atrás deles estão dois outros homens, Florencio Avalos e Carlos Barrios, um mineiro de 27 anos cuja namorada ainda não lhe contou que está grávida. As paredes são escorregadias devido à umidade, e logo os quatro homens estão cobertos de suor. Na metade do caminho, um dos degraus de vergalhão quebra ao ser agarrado por Sepúlveda, que é atingido nos dentes da frente pelo pedaço de metal. Uma corrente de sangue jorra em sua boca e ele sacode a cabeça de dor, mas continua subindo.

Raúl Bustos ouve a respiração pesada de Sepúlveda logo acima e o segue até que percebe que arrancou um enorme pedaço de rocha — Bustos sente a rocha se movendo e a impede de cair com o ombro contra a parede da chaminé. Grita para os dois homens abaixo: "Desçam! Desçam!". Coloca as mãos, os pés e a cabeça contra a pedra, enquanto Avalos e Barrios descem apressados. Quando os dois chegam a um lugar seguro, Bustos solta um gemido e deixa a pedra cair. Durante a queda, ela bate diversas vezes nas laterais da chaminé e finalmente pousa na Rampa, sem machucar ninguém.

Acima, Sepúlveda chega ao topo da chaminé e varre a escuridão com o feixe de sua lanterna: há mais pedras espalhadas aqui do que no nível abaixo. Ele se levanta e, quando Bustos finalmente chega ao topo, começam a andar, seguindo a Rampa ladeira acima, com a leve esperança de que após a próxima curva da espiral o caminho para o topo estará aberto. Em vez disso, os feixes de luz de suas lanternas iluminam uma superfície lisa e brilhante: uma cortina de diorito idêntica à que bloqueia a Rampa no nível inferior. Mario sente a esperança ser drenada do corpo, deixando em seu lugar uma visão fria e clara do que está lhe acontecendo. Está preso no subterrâneo, súbita e inesperadamente perto da morte, mas ainda no controle de seu destino. "Naquele momento, coloquei a morte na cabeça e decidi que viveria com ela", conta mais tarde. Descem a ladeira, passando pela abertura da chaminé pela qual acabam de subir e, ao virar outra curva, encontram a mesma "guilhotina" cinza bloqueando o caminho mais uma vez. Quando procuram a abertura da próxima chaminé, que poderia levá-los a um nível superior, suas lanternas revelam que não há nenhuma escada, apenas um cabo dependurado.

"Esse caminho não vai funcionar", diz Sepúlveda a Bustos. "O que vamos falar para *los niños*?"

"É difícil", responde Bustos. "Mas vamos contar a verdade."

Chegando ao fundo da chaminé, Sepúlveda e Bustos dão a notícia ao pequeno grupo que os aguarda. A Rampa também está bloqueada em outros níveis. Não há saída.

Coletivamente, os homens ao redor deles pensam: *E agora?* Seus olhos se voltam para o homem no comando, Urzúa. O supervisor do turno não diz nada. Normalmente, é o mais relaxado e otimista dos chefes, mas neste momento parece exausto e derrotado. Seus olhos verdes se movem nervosos, desviando-se de seus subalternos, que ficam com a sensação de que ele queria nunca ter sido nomeado supervisor de turno, de que gostaria de poder desaparecer no meio deles, ser apenas mais um dos mineiros. Muitos deles, sobretudo os mais velhos, virão a acreditar que "o supervisor do turno nos abandonou" nessas primeiras horas após o acidente. Isso é especialmente irritante para os mais velhos, pois acreditam que a hierarquia nas minas tem uma finalidade, principalmente em uma situação de crise. Estar preso em uma mina subterrânea é como estar em um navio em meio a uma tempestade: o capitão tem que assumir o comando. Em vez disso, algumas horas mais tarde, de acordo com vários mineiros, Urzúa se separa do grupo, vai para sua picape e deita no banco da frente, sozinho.

Urzúa explica suas ações da seguinte forma: é topógrafo de formação e, assim, carrega um mapa da mina na cabeça; esse mapa lhe diz que não há nada a ser feito. "Meu problema como *jefe de turno* era que eu sabia que estávamos ferrados", diz mais tarde. "Florencio e eu sabíamos disso, mas não podíamos dizer a ninguém. Você praticamente fica com as mãos atadas, sem poder fazer nada, e começa a imaginar coisas que são parte da realidade da mineração." A realidade da mineração é que, às vezes, homens são enterrados vivos e, mais cedo ou mais tarde, acabam famintos, com uma chance muito pequena de que seus corpos sejam recuperados depois. Uma realidade ainda mais dura da mineração chilena é que, após seis ou sete dias, se as equipes de resgate não encontrarem as vítimas, desistem. Urzúa sabe disso e sabe também que espalharia o pânico entre os homens se lhes dissesse essas duras verdades. Esta foi a lição mais importante que aprendeu em um curso recente, "Reagindo a situações críticas na mineração": mantenha-se calmo. A única coisa a se fazer é esperar — mais provavelmente por alguma espécie de tentativa de chegar a eles perfurando pelo topo. De fato, sua única esperança. Mas como pode inspirar os homens a esperarem, a não fazerem nada? Não pode. É assim que Urzúa enxerga a situação. Já faz os cálculos na cabeça e percebe que um resgate pelo topo exigirá um feito de perfuração nunca antes visto nos anais da mineração. Gostaria de dizer algo que desse aos homens alguma esperança mas não pode, pelo simples fato de que se recusa a mentir. Em vez disso, não diz nada. Se seu trabalho é retirar os homens da mina em segurança, a única coisa que pode fazer, na verdade, é impedi-los de fazer algo estúpido ou imprudente: por exemplo, tentar sair escalando as cavernas da Fenda e suas rochas soltas, que estão constantemente caindo. Esperar é a melhor opção. *Fique calmo*, diz a si mesmo, esforçando-se para não demonstrar seu desespero aos subordinados.

Mais tarde, em um momento de tranquilidade, enquanto esperam por um resgate que pode ou não chegar, Sepúlveda dirá ao supervisor do turno quanto admira sua firmeza sob pressão. "Lucho Urzúa tem um problema para falar, uma falta de paixão", diz Sepúlveda posteriormente. "Mas é muito inteligente e sábio." Urzúa decidiu que, quando chegar ao Refúgio e tiver todos os homens do turno A diurno à sua frente, vai anunciar que não é mais o chefe. Estão todos presos juntos e devem tomar decisões juntos, é nisso que ele acredita.

A reação de Sepúlveda à situação cruel em que os homens se encontram é completamente diferente. Ele resume sua atitude no momento com uma expressão chilena vulgar: *tomar la hueva*, que pode ser traduzida como "pegar o touro à unha". Sua vida, até este momento, foi uma constante luta pela sobrevivência e, de certa forma, é lutando para sobreviver que ele se sente mais autêntico.

A mãe de Mario morreu ao lhe dar à luz, e ele acredita que nasceu lutando. Cresceu na cidade de Parral, no sul do Chile (o local de nascimento do poeta Pablo Neruda), com dez irmãos e um pai camponês que traumatizou os filhos com sua bebedeira e rígida disciplina, direcionando a maior parte de sua raiva ao autodeclarado "hipercinético" Mario. "Quando eu tinha doze anos, era tão hiperativo que assustava as pessoas. Nenhum dos meus parentes queria tomar conta de mim." Hoje em dia, um menino assim provavelmente receberia o diagnóstico de TDAH e uma receita de um remédio para lidar com a inesgotável energia. Naquela época, o pai tentava acabar com ela à base da surra. Contra a administração rotineira das doses de couro do cinto do pai, havia a presença calma e solene do avô de Mario, um *huaso* que lhe transmitiu a ética nacional de trabalho árduo, respeito e integridade pessoal. Mario começou a trabalhar em Parral e arredores aos treze anos de idade, e aos dezenove partiu para Santiago. Teve de deixar para trás os meios-irmãos — nascidos da madrasta — desprotegidos contra a ira do pai. "Vou voltar para buscar vocês", disse a José, David, Pablo e Fabián, e manteve a promessa. Encontrou um emprego de *barrendero*, ou varredor, em uma empresa em Santiago, e estabeleceu-se em um bairro onde os vizinhos vieram a conhecê-lo como um impetuoso pugilista de rua, cuja ferocidade podia rapidamente dar lugar a uma encantadora formalidade provinciana. Durante o dia varria o chão e à noite se vestia com ternos de calça boca de sino inspirados em John Travolta e *Os embalos de sábado à noite*. Apaixonou-se por uma jovem chamada Elvira, que dava preferência ao estilo inspirado no *glam rock* exibido por Madonna no início da carreira e por Sheila E. Ela se lembra do jovem Mario como um homem de humor inconstante, que se zangava com facilidade, mas perdoava rápido. Ele era também sentimental e aberto em relação a seus sentimentos, uma qualidade rara em homens de sangue quente. Em resumo, possuía uma nobreza de acabamento bruto. Existe uma expressão que descreve a maneira como ele vive, e Mario a utiliza muito: *tirar para arriba*, que literalmente significa "jogar para o alto", mas que é quase sempre traduzida como "superar as adversidades". Em constante ascensão, Mario acrescentou novas habilidades ao currículo, incluindo a operação de maquinário pesado, e nunca deixou faltar nada a Elvira e aos dois filhos, mesmo que para isso precisasse percorrer o Chile de um lado a outro em busca de trabalho: do deserto do Atacama, ao norte, ao Puerto Montt, ao sul, o portal para a Patagônia chilena e para o estreito de Magalhães.

Em seu bairro em Santiago, o cabelo ralo de Mario lhe rendeu o apelido de "Kiwi", mas esse mesmo cabelo, sobre o olhar intenso de seus olhos castanhos, pode lhe dar o aspecto ameaçador de um homem que está no limite. Para seus colegas na San José, "Perri" Sepúlveda com frequência exibe a aparência de um homem possuído — mesmo durante um dia de trabalho normal. Agora, apesar de sua falta de poder na hierarquia do turno de mineração, o possuído Perri vai tentar controlar seu próprio destino e o dos homens ao redor com seu otimismo, sua voz áspera e seu espírito de cão sem dono, sobrevivência e lealdade às pessoas próximas.

"*Yo lo único que hago es vivir*", diz. Viver é a única coisa que faço.

Ele e os outros membros da fracassada expedição de fuga se dirigem de volta ao Refúgio. Sem que saibam, ali dentro desenrola-se um drama patético. O horário em que o turno A deveria ter acabado já passou há muito tempo e alguns dos 25 homens presos lá embaixo estão com muita fome.

"Temos que arrombar o armário!", grita um dos homens. "Estamos com fome."

"*¡Tenemos hambre!*"

O armário ao redor do qual estão reunidos supostamente contém comida suficiente para manter vivos 25 homens por 48 horas em caso de emergência. Muitos dos homens não comem desde o jantar na noite anterior, para evitar a náusea frequentemente causada pelo trabalho no subterrâneo, em condições de intenso calor e umidade e com o ar cheio de poeira. Aproximadamente a essa hora, estariam em casa, sentados à mesa de jantar, sendo servidos pelas esposas, namoradas ou mães. Alguns poucos dizem que deveriam esperar que o capataz e os outros voltassem. É exatamente isso que diz Yonni Barrios, em sua voz baixa e suave: "Precisamos esperar, porque não sabemos quanto tempo vamos ficar aqui embaixo". Alguns começaram a tirar seus macacões devido ao calor. Seminus e suando copiosamente, se põem a examinar o armário trancado.

O cortês Yonni percebe que impedir esse grupo de homens famintos será impossível. "Eram muitos", diz mais tarde, embora nenhum de seus colegas se lembre de Yonni dizer algo, enquanto Víctor Zamora e outro homem tentam usar uma chave de fenda para desaparafusar as dobradiças e arrancar as três tiras de metal que prendem o armário, selando-o como cintas de castidade de alumínio.

Zamora parece ser o mais determinado a comer: ter sido atingido na boca e perdido dentes durante o desabamento só piorou seu humor. "*¡Siempre ando con hambre!*", grita enquanto tenta abrir o armário. Estou sempre com fome.

Por muitas razões, não é surpreendente que Zamora esteja liderando o ataque aos suprimentos de comida. É um eterno outsider, com tatuagens nos antebraços que servem como símbolos de seu status. Uma é o retrato de Ernesto "Che" Guevara, o santo militante dos pobres da América Latina, e outra exibe uma única palavra, bastante significativa: "Arica". Zamora nasceu e foi criado nessa cidade, tomada do Peru pelo Chile no século XIX, na Guerra do Pacífico. Além disso, Zamora possui uma tonalidade de pele e feições que alguns descreveriam como incas. Alguns noticiários já o identificaram incorretamente como peruano. Um de seus colegas mineiros, que não gosta de Zamora nem confia nele, refere-se pejorativamente a ele como "*el peruanito*", ou "o peruaninho", embora saiba que Zamora é tão chileno quanto ele próprio.

O pai de Zamora morreu quando ele tinha apenas oito meses, e a mãe o abandonou, "porque preferiu ficar com o novo namorado". Foi criado pela irmã da mãe, mas aos nove anos foi mandado por ela para uma instituição para crianças de rua em Arica, onde viveu intermitentemente até completar dezesseis anos. "Desde que eu era pequeno, sempre quis ter uma família, mas nunca tive. Via que tudo era para os outros e que eu ficaria com o que sobrasse, viveria nas ruas, dormiria debaixo de pontes e morreria de fome." Essa infância dura e solitária deu a Víctor grande astúcia, além de um reconhecimento do poder do amor. Trabalhou duro para sair da pobreza e tornou-se um adulto confiante, com uma crescente noção de valor próprio definida por uma lenta ascensão pelos diferentes níveis de trabalhos não qualificados que lhe estavam disponíveis (colher uvas debaixo de sol, erguer vigas em canteiros de obra) e também por sua capacidade de cultivar o amor de Jessica Segovia, a mãe de seu filho, Arturo. Conheceu Jessica em uma "*fiesta*" do bairro, quando era apenas um jovem errante "*gitiando*", vivendo como um cigano, conta. Na San José, trabalha como fortificador, perfurando paredes de pedra para instalar escoras de aço. O temperamento de Víctor é adequado para o trabalho, que é exaustivo o suficiente para tirar um pouco do monstro que tem dentro de si cada vez que entra na mina, deixando-o menos propenso a perder a paciência com Jessica quando chega em casa.

Sua casa fica em Tierra Amarilla, nos arredores de Copiapó, e é composta de alguns quartos de teto baixo e paredes de gesso cor-de-rosa com uma ou outra rachadura, um sofá e uma mesa espremidos em uma pequena sala de estar/jantar. Víctor levanta a voz para a família e enche aquele pequeno cômodo com os pensamentos maldosos, subitamente liberados e expressados, que podem entrar na cabeça de um homem quando se sente preso em vez de revigorado pela família e pelas obrigações ligadas a ela. Tem explosões de raiva, depois se odeia por ser assim. Briga também com o irmão, que com frequência fere Víctor com as palavras mais agressivas que pode dizer: "Você não é meu irmão de verdade e minha mãe nem é sua mãe", o que é verdade, é claro, pois a "mãe" de Víctor é de fato sua tia e o "irmão", seu primo. Com sua sensibilidade poética, Víctor reduz sua personalidade a algumas poucas palavras bem selecionadas: tem um temperamento "*polvorilla*", semelhante às qualidades combustíveis da pólvora; em casa, inflige "*descontroles*" à família, momentos em que perde o controle de si e de suas emoções. "Família não é só felicidade", diz.

Víctor Zamora ama sua família de mineradores tanto quanto sua família de verdade, mas neste momento, enquanto tenta abrir a caixa com as provisões de emergência, não está realmente pensando em como suas ações poderão prejudicar seus irmãos do subterrâneo. Quando a chave de fenda não funciona, Zamora faz algo que poderia ter feito quando não passava de um jovem tentando sobreviver nas ruas de Arica: pega um torquês (a mesma ferramenta que estava usando mais cedo para cortar vergalhões para sua equipe de fortificação) e corta as cintas de metal da caixa de suprimentos de emergência.

Está prestes a arrombar os cadeados, quando o motorista Franklin Lobos dá um passo à frente e diz: "Espera, eu tenho a chave".

Lobos é mais alto e grandalhão do que praticamente todos os outros homens presos na mina. Sua altura é um lembrete do vigor físico que intimidava as pessoas no campo de futebol, e às vezes ele usa o tamanho para se impor, abandonando subitamente seu ar despretensioso para verbalizar algum descontentamento ou expressar seu desgosto com as péssimas condições de seu local de trabalho. Mas nesse momento, Lobos decide que ceder aos homens famintos é seu único recurso. "Eu não ia brigar com cinco ou seis deles. No estado em que estávamos, brigar não fazia nenhum sentido." Conforme mais conflitos e controvérsias forem surgindo, essa mesma ideia se repetirá com frequência no pensamento de muitos dos homens presos: Eu realmente quero dar um soco nesse idiota, nesse *huevón*, mas também não quero ficar preso debaixo da terra cuidando de um mineiro com a mandíbula quebrada ou com uma ferida aberta.

Lobos abre o armário, e o principal objeto de desejo dos mineiros rebeldes é revelado: pacotes de biscoitos da marca Cartoons. São, na verdade, lanches de criança, biscoitos recheados de chocolate e limão, várias dezenas de pacotes. "Não parecia haver muita coisa", lembra Zamora. Do lado de fora, no mundo da superfície, é possível comprar esses pacotes de biscoito por cem pesos chilenos cada, ou menos de 25 centavos de dólar. Cada pacote contém quatro biscoitos, muitos dos quais são distribuídos rapidamente entre aqueles que os aceitam, embora vários mineiros os recusem. Zamora dirá mais tarde que não pensou no que estava fazendo. "Eu só estava com fome. Estava na hora de comer. Não dei muita importância àquilo."

Abrem também algumas das caixas de leite que encontram. Em torno de dez dos 24 homens presentes no Refúgio compartilham dessa comida, pegando um ou mais preciosos pacotes de biscoito cada, dividindo dois litros de leite.

"Foram os homens do norte que fizeram aquilo", um dos sulistas diz mais tarde. "Eles só pensaram em se salvar naquele momento. Caras novos. Eles queriam tudo. Nunca pensaram que fôssemos ficar presos tanto tempo."

Mais tarde, um dos mineiros se lembrará de ouvir os saqueadores comendo na escuridão, sentados em um canto do Refúgio com as lanternas dos capacetes desligadas, como se estivessem envergonhados da própria fome, mas ao mesmo tempo não conseguissem impedir que o barulho das embalagens de plástico e de sua mastigação preenchesse o pequeno espaço e fosse escutado pelos homens que não pegaram nada para comer.

Quando Luis Urzúa e o grupo de homens envolvidos na expedição de fuga fracassada chegam ao Refúgio, encontram uma cena de completa desordem. Veem que o armário está aberto, com as cintas de alumínio cortadas. Recolhem os pacotes de biscoito vazios e os contam. "Com o que vocês acabam de comer, poderíamos ter sobrevivido três dias aqui embaixo", diz Florencio Avalos. "Bem, quem quer que tenha comido, espero que tire alguma coisa disso... Que lhe sirva de lição."

A atmosfera muda de repente quando os membros da expedição de fuga revelam o que descobriram mais acima: estão presos e não há possibilidade de resgate ou fuga fácil. Falam em um tom grave e urgente, que toma muitos dos homens no Refúgio de surpresa. "O que vocês estão fazendo?", pergunta Mario Sepúlveda, com o lamento paternalista áspero e agudo que usaria para um de seus cães. "Vocês não se dão conta de que talvez a gente fique aqui embaixo por dias? Talvez semanas?"

Ninguém confessa imediatamente o crime do saque às provisões, assim como nenhum dos membros da expedição de fuga fracassada exige saber quem foi o responsável, e, na confusão do momento, alguns homens ficarão vários dias sem saber o que aconteceu exatamente com os suprimentos. O fato simplesmente pesará por dias na consciência dos homens que o perpetraram. Víctor Zamora, reconhecido por muitos como o principal culpado, estuda os rostos dos amigos e companheiros e entende, pela primeira vez, a gravidade do que aconteceu no cômodo de azulejos brancos com o armário que costumava ficar selado. Por vários dias, não diz nada a respeito do que fez.

Agora Mario Sepúlveda e Raúl Bustos começam a dar detalhes de sua subida, e Sepúlveda se põe de joelhos na terra para desenhar um diagrama da rampa bloqueada e da chaminé sem escada. Dirige-se a eles com um apelido carinhoso comum entre homens: *chiquillos*, ou "meninos". "Em outras palavras, *chiquillos*, mesmo que a gente seja superotimista, o melhor que se pode dizer é que estamos numa baita merda. A única coisa que podemos fazer é ser fortes, superdisciplinados e ficar unidos."

No silêncio que segue à avaliação de Sepúlveda, Luis Urzúa dá um passo à frente para fazer um anúncio. Dadas as circunstâncias, diz: "Somos todos iguais agora. Estou tirando meu capacete branco. Não há mais chefes e funcionários". Efetivamente, está renunciando a suas responsabilidades como supervisor de turno, como *jefe de turno*. Alguns minutos antes, voltando da chaminé, Urzúa disse aos membros da expedição de fuga que faria isso, e agora acaba de fazê-lo de fato, embora lhe tivessem dito que não o fizesse. "Nós temos que decidir juntos o que vamos fazer", diz Urzúa. A ideia que ele deseja passar é a de que precisam permanecer juntos, unidos, "um por todos e todos por um", embora o que alguns captem desse pequeno discurso e de seu comportamento contido seja uma total entrega diante de um desafio e a sensação de que o homem que deveria estar no comando não está.

"Às vezes Luis Urzúa fala sem pensar", diz Raúl Bustos mais tarde. Bustos sente uma espécie de anarquia suprimida pairando no espaço cavernoso subterrâneo. Cinco meses antes, viu sua cidade natal, Talcahuano, mergulhar na anarquia após um tsunami e um terremoto e quase foi assaltado em frente a uma farmácia que estava sendo saqueada. Assim como um desastre natural, o desabamento pode fazer com que as hierarquias e a ordem cotidiana da mina também desmoronem. Bustos enxerga a possibilidade de que os homens mais fortes e mais desesperados tirem vantagem dos mais fracos. A lógica das ruas poderia tomar conta da mina. Afinal, há entre eles alguns que já passaram um tempo na cadeia, por brigas em bar ou coisas do tipo, e cada um deles é um "macho alfa" em potencial, pensa. "A qualquer momento, eles poderiam ter se voltado contra *el jefe de turno* se nós não o tivéssemos apoiado."

Urzúa faz seu discurso, mas a fala deixa uma espécie de vácuo, então outros membros da expedição de fuga tentam preenchê-lo: Mario Sepúlveda, o capataz Florencio Avalos e Juan Carlos Aguilar, o supervisor da equipe de mecânicos contratados. *El jefe de turno* está certo, concordam os três. Temos que permanecer unidos. Aguilar fala em um tom ao mesmo tempo seguro e autoritário. A situação não é boa, afirma, mas há atitudes que podem tomar para se preparar. Em primeiro lugar, têm que cuidar de toda a água que possuem, pois a que usavam para manter as máquinas e a mina em funcionamento também pode mantê-los vivos. É claro que também terão que racionar os alimentos, comendo o mínimo possível a cada dia, para fazer com que durem o máximo possível, e a única questão é como fazer isso.

Sepúlveda ajuda a coordenar uma contagem do que há (e havia) dentro do armário de emergência: uma lata de salmão, uma lata de pêssegos, uma lata de ervilhas, 18 latas de atum, 24 litros de leite concentrado (oito dos quais estão estragados), 93 pacotes de biscoitos (incluindo os que acabam de ser comidos) e alguns remédios vencidos. Há também — o que parece um tanto despropositado — 240 colheres e garfos de plástico e meras dez garrafas de água, que servem de prova adicional da negligência dos proprietários da mina. Os homens não morrerão de desidratação, contudo, pois há milhares de litros de água industrial nos grandes tanques próximos, usados para manter os motores resfriados, e embora provavelmente contenham pequenas quantidades de óleo, ainda devem ser potáveis. Mas precisam compartilhar esses biscoitos e as latas de atum: se cada um comer um ou dois biscoitos e uma colherada de atum por dia, as provisões talvez durem uma semana. Colocam toda a comida de volta no armário e o trancam novamente. Urzúa pega a chave e a entrega a Sepúlveda para que a mantenha em segurança.

Mas quantos são exatamente? Urzúa conta mais uma vez e compara a lista com suas anotações mentais sobre quantos homens deveriam estar entre eles. "Trinta e um, 32, 33..."

"Somos 33", anuncia.

"Trinta e três?", grita Sepúlveda. "A idade de Cristo! Merda!" *¡La edad de Cristo! ¡Mierda!*

Vários outros homens repetem a frase, incluindo Aguilar e Lobos. "*¡La edad de Cristo!*", gritam. Mesmo para homens que não são especialmente religiosos, o número carrega um significado funesto, principalmente para aqueles que já chegaram a essa idade ou passaram dela. Trinta e três, a idade de um profeta crucificado. O número e o nome pairam sobre o grupo por um instante, uma coincidência tanto trivial quanto assustadora. Na realidade, só deveria haver dezesseis ou dezessete deles, mas graças a todos os homens que faziam horas extras ou compensavam dias perdidos, há muito mais. O dobro, na verdade. São tantos que não há nenhum entre eles que conheça todos os outros. Trinta e três no total. Como pode ser?

Finalmente, Sepúlveda fala, em voz alta, pois enxerga confusão e medo nos olhos dos homens a seu redor. *Somos treinta y tres.* "Isso tem que significar alguma coisa", declara. "Há algo maior nos esperando do lado de fora." Diz isso com a raiva do lutador de rua que foi um dia e com a convicção do pai que se tornou — um homem que viu uma parede de pedra e um armário de comida esvaziado pela metade e que se recusa a acreditar que isso marca o fim de sua jornada na vida.

Um grupo volta à pedra no nível 190, e às chaminés e cavernas próximas, para tentar escutar as equipes de resgate e alertar as pessoas na superfície para a presença de homens vivos lá embaixo. Estarão tão ocupados movendo rochas, acendendo fogueiras e fazendo outras coisas que não conseguirão dormir por cerca de dois dias. Mas a maioria dos 33 homens presos permanece no Refúgio ou perto dele. Alguns poucos, na verdade, estão com medo de sair de lá, e não o farão por vários dias, pois não conseguem se esquecer do que sentiram ao correr para se salvar da explosão e do desmoronamento da montanha. Dormindo atrás da porta de aço do Refúgio ou perto dela, podem pelo menos fingir que estão em um lugar seguro.

"Vocês se lembram daqueles mineiros mexicanos que foram soterrados?", diz um dos homens. "Simplesmente colocaram uma pedra na entrada da mina e disseram: 'Estão mortos. Este é o túmulo'. Nem se deram ao trabalho de tirar os corpos."

"Não, você está errado", grita outro mineiro. "Neste exato momento, nossas famílias estão lá em cima. Elas vão fazer com que venham nos procurar."

Alguém diz que as equipes de resgate poderiam abrir uma nova rampa para resgatá-los. Talvez até uma rampa vinda da mina irmã próxima, a San Antonio.

"Mas eles levaram dez anos para fazer a rampa que já existe", afirma Yonni Barrios, que já trabalha na mina há todo esse tempo. "Levaria dez anos para eles nos alcançarem."

"Ou talvez pudéssemos sair escalando pela Fenda", sugere outro mineiro.

Não, isso seria suicídio, inútil, como tentar escalar um despenhadeiro enquanto as rochas despencam, respondem vários homens. Com certeza cairíamos ou seríamos esmagados.

Um dos mineiros mais velhos afirma que a única solução é as equipes de resgate perfurarem até chegarem a eles. Uma perfuratriz pode alcançá-los em alguns dias, enviar comida e mantê-los vivos enquanto na superfície arquitetam um plano de resgate.

Então chegam até nós em um ou dois dias, diz alguém, esperançoso.

Não, responde outro mineiro. "Você viu uma perfuratriz lá fora quando chegamos ao trabalho hoje? Não. Eles vão ter que trazer uma de outra mina. E depois vão ter que construir uma plataforma. Vai levar alguns dias, pelo menos, só para começarem."

Já passa das dez da noite quando os homens começam a se espalhar pelo Refúgio à procura de um lugar para se sentar ou deitar. Não há mais nada a ser feito por enquanto. Vários deles fazem camas com as caixas de papelão que antes armazenavam explosivos diversos ou com o plástico arrancado dos dutos que bombeavam ar fresco da superfície. Em um dia normal, estariam de volta em seus beliches no albergue em Copiapó, com as barrigas aquecidas por vinho, cerveja ou algo mais forte, ou em casa, pegando no sono com esposas, namoradas e filhos a seu redor. Essa é a hora em que seus corpos normalmente desistem, entregando-se à gravidade e ao sono após doze horas de pé, no subterrâneo, mas hoje o único descanso é no chão branco do Refúgio, na superfície arenosa da Rampa, os olhos esbarrando nos de outros homens, desorientados, com expressões infantis de quem está perdido. Dez anos para que uma nova rampa chegue até eles. Dias para sequer ouvir o som de uma perfuratriz. Ou talvez apenas o silêncio dos esquecidos, da pedra atravessada na Rampa servindo de tampa para seus túmulos. Quando não há mais nada a dizer, arregalam os olhos na escuridão e pensam em quão cruel, errado e injusto é o fato de se encontrarem ali, entre esses outros homens suados, fedorentos e assustados.

Havia algo de reconfortante no ritmo apressado de suas rotinas de trabalho diárias, no turno das oito da manhã às oito da noite, de descer ao subterrâneo, sair novamente à superfície e voltar para dentro dessa montanha na qual apenas uma ínfima porção da abundância de cobre e ouro extraída lhes pertencia. Agora não há nada a ser feito senão sentar e esperar, escutar o estrondo intermitente das rochas caindo e se perguntar se voltarão a viver algo além daquilo. Talvez todos os prazeres do suor e da vida simples sob o sol, a lua e o Cruzeiro do Sul no céu noturno pertençam ao passado. Tantas memórias deixadas para trás, lá fora, no mundo dos desenterrados: encher caixas com uvas recém-colhidas, procurar a bela e recém-chegada prima distante na reunião de família, encontrar os amigos para encher a cara, atravessar as portas dos bares de Copiapó onde globos espelhados os aguardam. Receber o contracheque e chegar em casa às nove da noite, ao som das vozes das crianças reunidas debaixo dos postes de luz nas ladeiras de Copiapó, sob luzes tingidas de âmbar e esmeralda. O mundo exterior ficou no passado, pois agora vivem em um presente de escuridão, que talvez se torne um "para sempre". O passado era o quintal da casa de parentes, onde os homens se reuniam para discutir quem ganharia o próximo campeonato de *fútbol*, La U ou Colo-Colo, e outros assuntos importantes e relaxantes do universo masculino. O passado era as janelas abertas que davam para seus quintais, para churrasqueiras e para a pele rachada de salsichas assadas. Era as silhuetas de suas esposas e namoradas grávidas, se movimentando pelas salas de estar e cozinhas, o mistério do feminino nas barrigas que cresciam com sua cria.

Dois dos mineiros esperam que as namoradas grávidas deem à luz seus filhos. Um deles é Ariel Ticona, um rapaz ágil de 29 anos, que já tem dois outros filhos com a mesma namorada. O outro é Richard Villarroel, um mecânico alto. Sua *polola* grávida se chama Dana e os dois moram juntos em Ovalle, que fica ao sul de Copiapó, a muitas horas de distância, um lugar que se considera uma espécie de Éden, um paraíso de palmeiras e água corrente no meio de montanhas secas e estéreis. Hoje à noite, sua namorada é uma Eva grávida naquele oásis enquanto ele, seu Adão, está preso em um buraco, pagando por seus recentes pecados carnais. Ele se lembra da barriga inchada de Dana, do bebê que nada lá dentro e daqueles primeiros leves chutes que sentiu quando a namorada pegou sua mão e colocou-a sobre aquela casca de pele endurecida. Aqueles chutes, agora se dá conta, talvez sejam o mais perto que jamais chegará de conhecer o filho. O pai do próprio Richard, que era pescador, morreu quando ele tinha apenas cinco anos, em um acidente em um lago na Patagônia chilena, deixando para o filho uma vida de pensamentos conflitantes, constantes mudanças de casa e, finalmente, uma rebelião adolescente contra a mãe viúva, por conta da qual o jovem acabou indo parar na cadeia por um breve período, com raiva daquele mundo injusto, capaz de deixar um menino sem nada além de memórias distantes de um dia ter tido um pai. Era como se a vida do pai tivesse sido tomada de súbito, e a morte de Richard também deixará a mesma impressão em seu filho se ele morrer na mina. É um ato do acaso, a absurda mão do destino em ação, pois Richard não deveria nem estar no subterrâneo. Foi contratado para trabalhar na superfície e sabe que a mãe ficará confusa quando vir seu nome na lista dos homens desaparecidos, pois, até onde ela sabe, ele nem sequer trabalha em uma mina. A ideia de que em breve deixará ao filho um legado de ausência idêntico ao que ele próprio recebeu, toda uma vida de sofrimento contido, agora paira sobre Richard.

Este é o aspecto mais cruel desse 5 de agosto: saber que não estarão presentes para todas as pessoas que os amam e odeiam, que dependem deles. Não estarão lá para proteger ou prover, para ser alimentados, escutados, para ouvir as reclamações de sogras ou enfrentar o silêncio revoltado dos filhos adolescentes. Os mineiros não estarão lá para a festa do bebê, *la guagua*, nem no cemitério para colocar girassóis e calêndulas na sepultura dos pais que os criaram para serem outra coisa que não mineiros, pessoas outras que não homens que viriam a morrer desta forma.

Omar Reygadas, o operador de carregador que se encontrava no fundo da mina quando o desabamento ocorreu, visitara o cemitério apenas alguns dias antes. Estava no sol, atravessando o portal coberto para entrar em um espaço abarrotado de cruzes e monumentos decadentes, com as montanhas pardas visíveis à distância. É viúvo, e durante esses últimos sete dias de folga tinha ido visitar a sepultura da falecida esposa, a mãe de seus filhos, a mulher a quem abandonou enquanto ainda estava viva. E ao lado dela, a sepultura do filho adulto, morto em um acidente. Durante esses mesmos dias de folga, estivera no gramado do El Pretil Park, debaixo das pimenteiras e dos eucaliptos, para um churrasco em homenagem ao neto de sete anos, Nicolás. "Todos os meus filhos estavam lá, meus netos, meus bisnetos." Estivera também em Vallenar, a cidade onde crescera, uma hora ao sul de Copiapó, para ver os irmãos. Tudo isso durante alguns poucos dias de descanso, talvez seus últimos. Lembrando-se disso, e estando mais sentimental por conta da idade, Omar agora tem a impressão de que todos esses eventos foram predeterminados: como se Deus tivesse lhe dado a chance de se despedir de todo mundo antes de deixar a Terra. É um pensamento ao mesmo tempo reconfortante e devastador, pois significa enfrentar o fato de que esse realmente é seu fim.

Omar pensa: *Deus, se você for me levar agora, pelo menos faça com que eles encontrem meu corpo.* Começa a chorar. "Não tenho vergonha de dizer que chorei, chorei muito naquele momento, pensando que não veria mais minha família e no sofrimento pelo qual eles passariam lá fora." Não quer que seus colegas mineiros no Refúgio o vejam assim, então sai dali e começa a caminhar, sozinho, violando um código da mineração que determina que nunca se deve andar sem companhia no subterrâneo. A segurança não importa mais, as regras não importam, e ele caminha ladeira abaixo, seguindo a luz de sua lanterna, até que encontra um carregador frontal como o que costumava operar. Senta-se dentro da cabine do motorista, um lugar tranquilo para pensar, mas após alguns minutos se lembra do momento do colapso. Toneladas e toneladas de rocha caíram em cima deles e ainda assim "ninguém ficou ferido, nem um arranhão". Há 33 homens presos, sofrendo com seus medos e suas memórias, sim — mas estão *vivos*. Omar percebe que o fato improvável de terem sobrevivido também carrega um quê de divino. Estarem vivos neste buraco, contra todas as probabilidades, é para Omar o sinal da existência de um poder superior com algum tipo de plano para esses homens. Decide voltar para o Refúgio, lutar com seus próprios medos e ser um homem forte em vez de um fraco. Acredita que, se puder transmitir força àqueles homens e meninos lá no Refúgio, isso servirá de alguma coisa. E se tudo for parte de um plano de seu Criador, talvez as orações de Omar, seus pensamentos e sua força de vontade possam alcançar a superfície e fortalecer as pessoas que o amam, que devem estar sofrendo lá fora na noite, se perguntando se ele e os 32 outros homens ainda estão vivos.

5

ALERTA VERMELHO!

Lá em baixo, no Refúgio, Darío Segovia, o mineiro que se despediu da namorada com um abraço longo e silencioso, fala pouco enquanto as horas passam e a noite se transforma em manhã. Darío possui rugas profundas que atravessam suas bochechas ásperas, e seu rosto expressivo fala por ele: pode estreitar os olhos como quem diz *estou determinado* ou permitir que a testa, normalmente imóvel, contraia em uma declaração silenciosa de preocupação. Durante essas primeiras 24 horas preso no subterrâneo, um franzir de testa diz, muito claramente, *estou confuso e com medo*. Sempre foi um homem de poucas palavras, como sua irmã mais velha, María, pode atestar. Ela passou boa parte da infância cuidando de Darío e de quatro outros irmãos, e, como o resto da família Segovia, o chama pelo segundo nome, Arturo. Quando Darío Arturo Segovia era adolescente, trabalhava em uma mina carregando pedras em uma bolsa de couro chamada *capacho*, que pendurava sobre o torso. Os parentes acharam graça da avidez com que Darío aceitara esse trabalho de burro de carga e lhe deram o apelido de "Capacho".

Cresceram no deserto do Atacama e, quando eram pequenos, Darío Arturo falava pouco e María, muito, defendendo o caçula e os outros irmãos contra as vicissitudes de uma vida com pais que com frequência largavam os filhos, à própria sorte. Hoje todos os irmãos Segovia já entraram na meia--idade, tinham quase cinquenta ou cinquenta e poucos anos, mas María, pequena, atarracada e queimada de sol dos muitos dias e anos trabalhando ao ar livre, continua sendo aquela que assume o controle em momentos de crise. E assim será hoje, embora ela esteja do outro lado do deserto, a mais de 480 quilômetros de Copiapó. María Segovia encontra-se na prefeitura da cidade portuária de Antofagasta. Está lá pela mesma razão que Darío está na mina: tentando conseguir uma das pequenas vitórias que lhe permitem levar uma existência digna. Sua vida tem sido assim desde que consegue se lembrar. Quando era uma menina de mais ou menos nove anos, e tomava conta de Darío, que tinha seis, viviam na pouco habitada cidade de San Félix, em uma casa construída em um barranco com pedras de rio, arame e sobras de madeira. La Quebrada de los Corrales era o nome da ravina, pois havia currais de animais próximos. Gotas de água começaram a cair do céu perpetuamente seco, batendo no toldo de náilon que lhes servia de teto, seguidas por filetes de água que serpenteavam pelo chão nos espaços onde comiam e dormiam. Uma torrente derrubou as paredes de pedra da casa e carregou seus pertences. Mais tarde, aos catorze anos, María ficou grávida, e hoje, relativamente nova, aos 52, é uma feliz bisavó, mas memórias de pobreza, de morar em lugares que podem ser literalmente arrastados por uma tempestade moderada, a fazem muito frequentemente ser uma pessoa difícil para qualquer um que fique no seu caminho.

Há anos, María Segovia perturba os funcionários da prefeitura de Antofagasta para conseguir as várias licenças necessárias para vender sorvete e empanada na rua e perto da praia em carrinhos improvisados e carrocinhas de metal. Aqueles que não possuem licença podem ser presos pelos Carabineros, e María sabe o que é ser jogada em uma cela de prisão pelo crime de vender salgadinhos. Está na fila para renovar a licença para vender balas quando o celular toca. É a esposa de seu irmão Patricio.

"Ei, María, o Patricio te ligou?"

"Não."

"Você não sabe o que aconteceu com o Arturo?", pergunta a cunhada, referindo-se a Darío por seu segundo nome.

"Não."

"Acho melhor você ligar para o seu irmão."

Alguns minutos depois, Patricio lhe dá a notícia: Darío Arturo sofreu um acidente na mina. Está preso.

María desliga o telefone e decide que precisa saber mais detalhes. Felizmente, a prefeitura dispõe de computadores para uso público e ela pode pesquisar na internet. Encontra uma notícia sobre o acidente, seguida pelo nome de Darío na lista dos trabalhadores presos e, o que é mais perturbador, por seu rosto ali na tela. Darío trabalha em minas desde muito jovem e, parada ali, fitando o rosto do irmão, María conclui que o acidente deve ter sido muito sério para deixá-lo sem meios de fuga — pois Darío sempre consegue escapar e voltar para casa.

Alguns minutos mais tarde, María sai da prefeitura de Antofagasta e se dirige ao terminal rodoviário para fazer o longo percurso rumo ao sul. O ônibus leva várias horas para atravessar o deserto do Atacama. Às quatro da tarde, ela chega a Copiapó. Vai direto para o hospital, onde as esposas, as namoradas e os filhos dos mineiros esperam por notícias, mas é claro que não há nenhuma. María decide ir à mina e chegar o mais perto que puder do irmão, mas um dos funcionários do hospital lhe diz: "Não estão deixando ninguém entrar. Está tudo fechado. Você tem que esperar aqui". Repetem isso várias vezes — "Você tem que esperar aqui... Você tem que esperar aqui..." —, mas a insistência só a deixa mais determinada a chegar mais perto do irmão. Liga para o filho, Estebán, que mora em Copiapó.

"É claro, Mami, eu te levo lá", diz ele. Antes, porém, leva a mãe para sua casa, onde ela se prepara, pegando um bom casaco reforçado e cobertores, pois o filho a previne: "Mami, faz muito frio lá onde fica a mina". Ela leva uma garrafa térmica com café e também sanduíches, pois sabe que terá que esperar. Muito provavelmente enfrentará outro teste de paciência. Esta tem sido a lição da vida de María Segovia até o momento: você defende sua humanidade com paciência e determinação, fazendo com que sua voz seja ouvida por aqueles que o julgam um ser inferior por suas roupas surradas, mãos calejadas e sua pele queimada.

Devidamente protegida contra o frio, María chega com o filho à mina San José por volta da meia-noite, quase 36 horas após o acidente. Vê parentes reunidos ao redor de fogueiras, perambulando pela área poeirenta e seca ou sentados em pilhas de rochas cinza do tamanho e formato de pães de forma, os rostos cobertos de preocupação, fitando chamas flamejantes, de pé com as mãos nos bolsos debaixo de postes nos quais cones de luz fraca são engolidos pela imensa escuridão da noite do Atacama. A mina oferece uma sensação instantânea de perda e tragédia coletiva, que se dispersa pela paisagem como uma espécie de infecção. "*Un panorama horrible*", conta María Segovia mais tarde. "Ainda sinto aquela sensação em meu corpo, aquela dor, aquele sentimento de estar com o estômago embrulhado, a preocupação que vinha de querer ter meu irmão perto de mim e saber que ele estava longe, naquele lugar terrivelmente fundo."

Caminhões do corpo de bombeiros e alguns policiais estão por ali, mas nenhuma operação de resgate teve início. Ela encontra um major entre os Carabineros, Rodrigo Berger. Ele é muito educado e respeitoso, mas tem poucas informações a oferecer. Todos esperam que uma nova equipe de resgate se reúna e entre na mina. Todos os membros dessa equipe vieram e virão de outras minas, pois a Companhia de Mineração San Esteban não possui uma equipe de resgate. Há várias dezenas de homens com capacetes parados em frente à entrada da mina e tudo o que os parentes que se encontram ali por perto podem fazer é esperar. Esperar, esperar, esperar a cada minuto que passa, vivendo com uma espécie de luto, pois a ideia de que os homens podem já estar mortos ou morrendo paira sobre todos eles, não verbalizada. A possibilidade que aprenderam a negar durante todas suas vidas, subitamente ali, tão real naquela entrada de mina que mesmo os membros mais calejados da equipe de resgate parecem relutantes em entrar.

Darío Segovia está lá embaixo no Refúgio, sem dizer muita coisa. Na superfície, na noite fria, sua irmã mais velha, María, sente que ele está vivo. Mesmo hoje, com ambos já na meia-idade, ainda está pronta para defendê-lo, como fazia quando eram crianças em San Félix, em uma casa que enchia de água toda vez que chovia forte. Logo María começará a falar novamente, dizendo a todos o que pensa: Darío Arturo "Capacho" Segovia e os outros 32 homens ainda estão vivos e precisam que suas famílias lutem por eles.

José Vega é um homem de setenta anos, corpo rijo, excelente forma física, pele morena e cachos nas costeletas, que começou a trabalhar na mineração ainda adolescente. Todos os seus quatro filhos já trabalharam em minas, mas no momento do desastre de 5 de agosto, três deles felizmente já tinham largado esse trabalho perigoso. Apenas um, Alex, ainda trabalha no subterrâneo.

"Nós vamos resgatá-lo", diz José a um dos outros filhos, Jonathan. "Vamos pegar nossos equipamentos e nos preparar para entrar lá."

José reúne os equipamentos que ainda guarda de seus dias de mineiro: uma bússola, um GPS, um medidor de profundidade e um aparelho de oxigênio de emergência. Dois de seus filhos se juntarão a ele na busca pelo irmão, o que significa que três dos Vega que deixaram a mineração vão entrar novamente em uma mina para salvar o único membro da família que foi teimoso o bastante, e estava sem dinheiro suficiente, para largar aquela vida. Quando os Vega chegam à San José, encontram policiais, bombeiros e grupos de resgate de muitas outras minas. A equipe vai entrar em grupos de seis. Mas de repente alguém anuncia: "Não vamos deixar nenhum parente desses caras descer". Quando é sua vez de se apresentar, José Vega dá um nome falso. São informados de que precisarão esperar várias horas antes de entrar, e como Jonathan parece estar muito cansado, o pai lhe diz que vá para casa e tire um cochilo: "Nós mandamos te chamar quando estiver na nossa vez de entrar". Mas quando José recebe a notícia, às quatro da tarde de uma sexta-feira, de que vai entrar em breve, não liga para a casa de Jonathan para acordá-lo. "Eu já tinha um filho na mina", dirá José. "E agora mais três Vega iam entrar. Eram Vega demais naquela mina."

Outros grupos de resgate saem da mina parecendo preocupados. José fala com um grupo de homens da mina Michilla, quinhentos quilômetros ao norte, perto de Antofagasta. Os olhos se enchem de lágrimas ao descreverem a situação. A montanha ainda está viva, dizem, com placas de pedra se soltando das paredes, e há enormes rachaduras no chão e no teto da Rampa. O chefe do grupo de resgate da Michilla declara: "Não deveriam deixar mais ninguém entrar!". Mas a situação do lado de fora é caótica, a sensação é de que não há ninguém no comando dos esforços de resgate e ninguém tenta impedir o próximo grupo de homens, que inclui o pai de Alex Vega, de entrar.

Não muito depois de passar por aquela boca escancarada que leva do sol da tarde para a escuridão, José Vega começa a perceber exatamente em que se meteu. "Para ser honesto, foi muito, muito assustador." Aproximam-se da parte bloqueada da Rampa a que Carlos Pinilla e Pablo Ramírez chegaram um dia antes — a montanha estrondosa empilhou pedras no caminho. José fala com outro membro do grupo de resgate, um parente do mineiro Jorge Galleguillos, e os dois concordam em procurar pela chaminé mais próxima. Quando encontram uma, um mineiro jovem e magricela concorda em descer por ela. Após ter sido abaixado e puxado de volta, o mineiro relata que pôde ver uma passagem aberta no fundo. Ela leva a outro duto de ar e talvez a uma galeria onde possam alcançar os homens. Mas José diz que eles não têm permissão para ir mais adiante. Voltam à superfície para relatar suas descobertas à equipe de resgate profissional que se prepara para entrar na mina.

O ministro das Minas, Laurence Golborne, chega às duas horas da manhã de sábado. Também vê os homens e as mulheres sentados junto às fogueiras, as expressões confusas e de tristeza. Ainda veste o terno que usava no dia anterior durante uma visita oficial ao Equador. Vários parentes das vítimas o encurralam e repetem os rumores que ouviram: "Eles já estão mortos, não estão...". Quando se é um oficial do governo no Chile, assim como no resto da América Latina, as pessoas acreditam que faz parte de sua natureza fornecer informações erradas ao povo ou manipulá-lo, que você de alguma forma renuncia à sua humanidade e moral quando toma posse. Quanto mais pobres, mais assim se sentem a respeito de seu governo. "Diga a verdade, Señor Ministro!" A verdade é que as informações disponíveis são desencontradas e imprecisas. De acordo com uma contagem fornecida a Golborne quando ele chega, o número de mineiros presos é 37. Ou talvez 34. É informado (incorretamente) de que entre os mineiros há vários imigrantes ilegais do Peru ou talvez da Bolívia.

Até esse momento, nada o preparou para isto na carreira profissional de Golborne. É um executivo e empresário rico, com diploma em Engenharia Civil e habilitação secundária em Química, que nunca antes havia ocupado uma posição no governo. Quando assumiu o cargo, estava mais familiarizado com os desafios de servir *haute cuisine* sul-americana (é proprietário de um restaurante em um bairro elegante de Santiago) do que com as complexidades da indústria da mineração (sua única experiência em mineração tinha sido como administrador, uma função burocrática, vinte anos antes). A viagem para Copiapó, após o término da visita oficial com o presidente Sebastián Piñera ao Equador, foi longa e com escalas, pois voava de classe econômica em um avião comercial de volta para Santiago, depois em um jato da força aérea chilena até Copiapó. Golborne é parte do círculo de empresários, políticos e pensadores que estão tomando as rédeas do governo após duas décadas de domínio da centro-esquerda e, neste momento, sua roupa de homem de negócios não é a única coisa que faz com que se destaque. É um oficial de alto escalão de um governo federal conservador em uma região que votou em massa a favor da esquerda, e sua presença na mina é fora do comum, pois o governo federal não costuma assumir nenhum papel em acidentes em minas — tradicionalmente, são as empresas de mineração que organizam e conduzem seus próprios esforços de resgate.

"A atitude entre as pessoas era algo como 'ok, você está aqui'. Não foram abertamente hostis, mas também não foram muito acolhedoras", dirá Golborne mais tarde. Ele observa as equipes de resgate se reunirem perto da entrada da mina; são da Punta del Cobre, da Escondida e de outras minas. Logo após a meia-noite, passam pelos dentes cinzentos e irregulares da boca da San José e desaparecem.

A equipe de resgate é formada por policiais Carabineros e um grupo local de resgate de mineiros liderado por Pedro Rivero, um homem de rabo de cavalo tingido de loiro que trabalhou a vida toda na mineração e tem muitos anos de experiência em operações de resgate em minas. Quando está de folga, em casa, Rivero é travesti, um fato amplamente conhecido na intrinsecamente machista comunidade mineira local, onde ele é, contudo, respeitado pela inegável coragem em situações de resgate. Sua equipe inclui um funcionário da mina San José, Pablo Ramírez, o supervisor do turno noturno e amigo de Florencio Avalos. Dirigem 4,5 quilômetros mina adentro até chegarem à parede chata de granito que bloqueia a Rampa, então reúnem os equipamentos para descer, na esperança de alcançarem o Refúgio, uns 285 metros mais abaixo. Levam cordas, roldanas, blocos de polia e pedaços de madeira para construir uma plataforma sobre uma das aberturas de chaminé, cada uma das quais tem dois metros de largura e até trinta metros de profundidade.

Rivero, Ramírez e cinco outros membros da equipe de resgate descem por várias chaminés a partir do ponto onde a Rampa está bloqueada, no nível 320, até chegarem ao nível 295. Para Rivero, que nunca esteve nesta mina antes, a impressão é de que quanto mais desce, mais "dantesca" vai ficando a cena, mais a temperatura sobe, mais destroços enchem a Rampa e mais rachaduras começam a aparecer na estrutura de pedra. Em cada nível, encontram a mesma perfeita massa cinza bloqueando a Rampa, e param para gritar, na direção dos homens presos, berrando os insultos usuais com os quais os mineiros se dirigem uns aos outros: "*¡Viejos culiados! ¿Dónde están?*". A cada nível que descem, a sensação de perigo vai aumentando. São como uma expedição aos Himalaias ao contrário: sua meta é "atacar" o centro da montanha em vez de seu pico, o ar ficando mais denso e quente em vez de frio e rarefeito, e no nível 295 se reúnem para montar uma espécie de acampamento. Juntam mais cordas para a descida pela próxima chaminé, que leva ao nível 268.

Ramírez vai primeiro, sozinho, e após alguns metros começa a perceber algo profundamente perturbador: há rachaduras nas paredes da chaminé. As paredes de pedra da cavidade estão se partindo, sendo lentamente espremidas pelo peso do "megabloco" de pedra do tamanho de um arranha-céu que caiu lá de cima. Mais uma vez ele grita para baixo, chamando pelos homens presos, e espera por uma resposta que nunca vem. Ao chegar perto do fundo da chaminé, não consegue enxergar a Rampa no nível 268; em seu lugar, há uma pilha de destroços, uma parede de rocha suspensa que parece poder desabar a qualquer momento, fechando a abertura completamente. "Qualquer um que passasse por ali", diz Ramírez mais tarde, "estaria correndo o risco de ficar preso se todas aquelas pedras começassem a desabar." Isso não vai funcionar, não podemos passar por aqui, pensa, logo vai desmoronar. Ramírez faz essa avaliação em seus pensamentos e de repente se sente derrotado. Pensa em Mario Gómez, o motorista do caminhão, e nos homens das equipes mecânicas e, assim como Pinilla, tem certeza de que foram pegos pelo desabamento. Era hora do almoço, e eles provavelmente estavam subindo a Rampa, passando ali por perto. Mas os outros homens provavelmente estão vivos, pensa Ramírez, pois na San José o grupo de fortificadores e operadores de jumbo nunca tirava a hora de almoço quando devia, estavam sempre atrasados ou adiantados. "A mineração é assim. Você sempre encontra uma maneira de enganar o destino", diz. "Isso é que é bonito em ser mineiro: sempre acontecem coisas sobrenaturais."

A montanha é agora uma coisa estranha e misteriosa retumbando à sua volta, com quedas de rocha que podem estar distantes ou próximas. Ele grita para Rivero no topo da chaminé.

"*¡Sácame, huevón, esto se fue a la cresta!*" Me tira daqui, filho da mãe. Isso aqui já era!

Rivero e os outros membros da equipe no topo da chaminé também ouvem um estrondo vindo da rocha a seu redor. Um enorme pedaço de pedra cai do alto, partindo o cabo que liga seu equipamento de comunicação à superfície. É como ouvir uma bomba explodir. Rivero começa a gritar: "Alerta vermelho! Alerta vermelho!".

Rivero e os outros membros do grupo puxam Ramírez, mas a parede da chaminé está começando a desmoronar e vários pedaços de pedra atingem as cordas que os homens prenderam a seus corpos para descer na chaminé atrás do supervisor do turno da noite. Por um momento, é como se a montanha estivesse tentando sugá-los, pois as pedras que caem puxam as cordas, tentando arrastá-los para a chaminé com tanta força que Rivero perde o equilíbrio. Ele e os colegas lutam para não serem sugados para dentro da chaminé e, ao mesmo tempo, para puxar Ramírez para fora. Quando a cabeça de Ramírez surge no topo, pegam seus braços e o erguem enquanto outro membro do grupo puxa uma faca de dentro da bota e corta todas as cordas. É só nesse instante que ficam seguros.

Os homens começam sua jornada de volta ao topo, e Rivero percebe quão desconsolado Ramírez parece estar, preocupado com os amigos e colegas de trabalho presos lá embaixo. Rivero pensa: *Agora acabou*. Às três da tarde, Rivero e Ramírez chegam ao topo e saem ao encontro do sol do Atacama. A notícia do novo desabamento dentro da mina já se espalhou entre os membros da equipe de resgate reunidos do lado de fora, incluindo José Vega, o pai de Alex. "Há milhões de toneladas de rocha e é impossível que eles estejam vivos", diz um dos homens perto dele.

"Ficou um silêncio depois que ele disse aquilo", lembra mais tarde José.

Golborne também está presente, esperando pelo grupo de resgate, e fica imediatamente impressionado com suas expressões derrotadas, seus olhos avermelhados e com a camada de pó cinza e preto que lhes cobre os rostos, como se tivessem entrado na montanha e lutado com alguma fera que vivesse lá dentro. "*Esto se acabó*", afirma Rivero, com um sentimento de inevitabilidade. Não há mais nada que Rivero ou qualquer equipe "convencional" de resgate de mineiros possa fazer, e agora cabe a Golborne dizer isso às famílias que aguardam.

Por ser o oficial de cargo mais alto no local, Golborne assumiu o estranho papel de porta-voz desde que chegou, embora não tenha nenhuma autoridade legal na mina (tecnicamente, está invadindo uma propriedade privada). Mas os proprietários da mina não estão falando com a mídia nem com as famílias, e os repórteres acabam todos atraídos pelo elegante e culto representante do governo. As famílias esperam há duas horas para ouvir alguma notícia e agora Golborne se afasta da entrada da mina e caminha em direção a uma ambulância estacionada perto do portão principal. O ministro sobe em uma cadeira posicionada ao lado do veículo e usa seu alto-falante para se dirigir à multidão, com câmeras de televisão transmitindo sua declaração ao vivo para todo o Chile.

"As notícias não são auspiciosas", começa. A equipe de resgate tentou chegar ao nível 238, diz, mas houve outro colapso. A montanha desmoronou novamente e o resgate teve que ser interrompido. Vários familiares das vítimas chegam a prender a respiração com a notícia. "Estamos tentando encontrar outras técnicas, outras formas para chegar a eles", afirma Golborne, mas ao proferir essas palavras, olha para baixo e vê Carolina Lobos, a filha adulta de Franklin Lobos, o ex-astro do futebol. Ela parece profundamente entristecida e perdida, os olhos estão cheios de lágrimas, aparentemente mais lágrimas do que um par de olhos poderia aguentar (é assim que Golborne se lembrará do momento). Ao ver suas lágrimas, ele para de falar e abaixa a cabeça, desviando o olhar da multidão. Sente "um nó na garganta", mas consegue retomar a fala por alguns segundos. "Vamos tentar manter vocês informados...", anuncia, mas logo precisa parar novamente, é muito difícil, ser o encarregado de dizer a tantas pessoas boas, tantas filhas e esposas, que os homens que amam estão presos e que ele não sabe como ou mesmo se poderá salvá-los. "Temos que zelar pela vida dos membros da equipe de resgate", diz, e após mais algumas palavras sente a emoção brotar de novo, se vira completamente de costas para a multidão, desiste e larga o aparelho.

"Como vocês podem ver, o ministro está visivelmente abalado", diz o repórter da rede de notícias chilena TVN em um tom sombrio. Um sentimento de choque e luto se espalha pelo Chile, pois ministros não choram assim ao vivo na televisão. Ver isso torna o momento ainda mais real e extraordinário para os milhões de telespectadores. Algo muito trágico, muito humano, deve estar acontecendo para que um homem poderoso chore assim.

Golborne desce da cadeira e é imediatamente cercado pelos repórteres. Estão lhe fazendo perguntas e ele dá apenas respostas vagas sobre estudar as "opções" e outras "técnicas", e enquanto fala os microfones captam o som de uma mulher, ou de várias, chorando muito alto. A solução de "curto prazo" de descer pela chaminé não vai funcionar, afirma Golborne, agora quase murmurando. Em resposta, um homem próximo grita: "Señor Ministro. Estamos vendo na sua cara. Diga a verdade! Vocês podem ou não tirá-los de lá? Nós estamos todos no escuro! Estamos esperando aqui há cinquenta horas. Cinquenta horas!".

Golborne diz que "as esperanças têm que ser realistas... Não podemos transmitir um otimismo que não existe".

Ouvindo isso, um parente de uma das vítimas e mineiro de Cerro Negro grita: "Davi enfrentou Golias! E ele usou todas as armas que tinha!".

"Você não pode se deixar abater assim!", lhe diz uma mulher. "Você é um ministro. É a autoridade aqui. Você tem que mostrar que está no comando!"

Até esse ponto em sua carreira, Golborne é um ex-aluno das universidades de Stanford e Northwestern com um currículo corporativo invejável, mas nunca foi alguém que teve de pensar em si mesmo como um homem do povo. Nunca teve de fazer seus os interesses dos pobres e nunca soube o que é ser o servidor público de um povo que deseja que ele seja forte mas, ao mesmo tempo, nutre por ele uma profunda desconfiança.

María Segovia se lembra do que acontece nos minutos e horas que se passaram da seguinte forma: ela e os outros parentes das vítimas assistem, sob a luz pálida do fim de tarde, os membros da equipe de resgate irem embora com os capacetes debaixo do braço e os caminhões dos bombeiros se afastarem da entrada da mina. Ela se sente abandonada, assim como a maioria dos familiares à sua volta. Estão chorando, ela está chorando, mas finalmente María para e pensa: *Não vamos chegar a lugar nenhum com lágrimas.* Ela encontra um jovem repórter da CNN Chile e lhe diz: "Não, isso não pode ficar assim". Descreve ter visto a equipe de resgate ir embora e fala de sua indignação e dor. "Esses homens não são cães enterrados ali", diz. "São seres humanos. E é por isso que precisamos de ajuda. Porque eles precisam ser resgatados." Liguem para o presidente, continua, liguem para outros países, tragam ajuda para tirar aqueles homens de lá.

Nos dias que se seguem, María Segovia e as outras mulheres que vieram à San José frequentemente sentem necessidade de falar e protestar. A polícia manda que se afastem do local próximo à entrada da mina e as força a descerem para o outro lado do portão principal: "Nós recuamos como cães, com o rabo entre as pernas", lembra uma mulher. Quando María e outros parentes das vítimas não conseguem nenhuma informação, voltam ao portão principal e iniciam um panelaço. É a única maneira. Se for preciso, bloquearão a estrada e a entrada para a mina, o que acabam fazendo mais de uma vez. A cada vez que realizam esses protestos improvisados, enfrentam vários policiais enfileirados que tentam mantê-las fora do terreno da mina. "Queremos informações!", gritam as mulheres. "Desçam aqui e nos digam o que está acontecendo!" Um pouco mais tarde, um representante do governo desce para conversar com elas. Carmen Berríos, a esposa de Luis Urzúa, vê passar Alejandro Bohn, um dos proprietários da mina, e o confronta: "Você não tem uma secretária para nos ligar e contar do acidente? Eu tive que descobrir em um maldito ônibus!". Ele murmura algo como resposta e se afasta.

María Segovia logo percebe que o mais importante que pode fazer para ajudar o irmão é simplesmente ficar ali na mina. "Nós vamos ter que viver aqui", diz às outras mulheres, às mães, namoradas e filhas. "Vamos ter que ficar aqui até as últimas consequências." *Hasta las últimas consecuencias.* María é quem monta sua barraca mais perto do portão e, conforme o acampamento de familiares à sua volta vai crescendo, logo passa a ter um nome: Campo Esperanza. Esse Campo Esperança se torna um atrativo para instituições beneficentes e pessoas caridosas espalhadas por todo o Chile e também em outros países. As pessoas começam a vir para o deserto dirigindo por sua paisagem lunar com doações para as famílias dos mineiros. Mais lenha. Lonas. Alimentos. O governo local de Copiapó traz barracas. Uma pequena capela é montada. No fim das contas, o governo oferece até uma escola para as crianças que estão ali com os pais.

María Segovia não é a única no comando, não é a única que decidiu se mudar para a mina San José, mas é a que está mais perto do portão, a que responde a perguntas com mais frequência. Um caminhão chega com mais lenha e o motorista pergunta: "Onde a gente coloca isto?". "Ali", diz María. "Vamos nos certificar de que todo mundo receba um pouco." Os representantes do governo que descem para falar com as famílias quase sempre encontram María primeiro e ficam comovidos com sua determinação, seu amor pelo irmão, sua defesa incansável da dignidade e da humanidade dos mineiros presos lá embaixo. Logo essa mulher que vende sorvete, balas e salgados em um carrinho na praia estará se dirigindo a alguns dos homens mais poderosos do Chile pelo primeiro nome. "Não se esqueçam do meu irmão, não deixem aqueles homens morrerem lá embaixo", ela lhes diz. A comunidade de parentes e membros de equipes de resgate vai crescendo à sua volta, e María fala tanto que essa nova comunidade finalmente lhe dá um apelido: "La Alcaldesa". María Segovia acaba se tornando "prefeita" do Campo Esperanza.

Mas boa parte disso acontecerá nos dias que estão por vir. Por enquanto, mais ou menos um dia após as famílias dos 33 homens enterrados terem começado o panelaço, após terem feito o ministro chorar pela primeira vez, algo muito importante acontece. María Segovia e os outros parentes postados em frente ao acampamento na entrada da propriedade da mina San José veem um veículo estranho se aproximar com um estrondo.

6

"PECAMOS"

Seiscentos metros abaixo das fogueiras do Campo Esperanza, na mina danificada, perto do Refúgio, Víctor Zamora e alguns de seus companheiros caminham em direção à Rampa e começam a procurar pelos dentes perdidos de Víctor. Os feixes de luz de suas lanternas se movem sobre o chão de cascalho. Cercados pela completa — e, sim, aterrorizante — escuridão da mina, começam a pensar em quando as pilhas das lanternas vão acabar. Iniciam cada turno com pilhas novas, mas alguns dos mineiros já percebem que a luz de suas lanternas está mais fraca. Ligam suas preciosas luzes e procuram rapidamente, imaginando que as contas peroladas dos dentes de Víctor refletirão o brilho se estiverem ali. Mas não encontram nada.

Um pouco mais acima, Luis Urzúa, Florencio Avalos e os mecânicos Juan Carlos Aguilar, Raúl Bustos e outros sobem pelos túneis negros na picape de Urzúa, dirigindo até a parede de rocha que bloqueia a saída. Tentam ouvir algum sinal de que a equipe de resgate está próxima ou de que está vindo na direção deles. Na escuridão, cada som, cada sensação é ampliada: a fraca circulação do ar através da mina começa a se assemelhar a uma brisa, a respiração da pessoa ao lado soa como o farfalhar de um animal invisível ou de um veículo passando. Mas não escutam nenhum som que seja claramente o de uma equipe de resgate.

Urzúa renunciou à autoridade que seu capacete branco lhe conferia, mas ainda faz sugestões, responde às ideias dos outros homens, que coletivamente tentam assumir o controle e se manter ocupados. Juan Carlos

Aguilar, Mario Sepúlveda, Alex Vega, Raúl Bustos, Carlos Barrios e Florencio Avalos: todos querem fazer alguma coisa além de esperar. São feitas sugestões, os homens debatem, Urzúa e Avalos compartilham o que sabem a respeito da mina e, juntos, supervisores e subordinados chegam à decisão que faz mais sentido. Não é a maneira como as coisas são feitas durante um dia de trabalho regular, mas na ausência de um único homem no controle, é o que lhes parece melhor. Na base da chaminé pela qual Mario e Raúl subiram em busca de uma saída, ateiam fogo em um pequeno pneu de carrinho de mão e também em um filtro de ar de uma das máquinas embebido em óleo. Esperando que a fumaça suba e alcance a superfície, enviando um sinal de que há homens vivos lá embaixo. Mas a fumaça simplesmente se acumula na Rampa ao redor deles em uma nuvem inútil. Há momentos em que, por motivos que ninguém consegue explicar, a leve brisa na oficina próxima à Fenda muda de direção, então tentam novamente quando o ar está circulando para cima, para dentro da caverna, embora o movimento da fumaça seja lento. Observam uma nuvenzinha desaparecer na caverna, subindo além do curto alcance de seus feixes de luz, mas não nutrem esperança de que ela chegará ao topo. Em seguida, enfiam um cordão detonante dentro de um dos tubos de borracha que sobe por uma chaminé e o acendem. Esses tubos carregam linhas telefônicas, eletricidade e ar comprimido, e em teoria deveria ser possível à fumaça acre produzida pelo cordão aceso viajar pelo tubo até a superfície; qualquer mineiro que detecte esse cheiro o reconhecerá e saberá se tratar de uma mensagem dos homens que estão vivos lá embaixo. É claro, é mais do que provável que o tubo tenha sido cortado em algum ponto pelo mesmo desabamento que os prendeu, mas os homens decidem tentar mesmo assim e a fumaça parece permanecer dentro do tubo e se deslocar para cima, embora seja impossível saber a que altura chega. Vão até uma das galerias cobertas de pedras, pois alguns dos mineiros acham que se limparem aquele espaço talvez haja uma maneira de subir até outra abertura que leve para cima. Mario usa a grande pá de um carregador frontal para levantar as pedras, mas é um trabalho de Sísifo, pois mais pedras caem do topo da pilha, tomando o lugar das que são retiradas. "Eu praticamente destruí aquele carregador", lembra-se Mario. Consideram a possibilidade de construir uma escada para subir pela chaminé, usando mangueiras de borracha e pedaços de vergalhão de aço, mas percebem que provavelmente não aguentará o peso de um homem e que a única serra que possuem não conseguirá cortar mais do que alguns pedaços de vergalhão. Mais tarde, levam um dos veículos até a guilhotina de pedra que está bloqueando a Rampa e buzinam. Também usam o braço de um dos jumbos para bater contra a parede de rocha. Então param, desligam as lanternas e ficam escutando novamente o silêncio, para ver se conseguem ouvir uma resposta vinda da escuridão a seu redor: uma buzina, um ruído, uma batida talvez. Mas não há nada, apenas a pedra bloqueando o caminho e seus ouvidos voltados para ela.

Enquanto cerca de uma dezena de homens faz esse trabalho, a maioria dos mineiros continua no Refúgio. "Eles não estavam incomodando ninguém, e isso era bom", conta Urzúa mais tarde. "Até onde eu sei, eles não estavam brigando." Mas os homens já estão sendo divididos entre "os que fazem" e "os que esperam". Os "que fazem" estão dispostos a qualquer coisa para lutar contra a ideia de que estão presos e mortos, e acreditam que os "que esperam" estão com medo e não deixam o Refúgio porque estão paralisados pela memória de terem tido que correr para se salvar enquanto a montanha desmoronava ao redor.

Não há muito que torne o espaço do Refúgio mais seguro do que o resto da montanha em desintegração ao redor: há a porta de aço e a grade que cobrem as paredes de pedra do lado de dentro, uma espécie de rede de aço que supostamente deve impedir que as rochas esmaguem os homens que ali se encontram se o resto da montanha desmoronar. O Refúgio está dentro da mesma montanha que a Rampa e o resto da mina desabada, mas possui uma placa azul e branca do lado de fora com as palavras REFÚGIO DE EMERGÊNCIA. Do lado de dentro, está o armário com o que resta de seus suprimentos de comida, um kit de primeiros socorros na parede e uma única foto de uma mulher nua arrancada de uma revista. Pelas primeiras poucas horas após o desastre, o Refúgio permanece tão organizado quanto Franklin Lobos o deixara para ser inspecionado pelo chefe, Carlos Pinilla, e *los niños* respeitam as placas azuis instruindo que as pessoas joguem o lixo nos cestos. Um pequeno termômetro digital marca a temperatura, 29,6°C.

Ao meio-dia do segundo dia, todos os 33 homens estão presentes quando Mario Sepúlveda divide e distribui a "refeição" diária. Enfileira 33 copos de plástico e coloca uma colher de chá de peixe enlatado em cada um deles, depois adiciona um pouco de água, fazendo uma espécie de caldo. Entrega dois biscoitos a cada homem. "Bom apetite", diz. "Isso é uma delícia. Façam com que dure." Os homens ficam por ali, alguns poucos formam uma espécie de fila improvisada. Aquela única refeição, ao meio-dia, contém menos de trezentas calorias e precisa sustentá-los até o horário de almoço do dia seguinte.

Várias vezes durante aqueles primeiros dias em que se encontram presos no subterrâneo, a montanha retumba como se fosse explodir novamente, e mais homens decidem dormir no Refúgio ou bem em frente a ele. "Tentei ficar do lado de fora, mas lá eu sempre dormia com um olho aberto, e quando a montanha fazia barulho eu voltava correndo para dentro", conta Lobos. Logo há vinte homens de bruços suando em um espaço do tamanho de uma grande sala de estar. Alguns pegam as macas de plástico que estavam empilhadas de modo ordenado e as usam como camas, outros jogam papelões no chão e encontram caixas para usar como mesinhas de cabeceira. Sempre foi uma luta para Lobos manter o local limpo, pois os homens entravam ali para descansar e se deitavam no chão com corpos cobertos de fuligem; agora suam o dia inteiro e seus corpos úmidos pintam o chão de ladrilhos brancos com a brita cinza e fuligem negra agarradas à pele. O Refúgio começa a ser tomado pelo cheiro de seus corpos masculinos suados e sujos — "não tínhamos água sobrando que pudéssemos usar para limpar nossas partes íntimas", como explica um dos mineiros —, e em um espaço onde não há mais ventilação, o fedor começa a se acumular e cozinhar, transformando o ar em um ensopado de odor corporal. "Já cheirei cadáveres antes, e depois de um tempo o cheiro estava pior que isso", diz outro dos homens.

Homens que suam precisam de água. As poucas garrafas de água dos suprimentos de emergência foram esvaziadas em um dia, então agora estão bebendo alguns dos milhares de litros de água armazenados dentro da mina para resfriar as máquinas de perfuração. Essa água desceu da superfície em mangueiras que levam a uma série de tanques subterrâneos, chegando até as partes mais profundas da mina. No segundo dia após o acidente, alguns dos homens abrem uma das torneiras para se lavarem, mas agora a água é preciosa demais para ser usada dessa forma. A fim de conservar o estoque limitado, Juan Carlos Aguilar diz a Juan Illanes para cortar a mangueira de um tanque de armazenamento em um nível mais alto para selá-lo, impedindo que os homens usassem a água para tomar banho mais abaixo.

Agora os homens enchem barris de plástico nesse tanque. Mario Sepúlveda os organiza em grupos de três para irem, a cada dois dias, até o tanque com um dos veículos para encherem um barril de sessenta litros de água. Colocam essa água em suas garrafas plásticas, olham para o líquido sujo e pensam em como ele os está mantendo vivos. Antes do desabamento, os homens lavavam as luvas sujas com essa água. Sepúlveda costumava pular nos tanques de água para tomar banho, de sua maneira impulsiva, irrepreensível, e alguns homens chegam à conclusão cômica e repugnante de que estão todos bebendo a água do banho de Mario. Quando apontam a luz já enfraquecida de suas lanternas para a água em suas garrafas, enxergam uma fina película preta-alaranjada e gotículas de óleo de motor. Um dos mineiros acha o gosto da água parecido com o cheiro de um lago cheio de fezes de pato. Por mais nojento que seja, contudo, alguns goles fazem com que a fome vá embora.

A fome os atinge com mais força nesses primeiros dias. Vai chegando de mansinho. De repente, não conseguem nem ir ao banheiro defecar, embora seus corpos pareçam lhes dizer para tentar, pois para muitos o vazio no estômago é como um punho empurrando o nada para baixo. Franklin Lobos foi atleta profissional, em consonância com sua forma física, e talvez por essa razão, sentado no Refúgio, começa a avaliar o estado de saúde dos homens. Mario Gómez, o motorista de caminhão que perdeu dois dedos, é claramente quem está pior. Tem aquela tosse de silicose que não para: quem ouve a tosse, ouve sua história, como se a tosse fosse algo passado de seus antepassados mineiros. *Será que esse* viejo *vai sobreviver?*, se pergunta Lobos. O "velho" certamente não vai aguentar. José Ojeda é diabético: será que dois biscoitos por dia serão suficientes para impedir que ele tenha uma crise de hipoglicemia? Depois de um ou dois dias, uma erupção cutânea se espalha por todo o corpo de Víctor Segovia. Será o calor, o estresse ou ambos? Jimmy Sánchez, o mais jovem dos mineiros, age como um velho: simplesmente não levanta, está derrotado por uma letargia emocional e física que rapidamente se espalha para outros homens.

A melhor coisa para impedir que os homens percam as esperanças é conversar, fazer piadas, contar histórias, imaginar o que a equipe de resgate está fazendo. Yonni Barrios preenche o silêncio explicando a estrutura da mina para alguns dos homens mais jovens e inexperientes, incluindo Mamani e Sánchez, e desenha um mapa em um pedaço de papel. "Olhem, aqui estamos nós, no nível 90", diz, "e podemos andar até o 190. De lá tem uma passagem para o 230, depois para o 300 e depois para o 400."

"Então estamos livres!", grita Víctor Zamora feliz na escuridão, o "ex-cigano" de Arica. "Podemos simplesmente sair daqui escalando!" Seu rosto largo e infantil agora se ilumina com o sorriso de um comediante louco, emoldurado por cabelos ondulados e emaranhados. Está implicando com Yonni, embora este não perceba.

Víctor, que liderou o ataque aos suprimentos de emergência na primeira noite, tornou-se mais calmo e mais sereno do que quase todo mundo à sua volta. "Nós vamos sair daqui", diz aos homens. "Não se preocupem, eles vão vir nos buscar." Durante um dia de trabalho normal, os homens do turno A estariam implicando sem piedade uns com os outros, e pegar no pé de Yonni é a maneira de Víctor tentar manter os homens à sua volta descontraídos. "Estamos salvos!", grita com um grande sorriso, cheio de dentes. "Basta escalarmos até o nível 400 e sairmos daqui!"

"Na verdade não", diz Yonni. "Porque no nível 400 a rocha é lisa como um vidro. Não tem onde se segurar. É impossível continuar escalando."

Ouvindo isso, Víctor faz uma falsa cara de surpresa: "Você é um *huevón*?", pergunta. "Vamos escalar até o nível 400 só para morrer?" Solta então uma gargalhada e o riso contagia Mario Sepúlveda, que repete, "*¿Sois huevón?*", rindo também. De repente, estão todos rindo de Yonni.

Yonni Barrios, o homem com duas mulheres duronas em sua vida, não se importa em estar sendo alvo da zombaria dos colegas mineiros. Gosta de vê-los rir, pois à noite, quando estão dormindo ou tentando dormir, parecem tristes e vulneráveis. Yonni vê a mão de um dos amigos se agitar e um tremor percorrer o torso de outro. Conhece um pouco a respeito das vidas daqueles homens trêmulos, e para ele é óbvio que estão com síndrome de abstinência alcoólica. Têm conseguido satisfazer a ânsia por nicotina catando pontas de cigarro no lixo, secando o tabaco e enrolando em papel, mas não há bebidas alcoólicas disponíveis para que possam dar alguns goles e acalmar os nervos. É muito doloroso ver homens fortes reduzidos a um estado de total desamparo devido à ausência de seus remédios fermentados e destilados. Os sintomas da abstinência alcoólica normalmente começam a aparecer dez horas após a última ingestão e pioram nas primeiras 48 a 72 horas. Os outros sintomas incluem irritabilidade e depressão, mas, é claro, isso não é novidade por ali, com a maior parte da irritabilidade focada em Luis Urzúa, que convenientemente não está por perto para ouvir os subordinados reclamarem dele. "Ele não vale nada", dizem. "Por causa dele, estamos presos aqui!"

Vários dos homens têm biscoitos extras guardados desde o saque dos suprimentos no primeiro dia. Às vezes saem escondidos para comê-los, um segredo que guardam de quase todos os outros. Naquele primeiro dia em que ficaram presos, depois que Mario Sepúlveda fez o inventário da comida restante, Ariel Ticona pegou as caixas de leite estragado que foram jogadas no lixo. Estava coalhado, mas ele bebeu tudo e não passou mal. Pode até implicar com os outros: "Vou durar mais do que todos vocês, graças àquele leite".

No Refúgio, os homens têm muito tempo para ficar de brincadeira, mas também para se recolher em reflexões privadas. "*La impotencia es muy grande*", escreve Víctor Segovia no diário que começou a escrever. "Não sabemos se estão tentando nos resgatar ou o que está acontecendo do lado de fora, pois aqui dentro não ouvimos o barulho de nenhuma máquina funcionando nem de nada." Víctor é operador de um dos jumbos e membro de uma família antiga de Copiapó, e durante seus 48 anos de vida nunca viajou para fora da região do Atacama — a cidade de Caldera, a 72 quilômetros de distância, é onde termina o mundo que conhece. Foi expulso da escola no quinto ano por ter se metido em brigas, mas sabe escrever relativamente bem e começa seu diário com uma nota para as cinco filhas, o que sugere que pensa nas palavras que escreve como uma mensagem que pode chegar até elas depois que as paredes de pedra a seu redor se tornarem seu túmulo. Antes de 5 de agosto, quando a San José ainda funcionava, Víctor trouxe caneta e papel milimetrado para copiar as informações dos medidores do painel do carregador e também os formulários em duas vias que tem que preencher quando o opera. Agora usa esse material para deixar um registro do que está acontecendo com ele e com os homens do turno A. Começa escrevendo um relato do dia anterior ao colapso, quando passara a tarde e a noite toda enchendo a cara de cerveja com o primo Pablo "Gato" Rojas (que também está preso na mina), ambos lamentando a morte do pai de Pablo e lembrando as brincadeiras que faziam quando crianças no rio Copiapó, numa época em que ainda havia água correndo por ele. Víctor ficara bastante bêbado e depois parara para comer quatro cachorros-quentes durante o percurso cambaleante para casa. Achou que estaria com uma ressaca forte demais para conseguir trabalhar na manhã seguinte e decidiu deixar o despertador desligado, mas por alguma razão acordou exatamente na hora em que precisava e foi trabalhar sem nenhuma ressaca.

Em seu novo diário, Víctor relata como o chefe de operações, Carlos Pinilla, passou dirigindo por um grupo de trabalhadores logo após uma explosão barulhenta na mina, às onze e meia da manhã, ignorando suas últimas perguntas suplicantes a respeito da segurança no local. Descreve o horror do desabamento, como as paredes da Rampa pareciam se fechar sobre ele. Víctor põe sua assinatura no fim do primeiro registro e tenta dormir enquanto as paredes de pedra e o teto a seu redor tremem com o som de trovoadas distantes. Cada explosão é um possível prelúdio para outro colapso, talvez um último, que engolirá o Refúgio, assim como a porta de aço e a grade de metal que protegem os homens lá dentro.

No terceiro dia, Víctor começa a escrever em seu diário às três e meia da manhã, lista o nome de suas filhas. "Meninas, infelizmente o destino só me permitiu estar com vocês até o dia 4 de agosto [...] Estou fraco e com muita fome. Estou me sentindo sufocado [...] tenho a sensação de que estou enlouquecendo."

Quando a mina está silenciosa, alguns encostam os ouvidos nas paredes de pedra, porque depois de todo o papo de serem resgatados por perfuradores, tentar ouvir o som da equipe de resgate se aproximando tornou-se uma obsessão. "Está ouvindo?", pergunta um mineiro. "Acho que estou ouvindo alguma coisa! Está ouvindo?" Víctor Zamora diz que sim, que ouve. "Eu estava mentindo", conta mais tarde. "Não conseguia ouvir nada." Mas se sente responsável por manter o moral dos homens em alta, então repete: "É bem fraquinho, mas estou ouvindo. Eles estão vindo nos buscar".

Yonni Barrios encosta o ouvido na pedra. "Era como ouvir o interior de uma concha", dirá posteriormente. "Você não escuta nada e, ao mesmo tempo, escuta tudo. Consegue imaginar um oceano se agitando dentro daquela concha e depois, quando tira o ouvido, percebe que é tudo uma ilusão."

Os acampamentos em que os homens estão divididos estão se tornando mais definidos. Um dos mecânicos que dormem perto do nível 105 refere-se aos derrotistas do Refúgio como "o Clã". Mario Sepúlveda é um dos poucos homens que ficam indo de um grupo para o outro. Mantém-se freneticamente ocupado, falando em sua voz animada e estridente. No Refúgio, seus solilóquios desbocados levantam o moral de Carlos Mamani, Jimmy Sánchez, Edison Peña e muitos outros. Mas ele tem vertiginosas alterações de humor: em um momento, é um cara engraçado, uma inspiração para os colegas mineiros e, no seguinte, está irritado, louco para arrumar uma briga, ou então triste e calado, perdido em pensamentos. Sentado em frente ao Refúgio, Yonni Barrios vê Sepúlveda resvalar em uma espécie de desesperança colérica, maníaca. Anda de um lado para o outro. "Ele sempre foi um pouco ansioso. E eu o estava observando subir e descer a Rampa, mas de repente ele parou e gritou bem alto: 'Eu quero rezar!'." Os homens sentados e de bruços à sua volta tomam um susto. *"¡Yo quiero orar!"* Alguns olham para ele como se olharia para um vidente possuído.

"Estou com raiva", grita Sepúlveda. "Estou me sentindo impotente." A essa altura, os homens estão encharcados de suor e mais alguns deles começaram a tirar as camisas, mas Sepúlveda, o homem com coração de cachorro, parece mais suado, sujo e desesperado que todos os outros. Afinal, tentou subir por uma das chaminés e tem trabalhado com o intuito de mover pedras e enviar mensagens. Um dos mineiros o descreverá naquele momento "como um soldado de comando", como se estivesse com o rosto e o corpo cobertos de tinta de camuflagem para uma batalha na selva. Mario cai de joelhos. "Aqueles que quiserem rezar, juntem-se a mim", diz. Yonni olha para ele e pensa: *Não vamos sair daqui. O Perri sabe disso e quer fazer as pazes com Deus. Ele acha que temos que conversar com Deus e pedir que Ele nos perdoe.*

Sepúlveda recordará depois: "Eu estava com raiva dos proprietários da mina, porque eles eram responsáveis pela nossa segurança. Estava com raiva porque não era justo. Eu já tinha tido uma vida tão difícil e agora aquilo estava acontecendo comigo". Ele iria morrer, lentamente sufocado e faminto, debaixo da terra, a seiscentos metros da superfície, em um canto seco do Chile, longe de casa, para sempre ausente da vida das pessoas que mais precisam dele.

A verdade é que já estivera pensando em rezar algumas horas antes, durante uma conversa particular com José Henríquez, um sulista alto e calvo, evangélico devoto. Mario é testemunha de Jeová, o que faz de ambos parte da minoria não católica dentro da mina. Já haviam conversado antes do colapso sobre religião, pois Mario certa vez achou ter sentido um fantasma passar por seu corpo no local onde o engenheiro Manuel Villagrán foi morto. Após o acidente de 5 de agosto, quando ficou claro que estavam presos, José sussurrou no ouvido de Mario: "Deus é nossa única maneira de sair desta". Agora Mario fez seu raivoso chamado à oração e, com todos os mineiros surpresos e entretidos em torno e dentro do Refúgio ainda o fitando, vira-se para José e diz: "Don José, nós sabemos que você é um homem cristão e precisamos que nos conduza na oração. Você nos faria esse favor?".

Desse momento em diante, Henríquez ficará conhecido como "o Pastor" entre seus colegas mineiros, pois assim que abre a boca e começa a falar, fica claro que sabe falar tanto de Deus quanto com Ele. Henríquez tem 54 anos e trabalha em minas desde a década de 1970. Sobreviveu a cinco acidentes de mineração, incluindo dois no sul do Chile que mataram a maioria dos homens de seu turno. Em um desses acidentes, paredes de rocha antiga, aparentemente firmes, explodiram espontaneamente; em outro, o assassino silencioso — o monóxido de carbono — o derrubou e quase acabou com sua vida. Essas provas de sua vulnerabilidade e mortalidade perante o destino e a geologia fizeram com que ele se aprofundasse ainda mais em sua fé cristã, e é um membro fiel de sua igreja em Talca, no sul do Chile.

"Nós temos uma maneira específica de rezar", diz Henríquez. "E se quiserem rezar do jeito que rezamos, tudo bem. Senão, vocês podem pedir para outra pessoa."

"Don José, vamos fazer do jeito que você sabe", diz Sepúlveda.

Henríquez se põe de joelhos e diz aos outros homens que devem fazer o mesmo, pois quando se reza é preciso demonstrar humildade perante o Criador.

"Não somos os melhores homens, mas Senhor, tenha piedade de nós", começa Henríquez. É uma declaração simples, mas atinge com força vários dos mineiros que estão ali. "*No somos los mejores hombres.*" Víctor Segovia sabe que bebe demais. Víctor Zamora se irrita com muita facilidade. Pedro Cortez pensa no mau pai que foi para a filha: largou a mãe da menina e não cumpriu nem a obrigação paterna básica de visitar a garotinha, embora saiba que sua ausência causa uma mágoa duradoura na filha.

"Jesus Cristo, nosso Senhor, permita-nos entrar no trono sagrado de Sua graça", continua Henríquez. "Considere este nosso momento de dificuldade. Somos pecadores e precisamos de você." Praticamente todos que estavam na entrada do Refúgio ou dentro dele estão de joelhos, pios e pequenos diante Deus. Pequenos também diante de Henríquez, que é um homem alto para os padrões tanto dos chilenos quanto dos mineiros. É um homem de Deus, e de repente, ali naquele túmulo, o rigor religioso que muitos deles consideravam irritante durante os encontros diários do turno A é exatamente aquilo de que precisam.

"Queremos que o Senhor nos torne mais fortes e nos ajude nesta nossa hora de necessidade", diz Henríquez. "Como humanos, não há nada que possamos fazer sem Sua ajuda. Precisamos que o Senhor assuma o comando desta situação. Por favor, Senhor. Assuma o comando."

Os homens se ajoelham e rezam em silêncio. Em seus pensamentos, Sepúlveda recita uma versão incoerente e desesperada do Pai Nosso, "porque foi assim que eu aprendi a rezar quando era criança".

"Pai Nosso que estais no céu... Senhor Jesus Cristo, que sois o filho de nosso Pai Criador, vos agradeço por todas as bênçãos, pela vida, pela saúde... Peço hoje que vós protegeis nossas famílias, pois elas não sabem o que está acontecendo aqui. E nos concedei tanto força quanto coragem [*fortaleza*] para seguir em frente, pois precisamos sair daqui." Pensa nos biscoitos, agora são sua principal fonte de subsistência, e diz: "Não sei como, mas encontrai uma maneira de nos alimentar". À sua volta, Sepúlveda vê os homens do turno A, suados e com as barbas por fazer, homens de diferentes crenças, unidos em posturas de penitência e desespero, alguns com os olhos fechados, outros com eles abertos, rezando, sussurrando, fazendo o sinal da cruz. Vê homens que ainda estão com seus macacões e outros que já os tiraram; homens chorando e outros que parecem estar perplexos, como se não conseguissem acreditar que poderiam estar ali, de joelhos naquela caverna, implorando a Deus que os resgatasse.

Mais uma vez o Pastor fala que os homens estão sendo testados, pois viveram suas vidas em pecado. É por isso que precisam se ajoelhar, precisam literalmente se jogar ao chão (*tirarnos al piso*) e se humilhar perante Deus. Precisamos reconhecer que não somos nada, diz o Pastor. No mundo da superfície, quando saíam da mina, tomavam banho e voltavam para casa, eram príncipes, reis, filhos mimados, pais bem alimentados, Romeus. Acreditavam em seu mundo privado de lar e família, tecido graças a seu trabalho, e consideravam que, como trabalhadores e provedores, tinham todo o direito de esperar que esse mundo girasse em torno de suas necessidades. Agora o coração da montanha desabou em cima deles e estão presos por um bloco de pedra, um objeto de aparência tão nova e perfeita que sugere, para alguns, um julgamento divino. Pecamos, diz o Pastor, e então os homens falam para expiar seus vários pecados. Pai Nosso, que estais no céu, perdoai-me pela violência da minha voz perante minha esposa e meus filhos, diz um deles. Perdoai-me por abusar do templo que é meu corpo com drogas, diz outro. Quando se é menino, no Chile, é assim que se é ensinado a rezar, a falar com Deus na primeira pessoa. Os homens pedem para ser perdoados pelos momentos em que traíram as mulheres que os amavam, por seu ciúme e seus desejos incontrolados. Pedem a Deus que guie a equipe de resgate até a minúscula sala e a passagem onde estão esperando, prontos para aceitar a salvação e iniciar novas vidas como homens melhores.

A oração se torna um ritual diário. Reúnem-se todo dia, logo antes de comer, por volta do meio-dia, para um breve sermão de Henríquez e depois de outros, incluindo Osman Araya, um homem que se converteu à religião evangélica após uma juventude tumultuada. O horário das orações e das refeições é o único momento do dia em que todos os 33 homens se unem. Logo, cada reunião de oração incluirá uma sessão de autocrítica, na qual os homens pedem desculpas uns aos outros por suas transgressões, grandes e pequenas. Me desculpe por ter levantado a voz. Me desculpe por não ter ajudado a pegar a água. A cada dia que passa, há menos lanternas iluminando suas sessões de orações e desculpas, e as que ainda funcionam estão com a luz um pouco mais fraca. É assustador, a cada oração ir se afundando cada vez mais no que poderá vir a ser uma escuridão final e interminável. Um pouco mais tarde, Juan Illanes remove do farol de um dos veículos a lâmpada do tamanho de um clipe de papel e usa alguns fios retirados de cabos de telefone para conectá-la a uma bateria que tirou de um dos dezenove veículos presos com eles. Dali em diante, uma fraca luz cinza paira sobre os mineiros em oração. Para Yonni Barrios, todos parecem ficar mais altos sob aquela luz. Sabe que é apenas uma ilusão de luz e sombra, mas há algo mágico na aparência dos homens iluminados por aquela pequena lâmpada, de pé ou ajoelhados, ouvindo a palavra de Deus.

Quando Víctor Segovia começa a escrever novamente, é para dizer que chorou durante as orações conduzidas por José Henríquez. Dirige-se às filhas. "Sinto profundamente a dor que estou causando a vocês", escreve Víctor. "Eu daria tudo para aliviar a dor de vocês, mas não está em minhas mãos." Está absorto nas ideias do sermão do Pastor, a respeito de sua pequenez diante da montanha e do julgamento de Deus. Durante um único dia de escrita no diário, reflete sobre toda sua vida — "Agora entendo como estava errado em beber tanto" — e chega mais perto de aceitar a ideia de que vai morrer na mina San José. "Nunca pensei que fosse morrer dessa maneira", escreve. Apenas alguns dias antes, estava em casa, cercado pelas coisas que o faziam se sentir bem: sua música e seus amigos da mina, reunidos em uma festa. "Não sei se mereço isso ou não, mas é muito cruel." Começa a se despedir das filhas, dos pais, dos netos, prometendo: "Amo vocês e vou cuidar de vocês onde quer que eu esteja". Algumas horas mais tarde, acrescenta: "Me sinto culpado por lhes causar essa dor. Eu nunca deveria ter ficado nesta mina sabendo das condições em que ela se encontrava". Começa a dar à filha Maritza instruções para que resolva seus negócios pendentes e lhe implora que ajude a avó, mãe de Víctor, com suas dívidas. Talvez mais cedo ou mais tarde alguém encontre seus corpos e leve esse bilhete a Maritza, e, se isso acontecer, Víctor terá de certa maneira, ainda que singela, cuidado da família do além.

Alguém diz que comida aquecida tem mais calorias e mais nutrientes. Então, no terceiro dia em que estão presos, os homens decidem cozinhar uma porção de sopa e fazer uma espécie de piquenique dentro da mina, perto do local onde os mineiros costumavam trabalhar e onde o ar circula um pouco. Conseguem convencer todos a sair do Refúgio e subir a ladeira, até o nível 135.

No meio de uma pilha cinza de pedras, fazem uma fogueira que tem no máximo o tamanho de duas mãos em concha. Retiram a cobertura do filtro de ar de uma das grandes máquinas, viram-na de cabeça para baixo e fazem dela sua panela. José Henríquez está com o celular que trouxe para a mina e se dá conta de que pode usá-lo para gravar este evento, mas como não sabe operar a câmera, o entrega a Claudio Acuña. Mario Sepúlveda é o principal narrador do vídeo, falando com Acuña e com a câmera em uma voz que sugere acreditar que um dia a gravação será encontrada por alguém. "Atum com ervilhas!", anuncia. "Oito litros de água, uma lata de atum, algumas ervilhas. Uma fogueirinha aqui. Para conseguirmos sobreviver a esta situação!" Em torno de Sepúlveda, há homens com capacetes amarelos e vermelhos se movimentando de um lado para o outro, a maioria sem camisa e alguns sentados na pilha de pedras perto da fogueira — uma bola de luz laranja dançante próxima ao centro do quadro sombrio do vídeo. Às vezes Acuña vira a câmera e capta a luz de um dos veículos, mas na maior parte do tempo só é possível ver um espaço escuro preenchido pela voz de Sepúlveda. "E vamos mostrar que somos chilenos de coração. E vamos tomar uma sopa deliciosa hoje", diz. Acuña desliga a câmera do celular para economizar a bateria e, alguns minutos depois, a liga novamente para gravar Sepúlveda servindo a sopa pronta a cada homem, usando uma caneca de metal que retine ao bater no fundo da panela feita com o filtro de ar. Mario verte o líquido quente e turvo em copinhos plásticos e os entrega a diversos homens.

"Todo mundo ganhou um pouco?", pergunta Sepúlveda. "Ainda sobrou um pouco, se alguém quiser." Raspa a caneca de metal no fundo do filtro de ar e começa a falar com o filho, como se este estivesse assistindo à gravação. "Francisco, quando Deus lhe disser para ser um guerreiro, esses culhões [*esta hueva*] são o que significa ser um guerreiro." Ele imagina o filho assistindo, um guerreiro alimentando esses outros guerreiros, recusando-se a se entregar. *Sabe, Francisco, um guerreiro não é só alguém que mata dragões — ou ingleses, como faz o Mel Gibson no nosso filme preferido,* Coração Valente. *Um guerreiro também pode ser um homem que desmonta uma máquina para fazer sopa e depois serve essa sopa para os seus irmãos, mantendo o moral deles em alta com as entonações animadas de sua voz.*

Acuña para de gravar para poder rezar com os outros quando Henríquez abençoa a refeição. Com os homens à sua volta de cabeça baixa, Henríquez agradece a Deus pelo alimento que estão prestes a comer. Sentam-se então sobre a pilha de pedras ou perto dela e bebericam a "sopa", com seu brilho de óleo que pode ser do atum, mas também da água industrial usada para cozinhá-la. E sentados ali, naquele momento relaxado e social, alguns se lembram da última grande refeição que compartilharam, na casa de Víctor Segovia em Copiapó, quando Víctor recebeu a maioria dos homens do turno A para uma festa em uma quarta-feira à tarde, após o fim de seu último turno, antes que os homens do sul partissem para suas casas nos ônibus noturnos para Santiago.

A festa aconteceu duas semanas antes, em um bairro onde as ruas têm nomes de minerais. A casa de Víctor Segovia fica na rua Calcopirita. Alex Vega levou uma grande panela conhecida no Chile como *fondo*. Iam fazer um *cocimiento*, com frango, carne de porco, peixe, batatas com casca e uma pequena cama de repolho no fundo. A receita diz para cozinhar tudo na água, depois acrescentar um pouco de vinho quando estiver quase pronto. Colocaram os alimentos para ferver e começaram a beber cerveja Cristal e um pouco de vinho, exceto Mario Sepúlveda, que é testemunha de Jeová e não bebe — em vez disso, concordou em ficar de olho na panela. Após alguns copos de bebida, Edison Peña pegou um microfone — Víctor Segovia é músico e possui diversos equipamentos de som espalhados pela casa — e começou a cantar algumas músicas de Elvis, incluindo "Blue Suede Shoes", com seu inglês marcado por um forte sotaque chileno. "Ei, isso é música de velho", disseram Pedro Cortez e alguns dos mineiros mais jovens, implicando com Edison. Vivem no mundo do reggaeton e da cúmbia, e aquela música antiga do sul dos Estados Unidos soa como algo que seus pais escutariam.

É, estávamos todos nos divertindo lá na casa do Víctor, recordam os homens. Mas de repente a festa acabou, não muito após o celular de Pablo "Gato" Rojas ter tocado por volta das quatro e meia da tarde, bem quando Sepúlveda dizia que o *cocimiento* estava pronto, o aroma de carne cozida flutuava pela casa e os homens se sentiam bem, aquecidos por dentro graças ao vinho e à cerveja. Pablo Rojas e Víctor Segovia são primos, e o telefonema trazia a notícia de que o pai de Pablo acabara de morrer. Não era uma notícia inesperada, pois o recém-falecido fora mineiro a vida toda e se afundara no alcoolismo depois da aposentadoria. Com frequência, podia ser encontrado na *plaza* de Copiapó, após ter bebido por vários dias seguidos, pedindo esmola para beber um pouco mais. José Rojas vinha se matando lentamente havia alguns anos, mas agora que o inevitável acontecera, a notícia deixou Pablo bastante abalado. Pablo não chorou, mas seu primo Víctor pôde perceber que ele ficou mal, então disse que talvez ele devesse ir ao hospital ver o pai e não se preocupar com a festa nem com a comida.

Não havia mais clima para comer depois que Pablo foi embora, e a festa se desfez bem rápido — Luis Urzúa chegou tarde, quando o último dos convidados já saía. Urzúa também não comeu nada, e aquela enorme panela de *cocimiento* foi desperdiçada.

"Toda aquela comida! E deixamos tudo aquilo lá e fomos para casa!", grita agora Pedro Cortez, sentado com os colegas em torno de uma pilha de pedras no nível 135. Porco, peixe e frango recém-cozidos em vinho branco em um enorme *fondo*. E agora estão tomando um copo de "sopa" cozida no filtro de ar de um caminhão com uma única lata de atum e oito litros da água do banho de Mario Sepúlveda, sem sal, com apenas algumas ervilhas e um pouco de óleo de motor como condimento — tudo dividido entre 33 homens!

É engraçado o que pode acontecer com um mineiro no decorrer de apenas duas semanas: eles terminaram um turno, no qual trabalharam duro para extrair ouro e cobre da terra, aproveitaram e cozinharam porções "tamanho-mineiro", com cerveja e vinho (ainda que nunca tenham chegado a comer a refeição); perderam um pai e um tio que se matou quando não pôde mais ser mineiro; voltaram ao trabalho, ficaram presos em uma mina, fizeram sopa com água destinada a ser usada em máquinas, abençoaram aquela água suja como um "alimento" e a compartilharam com seus irmãos. Se conseguirem sair daqui, contarão essa história às pessoas que amam, uma história sobre comida, família e amizade. Um conto de duas refeições: uma na superfície, com belos pratos, muita comida e pouca mastigação; e uma no subterrâneo, com pouca comida, na qual chegaram a lamber o interior de seus copinhos plásticos.

Após a refeição, alguns dos homens ficam empolgados, pois dizem escutar o som de perfuração ao longe.

"Estou sentindo algo vibrar", diz alguém. "Estou ouvindo." Todos ficam em completo silêncio para ver se também conseguem escutar.

"É mentira, vocês não estão ouvindo nada", responde outro, e a discussão fica nessa por um tempo até que, finalmente, mesmo aqueles que disseram ter sentido aquela leve e possivelmente imaginária vibração cedem, aceitando que ela parou, desapareceu ou que talvez nunca tenha chegado a existir. Víctor Segovia se joga na terra quente da Rampa do lado de fora do Refúgio e luta contra a depressão escrevendo em seu diário. "Aqui embaixo não existe dia, apenas escuridão e explosões." Descreve como os homens à sua volta estão dormindo, alguns usando garrafas plásticas de refrigerante como travesseiro. Víctor e os outros sentem o monstro da "insanidade" crescendo dentro de si, ele escreve. Esse é seu quarto dia no subterrâneo. Desenha duas dúzias de bonequinhos deitados de bruços, espalhados em frente a uma porta entalhada na rocha com uma placa dizendo REFÚGIO, e a absoluta crueza da imagem assemelha-se a um sombrio esboço policial de uma cena de crime. Ele lista os nomes de suas cinco filhas mais uma vez, assim como os de sua mãe, seu pai e o seu próprio, depois desenha um coração ao redor deles. "Não chorem por mim", escreve. "Tivemos bons momentos, sempre, com nossos *azados* [churrascos] e na preparação de *cocimiento*."

Na sessão de oração seguinte, ao meio-dia, o Pastor tenta mantê-los fortes, e Víctor registra suas palavras. O fato de estarem presos na San José "é um teste que Deus colocou diante de nós para que reconsideremos o que fizemos de errado em nossas vidas", diz o Pastor. "Se sairmos deste lugar, será como se renascêssemos no mundo."

Às 16h15, acreditam mais uma vez estarem ouvindo barulho de perfuração. Dois dos homens ficam bastante empolgados e começam a gritar, mas em menos de uma hora o som se vai. Víctor está novamente com erupções cutâneas causadas pelo calor e pela preocupação. Toda a empolgação gerada pelo suposto som de perfuração desaparece e ele estuda os homens agora silenciosos à sua volta. "Parecemos homens das cavernas, cobertos de fuligem, e estamos esqueléticos, o que é bastante perceptível na maioria de nós."

Finalmente, às 19h15 do dia 8 de agosto, 72 horas após terem ficado presos, Víctor registra o som de algo girando, rangendo e martelando a rocha. Durante três horas, o som vai ficando gradualmente mais alto. Às dez da noite, Yonni Barrios também está pronto para acreditar. É, sem dúvida, o som de uma perfuratriz e está atravessando milhares de metros de rocha. Segundo Omar Reygadas, é uma perfuratriz de solo, pois esse é o tipo que usa um martelo; uma broca com ponta de diamante não faz tanto barulho assim. Logo parece estar por todos os lados, vindo de todas as paredes. Vai ficando mais forte e, para homens que trabalham com essas ferramentas, a pressão pneumática em ação é palpável. Rá-tá-tá-tá-tá. Rac--rac-rac. É uma perfuratriz, movida a ar, descendo pela rocha em direção a eles, como deixa claro o fato de que, conforme as horas vão passando, o som vai ficando mais forte.

"Vocês estão ouvindo isso, *huevones*?", grita Mario Sepúlveda. "Estão ouvindo isso? Que som lindo!"

Alguém lá em cima está vindo buscá-los.

"Essas perfuratrizes chegam a fazer cem metros por dia", diz alguém.

Todo mundo começa a fazer as contas. Talvez sexta-feira ou sábado, não antes, consigam alcançá-los, o que significa mais cinco ou seis dias sem uma refeição de verdade.

Quando os homens comem seus biscoitos diários, alguns deixam que cada pedaço mordido fique em suas bocas por um bom tempo antes de engolir, pois sentir o gosto é quase como comer, como se estivessem ingerindo um pacote inteiro, não apenas dois biscoitos. Mesmo poucos dias de fome podem levar um homem a fazer coisas que não faria normalmente, o que explica o desaparecimento repentino do soro fisiológico que estava na caixa de primeiros socorros no Refúgio. "O soro fisiológico desapareceu, *niños*", diz alguém na reunião diária. "Quem tiver pegado, por favor, se apresente e devolva. Ou se já tiver bebido, nos avise." Ninguém se entrega, embora vários dos homens saibam quem é o responsável pelo roubo: Samuel "CD" Avalos, o vendedor de música pirateada. "Eu fiquei quieto", conta Samuel mais tarde com uma risadinha. "Foi só uma das minhas doideiras que eu fiz uma noite." Ele bebericava o líquido escondido e já havia tomado cerca de metade do conteúdo do recipiente plástico no dia da pergunta. "Tinha um gosto salgado."

"Bem, se ninguém sabe onde está, precisamos encontrar", alguém diz. "Todo mundo começa a procurar."

Os homens fingem procurar pelo precioso recipiente de soro fisiológico, incluindo o próprio Samuel, que declara de repente, com certa ironia: "Ah, olha, está aqui. Achei!".

Depois disso, Mario Sepúlveda verte algumas poucas gotas salgadas do recipiente nos copos de água, juntamente com a colher de atum que os homens recebem todo dia. Às vezes adiciona inadvertidamente outro ingrediente salgado à água. Vários dos mineiros percebem que, quando Mario serve a água e coloca algumas ervilhas ou algumas gotas de leite nos copos, o suor de sua testa pinga em alguns deles: ele está tão empolgado dizendo aos colegas como aquilo está delicioso, e simplesmente tão envolvido no que está fazendo, que não percebe. Os homens não apenas estão comendo refeições feitas com a água do banho de Mario Sepúlveda, mas também estão bebendo um pouco de seu suor.

7

BENDITA ENTRE AS MULHERES

O perfurador Eduardo Hurtado chega à mina San José no domingo, às nove horas da manhã, após ter dirigido durante toda a noite para fazer um percurso de setecentos quilômetros. Foi convocado por seu chefe na companhia de perfuração Terraservice na noite anterior, algumas horas depois do anúncio lacrimoso do ministro Golborne de que um "resgate tradicional" não era mais possível. A máquina que será usada por Hurtado chega duas horas mais tarde: uma perfuratriz rotativa Schramm T685WS, fabricada em West Chester, Pensilvânia. É uma sonda de perfuração portátil com rodas, um veículo com aproximadamente o mesmo comprimento que um caminhão-tanque, e carrega um mastro que se estende para guiar uma perfuratriz hidráulica pelo solo. Em um dia normal, Hurtado e sua equipe pegariam esse tipo de perfuratriz e, com a orientação de um geólogo ou topógrafo, abririam um poço em busca de minério. "É, eu já perfurei muitos poços fundos, mas sempre para procurar minerais", me explica Hurtado. "Nunca perfurei para procurar *viejos*." Outros perfuradores já começaram a procurar pelos homens, os primeiros deles na noite de sábado. Hurtado entra no pequeno escritório da empresa na mina e encontra Alejandro Bohn, um dos proprietários. E parece estar exausto e desanimado, embora seu gerente, Pedro Simunovic, esteja muito mais alerta e prestativo. Hurtado precisa que um topógrafo lhe diga onde perfurar, mas ainda não conseguiram encontrar nenhum. "A situação parecia caótica e anárquica", conta Hurtado. "Não havia ninguém no comando."

Por fim, Hurtado encontra um topógrafo e algumas plantas da mina. Obviamente, é muito mais rápido e preciso perfurar um poço descendo reto a partir do ponto na superfície diretamente acima do local aonde estão tentando chegar; neste caso, um dos corredores próximos ao Refúgio. A caça por esse ponto de perfuração ideal os leva a subir pela superfície estéril e rochosa da montanha e marcar um pedaço de terra, no qual uma equipe de trabalhadores começa então a aplanar com um trator de esteira para criar a "plataforma" onde colocarão a sonda de perfuração. Ainda nem terminaram quando um geólogo que inspecionava a área os manda parar, pois encontrou várias rachaduras reveladoras na montanha. Estão bem em cima do vácuo deixado na montanha pelo colapso da mina. "Tudo isto pode desabar a qualquer momento", afirma o geólogo.

Procuram outro local, a partir do qual terão que perfurar a montanha diagonalmente, e no fim da manhã de segunda-feira finalmente estão prontos para começar. Hurtado sente a necessidade de fazer um pequeno discurso, lembrando sua equipe de oito homens da importância desse trabalho e dizendo que talvez cada um deles devesse fazer uma oração para o poço que estão prestes a perfurar: "Vamos todos confiar no magrelo", diz Hurtado, referindo-se, é claro, ao magrelo na cruz. Ao abaixarem as cabeças, um dos membros da equipe de perfuração sugere: "Ei, chefe, vamos dar as mãos enquanto rezamos". O capacete dos oito perfuradores formam um círculo, e o operador, Nelson Flores, coloca um rosário na perfuratriz. Logo a perfuratriz rotativa e o compressor começam a se mexer, zumbindo e rangendo, com o mastro inclinado a um ângulo de 78 graus, apontado para um alvo localizado sob seiscentos metros de diorito. "Ia ser difícil por causa do ângulo", diz Hurtado. "Eu poderia acabar parando em qualquer lugar. É impossível controlar exatamente qual será o desvio." Conforme for abrindo o caminho, a equipe da Terraservice vai posicionar uma série de tubos de aço interligados no poço que estão talhando na montanha. A gravidade fará com que esse corredor de aço se incline da mesma maneira que uma série de canudos de plástico ligados se inclina. Se chegarem ao Refúgio, será o que os falantes de espanhol apaixonados por futebol chamam de *chanfle*, um chute de trivela. O desvio pode ser de até 5%, o que significa que, quando chegar ao nível dos homens presos, a broca pode estar a até trinta metros de distância de seu alvo e o corredor que querem alcançar não chega a ter sequer dez metros de largura.

A perfuratriz da Terraservice cospe uma nuvem constante de poeira em direção ao céu por meio de uma chaminé e envia um fluxo de águas residuais pelo solo. O som e a poeira enchem a noite fria enquanto uma neblina desce sobre a montanha. Em outras partes da montanha, mais equipes também começam a perfurar: o domingo vai se arrastando para a segunda-feira e, até o momento, não há ninguém encarregado de coordenar o esforço de resgate.

Quando Cristián Barra chega à mina na segunda-feira, a sensação de desordem é palpável e perturbadora, e é seu trabalho impedir que o caos se instale. Barra é enviado a pedido do presidente Sebastián Piñera — ele é um daqueles homens sérios e rigorosos que trabalham nos bastidores para manter as melhores democracias latino-americanas em funcionamento com uma eficiência sem rodeios, do tipo que resolve qualquer problema, ainda que tenha que tomar medidas enérgicas. Ele trabalha no Ministério do Interior e Segurança — tradicionalmente o órgão governamental mais poderoso em diversos países latino-americanos e, no caso do Chile, é também encarregado das forças policiais e do aparato de segurança. Barra procura os proprietários da mina, Alejandro Bohn e Marcelo Kemeny. Encontra-os no pequeno escritório com uma minúscula janela voltada para o desolado pedaço de cadeia de montanhas desérticas do qual são donos, dois homens de meia-idade, privados de sono, usando camisas sociais e capacetes brancos. Dizem a todos dispostos a escutá-los que acreditavam que a mina fosse segura — Kemeny afirma inclusive que alguns meses antes entrou na mina com os próprios filhos, de quinze e nove anos de idade.

Na noite anterior, Kemeny e seu gerente, Pedro Simunovic, tiveram um encontro breve e tenso com as famílias. Os homens e as mulheres raivosos fizeram um protesto para forçar os proprietários a "mostrar suas caras". No meio de muito empurra-empurra, apesar dos policiais designados para protegê-los, Kemeny e Simunovic entraram em uma tenda de reuniões montada pelo governo local. Pedro Simunovic sofreu uma saraivada de insultos e só conseguiu pronunciar algumas poucas palavras, enquanto Kemeny ficou no fundo, sem dizer nada, e a maioria dos familiares nem sequer percebeu que ele estava ali.

Os esforços de resgate estão indo adiante sem qualquer contribuição dos proprietários. "Eles não estavam psicológica ou emocionalmente capazes de tomar nenhuma decisão nem de planejar o que fazer", conta Barra mais tarde. Prevendo essa situação, Barra veio munido de uma declaração oficial de Estado de Exceção, emitida pelo Ministério do Interior por ordem do presidente, em uma reunião em La Moneda, o palácio presidencial, algumas horas antes. Barra é o "solucionador de problemas" de Piñera; conhecem-se há mais de vinte anos, desde os primórdios do Partido da Renovação Nacional. Barra veio assumir o controle da mina e uma de suas primeiras medidas será posicionar policiais e montar barreiras para impedir que os pais, filhos e irmãos dos mineiros entrem na mina em tentativas de resgate mais quixotescas.

Barra também estabelece uma série de protocolos: quem pode entrar no terreno da mina e quem não pode, assim como a identificação necessária para passar. Está na vanguarda de um exército de oficiais federais cuja missão é resgatar não apenas os 33 homens presos no subterrâneo, mas também, de certa forma, o ministro das Minas. Como todo o resto do Chile, os principais membros do governo Piñera viram o ministro chorar na televisão porque não conseguira dizer às famílias dos mineiros exatamente como os tiraria de lá com vida. Agora a administração Piñera assumiu a responsabilidade de dar a ele um plano, apesar de algumas reclamações dos conselheiros do presidente, que não consideraram a decisão politicamente conveniente: por que assumir a responsabilidade pelas vidas de 33 homens que provavelmente estão condenados, quando a tradição e a lei ditam que o governo não precisa e não deve se envolver?

O presidente fez uma rápida escala em Copiapó quando voltava de sua viagem a Quito, no Equador. Teve um breve encontro com um pequeno grupo de parentes das vítimas e com vários representantes do governo local, incluindo a governadora da província, Ximena Matas — nomeada pelo próprio presidente — e uma dupla de membros conservadores do Congresso, embora não com os representantes do poder legislativo de esquerda presentes, incluindo a senadora socialista María Isabel Allende. Mais tarde, em Santiago, convocou aquela primeira reunião em La Moneda, na qual concordou que o governo deveria assumir o controle do resgate. A próxima pergunta óbvia foi: Quem era a pessoa mais experiente em resgates em minas no Chile? Só poderia ser alguém na Codelco, a empresa estatal encarregada da exploração de cobre no país e maior produtora do metal no mundo. Logo é feita uma ligação ao homem que administra a maior cadeia de minas da Codelco, André Sougarret, na mina El Teniente, em Rancagua, ao sul de Santiago. Sougarret é engenheiro e administrador em uma mina tão grande — com 7 mil funcionários — que resgates são uma parte rotineira do trabalho. Quando começa a reunir uma equipe de mais ou menos 25 homens, recebe um segundo telefonema com uma pergunta urgente: Em quanto tempo você consegue chegar ao palácio presidencial?

Noventa minutos mais tarde, Sougarret está entrando em La Moneda — o equivalente chileno à Casa Branca — pela primeira vez na vida, de calça jeans e capacete de minerador debaixo do braço. É encaminhado a um escritório, onde aguarda uma reunião que nunca acontece. Duas horas depois, um oficial lhe diz para descer ao porão. "Eu não tinha ideia do que estava acontecendo", conta Sougarret mais tarde. Finalmente, alguém lhe diz: "Você vai para Copiapó". Ele se torna passageiro em uma caravana de carros com destino à base da força aérea adjacente ao aeroporto internacional de Santiago. Ao chegar à base, Sougarret vê, para sua surpresa, que vai embarcar com o presidente Piñera. Um pouco depois da decolagem, um membro da tripulação serve um almoço a Sougarret e, quando ele termina de comer, o presidente e a primeira-dama surgem de sua cabine privada e se sentam a seu lado. O presidente saca um bloco de notas e esboça um desenho mostrando o que ele, o presidente, sabe sobre a mina San José e onde os homens estão presos. O presidente diz algo na linha de "Bem, essa é a situação. Se eu lhe der absolutamente todos os recursos que você precisar para resgatá-los, qual a probabilidade de tirá-los vivos de lá?".

Sougarret não sabe responder, e o outro engenheiro sentado ao lado dele também não. "Então ele perguntou se nós sabíamos de algum outro tipo de resgate, algo que pudesse funcionar nessa situação", conta Sougarret. "Nós dissemos que, normalmente, não é possível prever se um resgate vai dar certo ou não e que, de modo geral, há mais resultados negativos do que positivos."

Quando o avião presidencial chega a Copiapó um pouco depois das quatro da tarde, faz muito frio. Sougarret entra no banco de trás de uma van que leva o presidente até a mina. Chegando lá, se juntam a Golborne para uma breve coletiva de imprensa, na qual o presidente anuncia que o governo trouxe o maior perito em resgates em minas do país para coordenar o esforço de busca aos 33 homens presos — anuncia então o nome de Sougarret, embora o pronuncie de forma errada. Para seu grande alívio, Sougarret consegue escapar da imprensa antes que possam lhe perguntar o que, exatamente, ele pretende fazer.

Um dos primeiros homens que Sougarret encontra na mina San José é o gerente geral, Carlos Pinilla. "Ei, lembra de mim?", pergunta Pinilla. "Nós nos conhecemos na La Serena." Décadas antes, Sougarret era estagiário naquela mina quando Pinilla era o chefe. Pinilla e os outros gerentes fornecem a Sougarret informações que lhe dão alguma esperança. Fica sabendo que é provável que haja milhares de litros de água armazenados em tanques dentro da mina, o que significa que os homens presos, se estiverem vivos, não vão morrer imediatamente de desidratação. A San José existe há mais de um século e, portanto, possui muitos corredores esquecidos que permitem a entrada e saída de ar. Na verdade, parado na Rampa perto da entrada, Sougarret consegue sentir o ar entrando na montanha: os homens presos provavelmente não morrerão sufocados. Mais ao fundo, Sougarret também verifica que "era uma mina muito boa, em termos da rocha que a mantinha inteira". Isso é ao mesmo tempo tranquilizador e perturbador: o diorito duro não deveria ter desmoronado, mas desmoronou, o que significa que a estrutura básica da montanha deve ter sucumbido. O que quer que esteja bloqueando os muitos corredores que levam até os homens deve ser um obstáculo realmente grande. E isso logo é confirmado por um grupo de geólogos que estima as dimensões de arranha-céu do "megabloco". Levaria um ano para escavar um novo túnel ao redor daquele obstáculo para chegar até os homens.

Pela equipe médica que chegou à mina, Sougarret é informado de que homens saudáveis conseguem aguentar entre trinta e quarenta dias sem comida. Porém, se houver um homem debilitado por uma doença pulmonar como a silicose (e logo descobrem que há, quando as autoridades de saúde chilenas reúnem os registros médicos dos mineiros), ele talvez sobreviva apenas pela metade do tempo; e um homem com um membro quebrado ou alguma outra lesão grave talvez só consiga sobreviver uma ou duas semanas. Quatro dias já se passaram. Precisam tentar todas as estratégias de resgate possíveis, e Sougarret decide enviar uma equipe para fortificar os corredores abaixo para que uma segunda equipe possa tentar alcançar os homens abrindo as chaminés. Muitos entre os cerca de doze profissionais de mineração que vieram ao local para oferecer orientação e fornecer suas opiniões como peritos acreditam que esse tipo de resgate "tradicional" por meio das chaminés e de outras passagens é o que oferece a melhor chance de sucesso.

O esforço "não tradicional" consiste em nove perfuratrizes trabalhando de maneira independente — na verdade, as equipes de resgate estão atirando nove balas no mesmo alvo e esperando que uma delas o acerte. Hurtado, assim como os outros perfuradores, sabe que todo o Chile está assistindo. Após três dias de perfuração, o poço da Terraservice alcança uma profundidade de 370 metros. A equipe de Hurtado para e retira a perfuratriz para que um topógrafo possa usar instrumentos e verificar seu progresso. As notícias não são boas: o poço se inclinou na direção errada. Alguém pergunta se não há como fazer com que se incline na direção certa. "Impossível", ele responde. "Era como se tivéssemos saído em direção a Caldera, mas acabado na estrada para Vallenar", diz Hurtado mais tarde, mencionando duas cidades que ficam em extremidades opostas do trecho da Rodovia Pan-Americana que passa por Copiapó. Entre os membros de sua equipe de perfuração, um homem parece especialmente abatido por esse revés: o homem que os convocou a dar as mãos no início da empreitada. "Estávamos com os corações pesados", afirma Hurtado. "Aquele não era mais um poço comum." Começam a perfurar novamente, com a geóloga Sandra Jara verificando o progresso a cada duzentos metros com um dispositivo que a equipe de Hurtado insere no poço de quinze centímetros de diâmetro. Ele contém um giroscópio que utiliza a rotação da Terra e alguns princípios físicos básicos para estabelecer o norte verdadeiro. Esse poço, ao contrário do primeiro, parece estar se inclinando na direção certa, e equipes trabalhando em mais seis turnos de doze horas conseguem empurrá-lo a quatrocentos metros, depois quinhentos, com uma combinação de urgência, altruísmo e pessimismo, pois, além da possibilidade de que não atinjam seu alvo, existe também a distinta possibilidade de que, se chegarem a encontrar alguém, essa pessoa já esteja morta. A possibilidade de encontrar cadáveres é real o suficiente para que Barra e o Ministério do Interior estabeleçam um protocolo caso a perfuratriz consiga romper a rocha: Sougarret supervisionará uma equipe que descerá uma câmera no buraco, mas só ele, o ministro das Minas e o operador da câmera poderão ver o monitor, porque este poderá revelar a imagem macabra de um homem morto, de vários homens mortos ou até de 33 homens mortos. Se os homens estiverem mortos, será responsabilidade do ministro, e apenas sua, contar às famílias.

A perfuração prossegue por um quarto, um quinto e um sexto dia, e toda noite Hurtado volta a Copiapó para dormir. Certo dia, dirigindo de volta para a mina, enxerga uma mulher de pele cor de café e feições indígenas parada no cruzamento que liga a Rota C-351 ao caminho que leva à San José. Ela não parece muito mais velha do que uma adolescente e, ao se virar de frente para a picape de Hurtado, faz um sinal com a mão. É parente de um dos mineiros e está tentando pegar carona para o Campo Esperanza. Hurtado não deve falar com os familiares — mais uma das muitas regras estabelecidas por Barra e sua equipe —, mas para e lhe oferece uma carona mesmo assim. Ela se apresenta como Veronica Quispe, esposa do mineiro boliviano Carlos Mamani. Trocam algumas gentilezas e ela menciona que a água foi recentemente cortada em seu bairro em Copiapó, uma indignidade bastante comum no tipo de *campamento* informal onde moram imigrantes bolivianos e outras pessoas de baixa renda. Ele a deixa no portão. Nos dias seguintes, volta a vê-la várias vezes, acenando quando o enxerga passar. Está sentada debaixo de um guarda-chuva e não tem uma tenda, como muitas das outras mulheres. Hurtado volta então à perfuratriz e se pergunta se a máquina está realmente se inclinando na direção do marido de Veronica Quispe.

Uma semana após o acidente, o presidente Sebastián Piñera anuncia o pedido de demissão do diretor da agência regulatória da mineração no Chile, o Serviço Nacional de Geologia e Mineração, e de dois outros funcionários de alto escalão, por terem falhado no monitoramento da mina San José. O esforço de resgate pode ser um desastre de relações públicas para o governo Piñera, mas ao mesmo tempo é uma "mina de ouro" em potencial. Os conselheiros do presidente, cientes de sua responsabilidade de expor ao chefe os riscos e benefícios de qualquer decisão, realizam uma pesquisa de opinião sobre as personalidades ligadas ao desastre e ao resgate, de acordo com o relato de Carlos Vergara Ehrenberg, *Operación San Lorenzo*. Piñera e Golborne se saem muito bem, enquanto os proprietários da mina passam a figurar entre as pessoas mais impopulares do Chile.

Os proprietários da mina, Bohn e Kemeny, moram em Santiago, mas viajam para Copiapó no dia 12 de agosto para dar entrevistas a dois dos maiores jornais do Chile. Não assumem nenhuma responsabilidade pelo acidente e sugerem que a culpa pode ter sido dos próprios mineiros. O que é ainda pior, do ponto de vista do governo chileno, é o fato de vestirem as mesmas jaquetas vermelhas que os funcionários do governo que trabalham no local do resgate. "Esses idiotas ferraram com a gente", diz o "gerenciador de crises" do presidente, Barra. "Por que vestir aquelas jaquetas vermelhas?" Alguns dias depois, Golborne comete uma gafe muito mais séria: diz a um repórter televisivo que acredita haver pouquíssimas chances de os homens ainda estarem vivos. Golborne rapidamente se retrata, mas a verdade é que o governo secretamente já se prepara para o pior, de acordo com Vergara Ehrenberg. Se os homens não forem resgatados, o governo vai lacrar a San José e declará-la um "local sagrado" que nunca poderá ser explorado novamente.

Quando os homens ainda estavam extraindo minérios da mina, as mulheres eram obrigadas a ficar longe da San José. Dizem que mulheres nesse tipo de lugar atraem má sorte. No entanto, agora um grupo de namoradas, filhas, irmãs e esposas ocupa toda a entrada da propriedade da Companhia de Mineração San Esteban. Observar os primeiros raios de sol atravessando a neblina para iluminar aquele pedaço de terra exposto ao vento é uma experiência reveladora para muitas dessas mulheres, especialmente aquelas como Carola Bustos, que vieram de Santiago e outras cidades mais ao sul. Sob a luz do dia, fica imediatamente evidente como a mina fica distante da civilização. Há a tristeza da estreita faixa de asfalto em decomposição que leva da estrada principal ao portão de entrada: percorrê-la de carro dá a sensação de assistir ao começo de um filme sobre um lugar remoto e sem esperança. Veem quão pequenas e dilapidadas são as estruturas da companhia de mineração e, quando olham para seus celulares, percebem que os maridos e namorados estavam falando a verdade quando diziam que ali não havia sinal. Algumas estão com raiva de seus homens por terem aceitado um trabalho em um lugar tão remoto, esquecido e claramente perigoso — porque agora podem ver que a mina é muito rudimentar e simples, como é apenas um buraco aberto em uma montanha e não o local de trabalho seguro e organizado que imaginavam ou esperavam. Os homens diziam que o trabalho pagava bem, afinal de contas, melhor do que qualquer outro que poderiam conseguir, mas é evidente que uma parte muito pequena da enorme riqueza gerada por essa mina foi investida nela. Todos esses homens que trabalhavam ali estavam apenas saqueando essa montanha, não estavam? Correndo para tirar o máximo de ouro que conseguissem antes que a própria rocha na qual abriam túneis desabasse sobre eles. Algumas das esposas e namoradas estão com raiva de si mesmas por terem se deixado enganar, apesar das pistas agora óbvias que os homens durões que dormiam a seu lado vinham tentando lhes dar sobre como a San José realmente era. Mas agora aqui estão, mais uma vez forçadas a manter o lar e a família de pé após os homens terem desorganizado tudo. É claro, seus homens não são os culpados por essa questão específica, mas sim os donos da mina. Cabe a cada mulher lutar por seu homem, porque os filhos precisam do pai de volta em casa, mesmo com toda a bebedeira, as infidelidades e o *mal genio*.

As mães, especialmente, sentem seus instintos e suas emoções as puxando em direções diferentes. Quando a esposa de Mario Sepúlveda, Elvira Valdivia, chega a Copiapó, vai imediatamente para a mina com os filhos, Francisco, de doze anos, e Scarlette, de dezoito. Mas após algum tempo ouvindo o choro das esposas, o berreiro das mães e os funcionários da mina e Carabineros gritando com as mulheres para que se afastassem do portão de entrada, Elvira percebe que não pode passar nem mais uma noite ali com os filhos. Scarlette de repente parece mais uma menina do que uma mulher. Recaiu em um estado de medo e desamparo, e Elvira conversa com um médico, que lhe passa uma receita para ajudar Scarlette a dormir. Elvira também força a empresa de mineração a pagar por um quarto de hotel com vista para a praça pública no centro de Copiapó. À noite, naquele quarto com Francisco e Scarlette, busca no fundo de sua alma feminina a força de que precisa para protegê-los até da mera ideia de morte e perda. Um instinto materno lhe diz que os filhos precisam que os faça acreditar que verão o pai novamente, mas essa não é uma tarefa fácil depois de ver a montanha rochosa que o engoliu.

Ainda assim, durante aqueles primeiros dias, a noção de que Mario não é como a maioria dos homens faz com seja mais fácil acreditar que ele sairá da mina. "Eu sabia que o Mario não iria facilitar para a morte", diz Elvira mais tarde. "Não, o Mario é o tipo de pessoa capaz de comer alguém para sobreviver se precisar. E se tivesse que comer lama para sobreviver, comeria também." Durante esses primeiros dias, Elvira tem certeza de que Mario está vivo. "Se eu achasse que não havia nenhuma esperança, teria dado meia-volta e ido para casa, porque eu sou sangue-frio para esse tipo de coisa." Ela se preocupa, porém, com o fato de ele não estar tomando o remédio que impede que seu pêndulo emocional oscile freneticamente. Elvira passou duas décadas aguentando as mudanças de humor do homem "com coração de cachorro" e a série de empregos sempre temporários que ele aceitava de um extremo ao outro do Chile. A lição de todos esses anos é que Mario sempre volta, consegue sair do desemprego ou da depressão e encontra um caminho de volta para casa, para fazer Scarlette rir, para ser o herói de Francisco. Toda noite, ela reúne os filhos no quarto do hotel para rezar.

Mónica Avalos, por outro lado, se planta na entrada da mina e não sai. Durante os primeiros dias e noites, praticamente não dorme. Mónica está, segundo ela própria, caindo aos pedaços — já nem sabe onde está o filho de oito anos, Bayron. Está na mina quando se dá conta de que não o tem consigo, mas o amigo do marido, Isaías, lhe diz que sua esposa está cuidando do menino. "Não se preocupe, *la* Nati está com ele. Ele não tem nenhuma muda de roupa, mas vão arrumar umas para ele." O filho adolescente de Mónica, César Alexis, tenta convencer a mãe de que ela precisa ir para casa, tomar banho e dormir, mas ela não quer. "Eu não queria saber de tomar banho, não queria saber de dormir. Não queria saber de nada. Nada. As pessoas me diziam 'Mónica, você precisa ser forte', mas não, não, eu não conseguia." Passa a primeira noite na mina dormindo por alguns minutos, sentada em uma pedra cor de ardósia; na segunda noite, encontra uma paleta de madeira e se encolhe sobre ela por um curto período, ainda vestindo a calça de moletom que usava quando preparava para Florencio a sopa que ele nunca comeu. Em outra noite, está acordada, de pé na montanha sob as estrelas; senta-se em um dos blocos retangulares de pedra, fecha os olhos e pega no sono. Quando volta a abrir os olhos, está em outro lugar, bem longe do primeiro. Durante o sono, tem andado pela montanha debaixo da qual o marido está preso, uma sonâmbula empurrada por seu subconsciente pela superfície arenosa do solo, um passo após outro.

Enquanto isso, o filho adolescente, César, incorpora Florencio e tenta ser corajoso e responsável: entre outras coisas, vai às aulas todos os dias, fazendo todo o percurso de ida e volta entre a mina e a escola. Está no terceiro ano do ensino médio. Ele sai da aula às cinco da tarde, mas às vezes pede permissão para sair um pouco mais cedo, e vai para a mina, algumas vezes no ônibus que o governo municipal de Copiapó disponibilizou para os familiares das vítimas. Quando perde o ônibus, tenta pedir carona. Em sua escola, durante os primeiros dias ninguém sabe que o pai de César está preso na mina, até que a administração descobre. Pode tirar um mês de licença da escola se quiser, dizem. "Mas eu não queria faltar, porque senão ia ficar para trás nas matérias e poderia não ir tão bem nas provas." Então César Alexis Avalos, filho do capataz Florencio Avalos, vai à escola todos os dias. Quando toca o sinal do fim das aulas, dirige-se para a mina para ver como está a mãe e saber se há alguma novidade, depois pega carona de volta para Copiapó se preciso, para poder estar na escola novamente na manhã seguinte. "A única coisa que meu pai queria", explica ele mais tarde, "era que eu frequentasse a escola." César pretende honrar o desejo de Florencio e manter os rituais de responsabilidade e trabalho árduo que os pais integravam a cada dia, talvez porque fazê-lo seja uma espécie de reconhecimento tácito de que o pai ainda está vivo.

A essa altura, é necessária certa teimosia para acreditar que os 33 homens estão vivos e que um dia sairão andando, ou carregados, da mina. Um jornal de Santiago calculou as chances de um resgate bem-sucedido em menos de 2%. Outros veículos de imprensa afirmam que os homens só podem sobreviver 72 horas no subterrâneo e agora já passaram quase o dobro disso presos. Carmen, a esposa articulada, poetisa e profundamente religiosa do supervisor de turno, Luis Urzúa, já ouviu algumas pessoas declararem seu marido morto. "O *jefe de turno* estava com o sr. Lobos, no caminhão de transporte dos funcionários, e eles estavam saindo quando a mina desabou", alguém diz a Carmen pouco depois de sua chegada à mina. "O caminhão foi esmagado. Os dois estão mortos." Carmen se recusa a acreditar nisso e retruca: "Se ele estivesse morto, já teriam tirado o corpo dele pela chaminé!". Mas isso é profundamente perturbador, pois os verbos e adjetivos relacionados à morte estão lá, pairando sobre a entrada da mina. *"Están muertos."* Estão mortos. *"Murierion."* Morreram. Os representantes do governo no hospital também repetiram essas palavras: "Eles estão mortos", disse um à esposa de Alex Vega, Jessica, fazendo com que ela desmaiasse. O medo da morte ameaça consumir as mulheres ao redor de Carmen, mulheres como a sonâmbula Mónica Avalos, com seus olhos inchados e seu cabelo desgrenhado. Não, irmãs, não acreditem no que eles estão falando, diz Carmen, agarrem-se à sua fé. "Precisamos rezar." Carmen dá aulas de catecismo na igreja, então pega seu rosário de prata — "Eu sempre o carrego comigo" — e começa a rezar em uma noite fria, formando um círculo com algumas outras mulheres. Alguns dias depois, enxerga uma pequena estátua de gesso da Virgem da Candelária: é uma réplica da que se encontra em uma capela em Copiapó e que fora encontrada no século XVIII nos Andes; dizem que a imagem de uma mulher apareceu milagrosamente em uma pedra do tamanho de um palmo. Essas imagens de gesso são comuns no norte minerador, e agora Carmen e as outras mulheres decidem construir um santuário no Campo Esperanza, tendo como centro essa humilde representação da mãe de Cristo. A essa altura, o governo local montou uma cozinha móvel para alimentar os parentes das vítimas reunidos no acampamento, e as mulheres constroem seu santuário ao lado dela, perto do lugar onde o governo distribui pães. Colocam algumas pedras ao redor da imagem de gesso, depois a enfiam numa caixa de papelão, para que o vento não apague as velas votivas. "Montamos um pequeno local aonde as pessoas podiam ir para se livrar de sua dor, onde podiam rezar pelos mineiros e começar a esquecer que talvez eles estivessem mortos", diz Carmen. Vestindo grossos suéteres de lã e grandes parcas, debaixo de gorros e chapéus de inverno, ajoelham-se diante da imagem da Virgem Maria e recitam as orações do Terço, um Credo dos Apóstolos seguido por repetições do Pai-Nosso e da Ave-Maria, com o trecho "bendita sois vós entre as mulheres" sussurrado em coro.

Mais santuários surgem na montanha, muitos dedicados a mineiros específicos, com velas afixadas às pedras com cera derretida. A oração parece ser sua melhor defesa contra a crescente sensação de desesperança e inevitabilidade. André Sougarret ordenou que a equipe de resgate que havia enviado para fortificar uma rota de entrada na mina parasse de trabalhar. Através das marcas de tinta spray pintadas na superfície da guilhotina de pedra cinza, que está bloqueando a Rampa, detectaram que o vasto e destrutivo "megabloco" no coração da mina ainda está se movendo. O arranha-céu de pedra que se quebrou dentro da montanha está escorregando:

um novo desabamento pode acontecer a qualquer momento. Nessa noite, Golborne e Sougarret realizam uma entrevista coletiva anunciando o fechamento da mina. Ninguém poderá entrar, a entrada será permanentemente lacrada. Após o encontro difícil e emotivo com as famílias que se segue, Sougarret volta para seu hotel. Pega no sono à meia-noite, mas quinze minutos depois é acordado por um telefonema. Eduardo Hurtado e a equipe de perfuração da Terraservice alcançaram um espaço aberto com seu segundo buraco, em um local 504 metros abaixo da superfície, mas quase duzentos metros acima do Refúgio.

Enquanto Sougarret dirige até a mina, a notícia da descoberta da Terraservice se espalha e todas as perfuratrizes param de trabalhar, pois os perfuradores precisam de silêncio para escutar o interior do poço. É madrugada de domingo, 15 de agosto, para segunda-feira, dia 16, dez dias após os homens terem ficado presos. Os funcionários da Terraservice encostam os ouvidos ao mais alto dos tubos de aço que inseriram no poço: ouvem um barulho rítmico, uma batida. Hurtado pede a um dos policiais que escute: "Está ouvindo?". O policial responde que sim. Pouco tempo depois, Sougarret chega e encosta o ouvido no metal. Não sabe ao certo se o que está ouvindo é um som feito por humanos. À uma hora da manhã, a equipe começa a descer uma câmera pelo buraco. É uma noite de vento e de uma neblina especialmente espessa, um sinal agourento para Hurtado. Às seis da manhã, a câmera finalmente chega ao fundo. De acordo com os protocolos do Ministério do Interior, Sougarret e o operador estão entre os poucos homens que têm permissão para ver o monitor. Mas logo Sougarret diz aos perfuradores da Terraservice o que vê e permite que eles próprios olhem. Não há nada. Apenas um espaço vazio de rocha, uma caverna, ou *socavón*, que parece ter sido escavada e esvaziada de minérios. E o som das batidas? "O poder da sugestão", afirma Sougarret. "Eles queriam que houvesse alguém lá embaixo, então estavam ouvindo coisas que não eram reais."

Os dias passam e o pessimismo aumenta, ameaçando envolver até as mais animadas, esperançosas e determinadas das esposas e namoradas dos mineiros. Susana Valenzuela, a outra mulher que vive com Yonni Barrios, ouve alguns dos parentes distantes, que estão no Campo Esperanza, dizerem que ele provavelmente já está morto. Susana tem ido à mina com Marta, a esposa de Yonni, o que é bastante estranho, porque a família de

Marta também está no local, incluindo os filhos adultos que Marta tivera antes de conhecer Yonni.

Mais tarde, em casa, Susana serve à esposa do namorado uma xícara de chá enquanto Marta fala das notícias da mina, que são muito ruins. "Escuta, Susi", começa Marta. "Olha, daqui você não passa. Eu vim te avisar. Porque o Yonni está morto. Então eu preciso que você me dê as coisas dele." Marta quer os documentos de Yonni, especialmente seus contracheques, dos quais vai precisar para receber os benefícios a serem pagos pelos proprietários da mina e pelo governo em decorrência da morte. Susana ouve isso e pensa que Yonni não está morto, que essa mulher é meio maluca e que, se ela quer os documentos dele, por que não? Aquelas coisas materiais não são importantes para ela. Trabalhou durante toda a vida e tem suas próprias economias e sua aposentadoria, então quem se importa? Mas ao se levantar para subir a escada até seu quarto, o quarto que divide com Yonni, Susana para.

"Me mostra o corpo do Yonni que eu te entrego as coisas", diz. "Me prova que ele está morto."

"Você é realmente idiota", responde Marta, segundo conta Susana, pois Marta nega que essa conversa jamais tenha acontecido. "Como é que eu vou tirar ele da mina? Eu sou o Super-Homem, por acaso?" Afinal de contas, até onde se sabe, Yonni está enterrado debaixo de uma montanha de pedra.

"Se ele estiver morto, pode ficar com dinheiro, mas me entrega o corpo para eu fazer um velório", responde Susana.

"Você vai ter que falar com as irmãs dele sobre isso", diz Marta, no relato de Susana sobre aquele momento.

"Sai daqui", diz Susana. "Vai embora e não volta mais para me incomodar."

Quando vai até a mina, Susana ouve as pessoas dizerem que os mineiros estão todos mortos. Também ouve um dos parentes de Yonni falar em recolher os benefícios pela morte dele. É assim que ela se lembra daqueles dias sombrios: os parentes de Yonni a tratam como uma ninguém, porque seu vínculo com aquele homem mulherengo, cheio de defeitos e com um bom salário agora está rompido, não tem nenhum significado. Talvez os parentes de Yonni enxerguem uma espécie de justiça sendo feita: Susana conseguiu manipular Yonni e sua necessidade de ser amado para reivindicar seu contracheque enquanto ele estava vivo, mas, se ele estiver morto, ela não vai poder tirar mais nada dele. Mas Susana sente que Yonni está vivo. "Ele estava lá embaixo, lutando para sobreviver. Ele não era bonito, mas...", ela dirá mais tarde, com a voz embargada, começando a chorar. "Ele estava lutando. Eu conseguia o ver lá embaixo, enterrado, enterrado na lama." Susana o imagina sendo engolido pelo mesmo lodo cinza e arenoso que ela limpava de suas botas e roupas quando ele voltava para casa.

"Eles estão todos mortos", ela ouve alguém dizer novamente. Susana volta para casa, se joga no chão e começa a chorar. "Eu queria morrer." Então escuta uma voz. "Chana", diz a voz. Era assim que Yonni a chamava, "Chana". "Juro pela mãezinha que está no céu, juro que ouvi", afirma. Seu amor pelo desaparecido Yonni Barrios é tão forte que ela o projeta em sons e objetos dentro da casa que dividiam, vendo uma série de "milagres" que deixavam seus olhos maravilhados, pois acredita que cada um deles a colocou na presença do Espírito Santo. Sente toda a casa tremer, mas quando pergunta aos vizinhos se houve um terremoto, eles dizem que não. As chamas das velas votivas que coloca em um pequeno santuário para Yonni se apagam, depois voltam a se acender sozinhas. Um dia, retornando da mina para casa, vê alguns policiais reunidos em frente à sua porta. Os vizinhos dizem que chamaram os Carabineros porque ouviram barulhos vindos de dentro da casa de Susana, como se alguém estivesse depredando a casa — suspeitaram então que ela estivesse sendo roubada. Contudo, quando Susana abre a porta e entra, encontra tudo em seu devido lugar. Está convencida de que os barulhos eram o espírito de Yonni lhe enviando uma mensagem: *Estou vivo, Chana! Estou lutando, não me esqueça!* Algumas dessas coisas ela conta ao psicólogo que vem visitá-la, mas outras, não: "Porque dava para ver que ele achava que eu era louca".

Outras pessoas também relatarão ocorrências estranhas e aparentemente paranormais. O celular de um mineiro liga para sua casa embora ele ainda esteja preso com esse mesmo celular debaixo da terra, a muitos metros de profundidade. Outros dizem ter visto o espírito dos 33 homens vagando pelo norte do Chile. Em uma parte do bairro Juan Pablo II, em Copiapó, onde vivem muitos imigrantes bolivianos, uma vizinha de Carlos Mamani afirma tê-lo visto em seu jardim certa noite. Na crença tradicional do povo aimará, da Bolívia, o espírito de um homem que esteja perto de morrer vaga durante as noites anteriores a sua morte. A vizinha conta à esposa de Mamani, Veronica Quispe, e à mãe dela que, certa noite, viu

Carlos sentado no pátio em frente à sua casa. Ele vestia um gorro e estava olhando para o lado, conta a vizinha, mas quando ela se aproximou para conversar, ele desapareceu. Veronica e a mãe ficam com muita raiva da vizinha que conta essa história, pois para um aimará isso só pode significar uma coisa: Carlos está morrendo. "Por que você está dizendo isso", lhe perguntam. "Pare de ficar nos contando suas histórias horríveis!"

Os milagres e as visões de morte e sofrimento estão se espalhando. María Segovia imagina o irmão tentando se mostrar valente lá embaixo. O calado Darío Segovia, com seu rosto quadrado, sua disposição estoica e o semblante duro de um guerreiro indígena. Um dia fora um garotinho que precisava ser defendido pela tagarela irmã mais velha. De sua barraca no acampamento, María ouve as máquinas perfurando em busca de Darío e seus 32 colegas. O número de famílias à sua volta aumentou, círculos crescentes de irmãos e primos de cidades próximas e distantes, das extremidades opostas do Chile e de cidades vizinhas, como Vallenar e Caldera — cidades onde as famílias de mineiros sabem o que é esperar enquanto homens cavam em busca de outros homens. Há mais de mil pessoas no Campo Esperanza, tantas pessoas rezando que "era como Jerusalém", lembrará mais tarde Jessica Chilla, companheira de Darío.

María Segovia sempre sobe a montanha para ver de cima essa crescente cidade no deserto, para procurar e escutar as perfuratrizes que buscam seu irmão. Descobre os padrões de ruído de cada sonda, os hábitos das equipes de perfuração: que som faz uma perfuratriz com broca de diamante, quando os perfuradores param para trocar de turno. À noite, cada sonda de perfuração ocupa uma poça de luz na nuvem negra de total escuridão desértica. O barulho, a luz e a energia das equipes de perfuração são tranquilizadores. Mas então, após alguns dias, uma das perfuratrizes para, depois outra. Durante várias horas ela não ouve nada. María caminha novamente até a montanha rochosa e estéril que paira sobre o terreno da mina e começa a subir. Olhando do topo para baixo, confirma suas suspeitas: não há poeira vindo das máquinas. Desce outra vez a montanha até o acampamento para informar as outras famílias, e várias mulheres correm até o portão próximo à guarita da segurança. "Vocês pararam de perfurar! Vocês pararam!" As mulheres batem nas panelas que trouxeram para cozinhar suas refeições, fazendo o máximo de barulho que conseguem. Finalmente, Golborne vem até o portão para dizer que não, que eles apenas quebraram uma das brocas de diamante e precisam substituí-la e pedir que, por favor, tenham paciência. Nos dias que se seguem, María Segovia escala a montanha mais de uma vez para verificar os perfuradores e as promessas de Golborne. É uma avó de 52 anos escalando essa montanha como se fosse uma escoteira, com outras mulheres a seguindo, lutando contra a subida íngreme. "Era como se tivéssemos virado pumas selvagens correndo pela montanha", conta María.

Finalmente, os supervisores de polícia de Cristián Barra postam Carabineros na base da montanha para impedir as mulheres de escalá-la. Mas da próxima vez que María Segovia decide que precisa ver com seus próprios olhos os perfuradores trabalhando, o policial que a observa se aproximar finge não perceber. Ela alcança seu posto no topo da montanha e avista os mastros das sondas de perfuração em posição quase perpendicular, as nuvens de diorito transformado em pó subindo pelos ares.

María desce com precárias passadas deslizantes até o acampamento de tendas e lonas onde as famílias de três mineiros estão acampadas juntas. No acampamento Segovia-Rojas, onde as famílias dos primos Pablo Rojas, Darío Segovia e Esteban Rojas aguardam e às vezes dormem, as noites não são nada silenciosas. Cantam sob as estrelas do sul ou debaixo de uma neblina agitada, e às vezes um coro de "*¡Chi-chi-chi, le-le-le, mineros de Chile!*" é entoado. De vez em quando, contam histórias de três primos, todos na faixa dos quarenta anos, que cresceram nos vales próximos em uma época em que a água ainda corria pelo rio.

8

UMA CHAMA TREMELUZENTE

Pelas primeiras horas, o som daquelas perfuratrizes vindo na direção dos mineiros presos é ao mesmo tempo motivo de tranquilidade e entusiasmo. Víctor Segovia não consegue dormir, pois fica escutando o barulho por toda a noite e cedo na manhã seguinte. Às quatro da madrugada, na segunda-feira, 9 de agosto, mais de oito horas após ter começado a ouvir o som de perfuração, pega no sono e começa a sonhar. Está em casa, dormindo na própria cama, quando ouve a filha o chamar. Por um momento, Víctor está em um espaço claro e aberto, livre do tormento da mina, até que abre os olhos e se vê no chão da Rampa, perto do Refúgio, deitado em uma cama de papelão, e é engolido novamente pelo medo e pela saudade. Pelo menos agora há duas perfuratrizes diferentes vindo na direção deles. Algumas horas mais tarde, registra em seu diário a atmosfera mais leve a seu redor: "Estamos mais relaxados", escreve. "Aqui embaixo somos todos parte da mesma família. Somos irmãos e amigos, porque isso não é o tipo de coisa que acontece sempre com alguém." Todos os 33 homens comparecem à sessão de oração diária, seguida pela refeição do dia: hoje, um único biscoito e, talvez, uma colher de atum ou uma pequena porção de leite concentrado misturado com água. Depois, pela primeira vez, alguém menciona a necessidade de processar os proprietários da mina por fazê-los sofrer assim. É um assunto que voltará a ser mencionado diversas vezes nos dias seguintes. Juan Illanes, um mecânico instruído do sul do país, sugeriu que, se fossem resgatados, deveriam manter um "pacto de silêncio" sobre o acidente, contando apenas a seus advogados o que aconteceu, para que pudessem ter mais chances de punir os proprietários da mina na justiça. Esteban Rojas, um perito em explosivos de 44 anos, reage com irritação. "De que adianta falar de dinheiro e advogados enquanto ainda estamos presos aqui", diz. "É loucura."

É loucura pensar nos problemas do mundo exterior quando ainda se está enterrado e à beira da morte. "A perfuração está indo muito devagar", escreve Víctor Segovia em seu diário algumas horas mais tarde. "Deus, quando você vai acabar com este tormento? Eu quero ser forte, mas não tenho mais nada para dar."

Omar Reygadas observa que o ar parece estar ficando mais pesado e mais quente. Antes, o ar no corredor próximo ao Refúgio parecia estar circulando, mas agora está parado, dificultando a respiração. Reygadas tem uma longa franja branca que lhe cai sobre a testa e tem o estranho efeito de deixá-lo com uma aparência ao mesmo tempo jovem e envelhecida. Agora começa a sentir seus 56 anos de idade. "*Estoy mal, estoy mal*", diz. Estou passando mal, não consigo respirar. É sua imaginação ou o ar não está mais circulando, pergunta a outro dos homens mais velhos, Franklin Lobos. Franklin tem seus próprios problemas: está elevando o joelho, lesionado anos atrás durante sua carreira como jogador de futebol profissional, e o envolvendo com um tapete de borracha tirado do chão de uma das picapes. A umidade faz com que o joelho doa e, nos últimos dias, um fio de água começou a passar pela área onde ele dorme, transformando tudo em lama. "Eu preciso manter isso o mais seco possível", explica aos homens à sua volta. Franklin escuta a pergunta de Omar e responde que sim, o ar está mais pesado, parece estar circulando menos do que antes. Talvez um dos corredores abertos e escondidos na mina tenha sido fechado por uma das constantes quedas de rocha. Omar tenta inspirar um pouco de ar de um dos tanques de oxigênio no Refúgio, mas não parece funcionar. Mario Gómez, o mineiro de 63 anos com dois dedos faltando, tem usado esse oxigênio, pois seus pulmões, debilitados pela silicose, lutam contra toda uma vida de danos causados pelo trabalho em corredores como este. Além disso, está ainda mais enfraquecido por causa da dieta: menos de cem calorias diárias.

A perfuração continua sem pausas até o dia seguinte, terça-feira, 10 de agosto. Ao meio-dia, a prece do almoço termina com a lembrança de que é o Dia do Mineiro, um feriado nacional. O Dia do Mineiro cai no dia de São Lourenço, o santo padroeiro dos mineiros de acordo com uma tradição católica datada de mais de um milênio. No Chile, é um dia em que os proprietários das minas homenageiam seus trabalhadores com um grande banquete para os funcionários e suas famílias. Hoje não haverá banquete, mas eles param por um momento para dizer algumas palavras em homenagem a si mesmos e a seu trabalho e para refletir sobre como deveriam se sentir orgulhosos por serem mineiros. O Chile foi construído com base no trabalho de homens que arriscaram suas vidas e sofreram dentro de montanhas, e a mineração está intimamente ligada à identidade nacional: Pablo Neruda escreveu poemas para os mineiros do norte, e os estudantes chilenos ainda crescem lendo livros como *Sub Terra*, de Baldomero Lillo, uma coletânea de contos do início do século XX sobre o trabalho de mineração. Os homens da San José são mineiros que estão morrendo de fome dentro de uma mina no Dia do Mineiro, e o sofrimento misturado a um tipo de orgulho gerado por essa simples verdade os leva a terminar sua sessão cantando o hino nacional.

Víctor Segovia fica emocionado com o som de todos os 33 homens famintos unindo suas vozes. "Durante aquele momento, esqueci que estava preso em uma mina", escreve em seu diário, mas a sensação de estar livre é fugaz. As horas vão passando e o som de perfuração vai ficando mais forte, mas depois começa a enfraquecer dentro da rocha e fica difícil dizer exatamente de onde está vindo. Começa a desaparecer na rocha. Aonde está indo? Ainda está vindo em nossa direção? Alguns mineiros se juntam a Mario Gómez, pegando blocos de madeira e outros objetos e encostando-os às paredes da caverna para tentar escutar e determinar de onde vêm os sons de perfuração. Com a possibilidade de que as perfuratrizes não cheguem a eles se tornando cada vez mais real, Víctor começa a refletir novamente sobre sua vida. Nunca viajou além dos vales que cercam Copiapó, mas tem muitos parentes, e um crescente círculo de familiares vai ocupando seus tristes pensamentos. Em seu caderno, faz uma longa lista daqueles que entraram na família por casamento, dos primos e dos tios, 35 pessoas no total, incluindo alguns parentes distantes com os quais não fala há anos, pedindo perdão ao leitor caso tenha esquecido alguém, porque nesse momento "eu realmente não estou conseguindo raciocinar direito".

Quando o barulho da perfuração não está tão alto e quando os homens param de falar, Víctor e os outros mineiros no Refúgio e perto dele ouvem um rugido intermitente. Não vem das paredes nem de uma queda distante de rochas, mas de dentro do próprio Refúgio e é alto o suficiente para que Víctor o registre em seu diário. Ele não sabe, mas esse barulho tem um nome científico: borborigmo, o som produzido quando as camadas de músculo liso dentro dos estômagos e intestinos delgados dos homens contraem-se para espremer e empurrar um alimento que não está lá. É um ronco gorgulhante, acionado pelos resíduos da pouquíssima comida que colocaram em suas bocas algumas horas antes, um barulho intensificado pela câmara de eco de um estômago vazio. Cada contração é ampliada e transmitida aos ouvidos de outros homens famintos, fazendo com que pensem ainda mais em comida do que já estão pensando.

Em uma mesa no Refúgio, alguns dos homens jogam damas com peças feitas com pedaços de papelão. Mais tarde, Luis Urzúa, preocupado com o fato de os homens no Refúgio estarem começando a ficar deprimidos e a perder a paciência uns com os outros, faz um jogo de dominós arrancando e cortando a estrutura de plástico branco do triângulo de sinalização reflexivo de sua picape. Mais acima na Rampa, no nível 105, onde dormem os mecânicos e o próprio Luis, Juan Illanes se esforça para manter o moral dos *viejos* em alta contando-lhes histórias. Illanes tem uma voz grave de barítono e a dicção clara e confiante de um âncora de televisão. É articulado, culto e já viajou o suficiente pelo Chile para ter muitas coisas interessantes para contar.

No sexto, sétimo e oitavo dias de jejum involuntário dos homens, o principal tópico das histórias de Illanes é comida. "Vocês já viram um cordeiro sendo assado? Em um espeto, na brasa?", pergunta aos homens agrupados à sua volta, sentados em suas "camas" improvisadas com papelão e pedaços de lona na Rampa, ao lado da picape de Luis Urzúa. Vários dos homens dizem que sim, que já viram um cordeiro sendo assado no espeto. "Ah, mas e seis sendo assados todos de uma vez?" Pode parecer tortura falar de comida a homens que não têm o que comer, mas ninguém diz a Illanes que pare e ele segue com sua descrição animada de como foi participar desse banquete. "Eu estava nos pampas. Perto de Puerto Natales", conta aos mineiros. Estava no exército quando o país quase entrou em guerra contra a Argentina em 1978. "Eu estava lá, com cinquenta reservistas, a uns 1200 metros... não, a uns oitocentos metros da fronteira." Era época de Natal, uma época de banquetes tradicionais, e "tudo o que a gente tinha para comer era comida de exército", as provisões sem gosto distribuídas aos homens no front. Um dos soldados, um rapaz local, disse: "Não é assim que se comemora o Natal aqui. A gente faz grandes refeições". Naquele momento, outro soldado enxergou alguns cavalos ali por perto. "Eram cavalos argentinos: uns bichos cabeçudos, sarnentos, feios de dar dó", conta Illanes com uma risadinha. "Acho que consigo fazer negócio com eles", disse o soldado local, que tinha a aparência de gaúcho, e desapareceu na noite, levando consigo vários dos cavalos.

"Na manhã seguinte, acordamos e vimos *doze* cordeiros em dois espetos, todos já sem pele, limpos e perfeitos", conta Illanes aos colegas mineiros, vários dos quais agora sorriem. Dois longos espetos de metal pendurados em estacas, cada um com seis cordeiros. "Então fomos todos tentar conseguir lenha, nos arrastando pelos pampas descampados em busca de pedaços de galhos para acender o fogo. Logo tínhamos uma boa fogueira, uma verdadeira torre de brasas. *Chiquillos*, foi lindo." Illanes ouve pequenos suspiros de consolo dos mineiros à sua volta, que sem dúvida estão imaginando o som de carne e gordura estalando sobre o fogo, mas ele ainda não terminou. Porque então, continua, um dos soldados gaúchos apareceu com uma bolsa e passou um pouco de tabaco a cada soldado, junto com um pedaço de papel, e cada um enrolou um cigarro no estilo dos homens do campo. "Em resumo, *chiquillos*, foi um Natal inesquecível."

Illanes conta a história com tantos detalhes que ela só pode ser verdadeira, e sob a luz fraca, com sua fala lenta, os mineiros a seu redor sentem como se estivessem escutando um antigo programa de rádio. Ele lhes conta outra história de seu período como militar no sul, de quando percorreu os pampas chilenos a cavalo e de seu encontro com um cogumelo conhecido como *dihueñe*. Para os homens do norte, que estão acostumados a climas mais secos e nunca viram essas iguarias, Illanes as descreve: "São cogumelos que crescem nos troncos das árvores, especialmente nos coyáns". São laranja e alveolados, do tamanho de uma noz, com um líquido doce e transparente dentro. "Então lá estou eu, andando a cavalo, quando deparo com esse arbusto que não chega a ter dois metros de altura. E todos os seus galhos estão cobertos, de cima a baixo, de *dihueñes*. Não dá nem para ver o galho ao qual eles estão presos, de tantos que há. E cada um é do tamanho de uma maçã."

"Não!"

"Mentiroso!"

"É verdade. Do tamanho de maçãs e *riquísimos* também. E *viejos*, vou dizer uma coisa: eu comi aqueles cogumelos. E comi, e comi, e comi. E como eles são tão esponjosos e leves, você nunca sente que está ficando cheio."

Illanes termina a história e nenhum dos homens lhe pediu que parasse de falar em comida. "Quando se está com fome", ele diz, lembrando-se de seus dias de soldado nos pampas, "tudo tem um gosto delicioso."

Desde sua epifania a respeito de Deus e da necessidade de ser forte por seus irmãos mineiros, Omar Reygadas vem tentando se mostrar otimista perto deles. Deus está conosco, repete várias vezes. Mas os dias de fome e as fortes emoções causadas pela aproximação e o afastamento do som das perfuratrizes começam a drenar suas forças. Tem 56 anos de idade, um número que sente pairar sobre si quando pensa nas dores que começam a se espalhar por todo o corpo. Primeiro é como se alguém estivesse apertando seu peito, então uma sensação de queimação se espalha por seu braço e, por fim, praticamente não consegue mais movê-lo. Acredita estar tendo um ataque cardíaco e começa a imaginar a própria morte, visualizando os outros 32 homens sendo deixados para trás com seu corpo e pensando na rapidez com que seu cadáver vai apodrecer neste calor. Deitado no chão em frente ao Refúgio, sente crescer o medo da morte, com o ar pesado à sua volta transformando-se em mãos invisíveis, sufocantes. De repente, sente o ar circular. Está mais fresco. Há uma brisa soprando sobre seu corpo. Senta-se, pega um isqueiro e observa a chama se inclinar, apontando para cima na Rampa. O ar está vindo de algum lugar mais abaixo na mina. Talvez estejam injetando ar na montanha. Ou talvez uma das perfuratrizes tenha aberto um buraco mais abaixo. Omar anuncia sua descoberta aos outros homens e, pouco tempo depois, está de pé, descendo a ladeira na companhia de alguns de seus colegas, em uma expedição às partes mais profundas da mina, para ver se conseguem descobrir de onde vem o ar. A ideia de que talvez possam encontrar um túnel perfurado da superfície e fazer contato com o mundo exterior leva Omar e os outros a fazerem diversas curvas em zigue-zague. Chegam ao nível 80, ao 70, e a chama ainda se inclina para cima. Finalmente, entram no corredor sul do nível 60 e aqui a chama queima em posição vertical, tremeluz e se apaga: não há oxigênio suficiente para mantê-la acesa. No corredor norte do nível 60, a mesma coisa acontece. Descem um pouco mais, até o nível 40, e lá a chama se move para a frente e para trás, inclinando-se sobre si mesma — o ar está circulando, está mais fresco novamente, mas então a chama se apaga. Inspecionam muitos corredores escuros e abandonados, mas não encontram a abertura por onde o ar está entrando. Mas com toda a caminhada e a busca, algo mais acontece com Omar: o aperto em seu peito desaparece. Graças àquela brisa leve, "comecei a respirar bem novamente. E enquanto voltávamos para o Refúgio, a brisa me acompanhou durante todo o percurso".

Perto do Refúgio, Reygadas enxerga José Henríquez, o Pastor, e lhe conta o que viu, mencionando que a brisa continua vindo de baixo.

"De onde ela poderia estar vindo?", pergunta Henríquez. "As cavernas estão todas bloqueadas. Nenhuma das perfuratrizes conseguiu romper a rocha."

"É o 34º mineiro, meu compadre", diz Reygadas.

"Ele não nos abandonou." O 34º mineiro é a alma de todos os mineiros que já trabalharam duro, o espírito do Deus que os protege.

O ar mais fresco volta todos os dias, por volta das seis da tarde. "Aquele ventinho [*vientecito*] vinha e nos deixava mais calmos." Omar decide que um dia se conseguir sair, vai contar ao mundo a respeito disso. "Isso não pode simplesmente ficar esquecido aqui." Nem todos os seus anos de mineração oferecem uma explicação que não seja a de que Deus está soprando na mina. E mesmo que ele não tenha de fato visto um milagre, mas apenas o resultado de mais uma movimentação da rocha, não importa. Porque Omar acredita que, na chama inclinada, viu mais uma vez algo divino, o sopro de Deus o mantendo vivo, alimentando seus pulmões com oxigênio. Ele relaxa, respira com mais facilidade e se sente melhor.

A perfuração prossegue e para de repente, com frequência por várias horas, deixando um silêncio cruel que, conforme os ouvidos dos homens vão se ajustando a ele, é preenchido pelo som de suas respirações e tosses. Quando a perfuratriz para, o autointitulado atleta Edison Peña pensa: *Isso é loucura!* Um homem a seu lado diz: "O que esses caras estão fazendo lá em cima?". Edison se pergunta a mesma coisa. É um homem sensível e articulado, que já estava familiarizado com todo o absurdo ciclo da existência humana mesmo antes de a guilhotina ter caído sobre a Rampa e o prendido lá dentro. Já teve períodos de depressão com pensamentos suicidas, e descer às entranhas da montanha sempre lhe parecia uma espécie de fim. "A morte estava sempre ali na mina. Eu sabia, todo mundo sabia. Você tenta dizer às pessoas do lado de fora e elas não acreditam. Olham para você como se você estivesse falando de ficção científica." Para Edison, entrar na mina em um dia normal era enfrentar a verdade existencial que a maioria dos homens só entende quando está perto do fim da vida: todos vamos morrer. A morte espera por todos nós o tempo todo. Talvez *esta* seja sua hora e sua espera tenha finalmente chegado ao fim. Pensa nisso especialmente quando as perfuratrizes param e o silêncio dentro das cavernas da mina continua por duas, três horas. *Não tem mais nenhuma perfuratriz vindo nos buscar. Eles desistiram!* Quatro horas. Cinco. Aos 34 anos, uma mente relativamente alerta e lúcida, está vendo em primeira mão como é difícil ser humano, pois consegue enxergar que está preso em uma espécie de metáfora dos ciclos da vida e da morte, a meio caminho naquela jornada metafórica da luz do estar plenamente vivo para a cegueira e surdez permanente da morte. "Eu sentia um vazio. Um vácuo no meu corpo", conta mais tarde. Alguns de seus colegas mineiros tentam preencher o silêncio fazendo coisas como buzinar para avisar as pessoas na superfície de que ainda estão vivos lá embaixo. Edison ouve os barulhos que fazem e pensa: *Como essa gente é inocente, como são ingênuos. Nós estamos setecentos metros abaixo da terra! Ninguém consegue nos ouvir! Ninguém!* Talvez mais do que qualquer outro mineiro, Edison sente o destino se abatendo sobre ele, como uma criatura raivosa instalada em seu estômago que ronca, sugando-lhe a vida por dentro. Oito horas. Nove. Não há nenhuma perfuratriz. Ninguém está vindo buscá-los. Edison tenta lutar contra o vazio que sente crescer dentro de si, sacudi-lo para fora, e começa a se agitar e a se revirar no chão do Refúgio, com os olhos totalmente desfocados. Para seus colegas mineiros, parece estar enlouquecendo.

A verdade é que Edison já era um pouco louco antes de vir para a mina. E a sua não era a loucura loquaz e extrovertida de Mario Sepúlveda, mas uma introspecção mais sombria, solitária, melancólica. Mais de uma vez durante os dias de trabalho rotineiro na mina algum outro mineiro classificou Edison como "louco" por sua tendência a violar certas regras de segurança: por exemplo, a regra diz que um homem não deve caminhar sozinho pela mina. É algo imprudente e autodestrutivo a se fazer no subterrâneo, se afastar para um lugar onde você pode acidentalmente despencar de um abismo ou onde uma pedra pode cair em cima de você e não vai haver ninguém por perto para ouvir seus gritos abafados de socorro. Sua atitude de "não estou nem aí" e seu olhar possesso lhe renderam o apelido de "Rambo", sugerido por Alex Vega. Edison andava sozinho na mina o tempo todo, sonhando acordado naqueles corredores fatais, onde certa vez encontrou um enorme bloco de pedra caído em um local pelo qual passava com frequência.

Enquanto aguarda o retorno do som de perfuração, Edison habita um espaço de desolação física e emocional. O estrondo das pedras caindo, as texturas das paredes sem cor, com suas milhões de bordas serrilhadas, e o ar cada vez mais fétido sugerem que ele e os colegas foram enviados ali para serem punidos. *Como pode Deus estar fazendo isso conosco?*, pensa Edison. *Por que eu? Por que nós? O que foi que eu fiz?* Sentem-se também julgados pela simples ausência de luz. "A escuridão à nossa volta estava realmente nos matando", conta mais tarde. Edison, que é eletricista, ajudou Illanes a levar uma bateria e um pouco de luz para o Refúgio e a área anexa. Mas há um momento em que a bateria falha e, de repente, tudo à volta de Edison desaparece na escuridão total. "É aí que você realmente sente que está no inferno. É aí que se encontra o inferno, na escuridão." Lá em cima, na superfície, Edison estava em um daqueles relacionamentos tempestuosos, coloquialmente descritos como "infernais", no qual objetos são arremessados e o amor que duas pessoas sentem uma pela outra faz com que se maltratem mutuamente. Mas agora está em um verdadeiro inferno, como pode ver quando a luz fraca volta a se acender. É como se estivesse nas catacumbas do purgatório descrito por certo poeta italiano devoto no fim da Idade das Trevas. Vê corpos de homens que dormem — ou que tentam dormir — com movimentos espasmódicos, estendidos sobre pedaços de papelão ou de lona, os rostos pintados de preto pela fuligem e pelo suor, no Refúgio ou bem em frente a ele, enfileirados naquele túnel, naquele desfiladeiro de pedra que leva ao fervente centro da Terra. "Aparentemente, minha hora tinha chegado."

Ou talvez não. Porque após doze horas de silêncio, lá vem a perfuração novamente. *Rá-tá-tá-tá-tá. Rac-rac-rac. Rá-tá-tá-tá-tá. Rac-rac-rac.* O som de outros homens trabalhando para alcançá-los lhe traz algum consolo, uma alegria abafada durante uma, duas, três horas. Então o som para novamente. "O silêncio simplesmente nos destruía. Porque você se sentia abandonado, sozinho. Sem um sinal positivo, sua fé desmorona. Porque a fé não é totalmente cega. Nós somos vulneráveis, somos muito pequenos. Eu sabia o que era se sentir sozinho e desamparado, se sentir como se não houvesse escapatória. Porque sua fé vai se esvaziando a cada segundo, não vai se fortalecendo com o passar dos dias. As pessoas dizem isso, mas é pura mentira. Você vai encontrar vários dos meus companheiros que fazem esse tipo de comentário sobre se sentir mais forte. Sei lá. Eu ouço dizerem isso e fico com vontade de esganar a pessoa."

Edison quer viver e, para isso, opta por fazer o menos possível. Alguns o criticam, assim como aos outros homens que se recusam a sair do Refúgio, com seu chão de azulejo branco barato e sua porta de aço. Mas para Edison, é o que faz mais sentido quando não se está comendo. Simplesmente esperar e descansar. "Eu conservei minha energia. Às vezes caminhava um pouco, mas depois comecei a perceber que as minhas pernas não respondiam quando eu precisava ir ao banheiro. Eu estava começando a me sentir realmente cansado. Eu tive inteligência suficiente, uma inteligência inata para a sobrevivência, para não tentar fazer nada que pudesse me matar. Muitos fizeram isso."

Edison também está em um lugar cercado de pessoas cheias de mágoa e raiva, um longo lamento de muitas vozes. "Eles diziam: 'Se eu sair, vou fazer isso, aquilo e aquilo outro'", conta Edison. "Diziam: 'Eu queria ter sido um pai melhor'. Você perguntava a alguém, 'Quantos filhos você tem?', e os olhos dele se enchiam de lágrimas. E você olhava para o homem ao seu lado e percebia que ele estava ainda mais destruído do que você. E essa é a grande verdade: na mina não havia nenhum herói."

Não são heróis, apenas homens comuns com medo, silenciando os roncos de seus estômagos com grandes quantidades de água suja e esperando até o meio-dia, quando se reúnem para comer. Mas sempre antes da refeição o alto e calvo José Henríquez começa a sessão com uma oração, seguida por algumas palavras que servem como uma espécie de sermão. Às vezes conta parábolas bíblicas que conhece de cor. Entre elas, a história bastante apropriada de Jonas, que foi engolido por uma baleia. Jonas foi enviado por Deus em uma missão para falar em certa cidadezinha, mas em vez disso, pegou um navio e foi na direção oposta. "Jonas era um cara de temperamento difícil", diz Henríquez, "então Deus o pôs à prova." O Senhor enviou uma poderosa tempestade para virar aquele navio, e quando os companheiros de embarcação de Jonas perceberam que era ele a causa da ira de Deus, o jogaram ao mar, onde ele foi engolido por uma enorme baleia. "A desobediência nunca é boa", afirma Henríquez. Jonas estava na barriga do inferno e nas "profundezas", continua, usando uma palavra que ele se lembra de ter lido em uma passagem bíblica. *Profundidad* é a palavra em espanhol, e ouvi-la pronunciada por um homem de Deus nas profundezas da mina causa uma forte impressão na mente do autor do diário, Víctor Segovia, que escreverá a palavra algumas horas mais tarde.

"Eu desci até as raízes das montanhas", diz a passagem da Bíblia. "À terra cujos ferrolhos estavam atrás de mim para sempre." (Jonas 2,7) Jonas se submete ao Senhor, afirma que Deus o ergueu de uma vida de "perdição" e promete que se sacrificará a Deus "com cantos de ação de graças". O Senhor ordena que a baleia cuspa Jonas. Aqui neste lugar horrível, presos dentro de paredes de pedra, a mensagem é mais poderosa do que seria se proferida em qualquer igreja: é como se estivessem vivendo dentro de uma parábola bíblica, pensa Yonni Barrios.

Estão sobrevivendo há duas semanas sem uma refeição de verdade, sem nenhuma perspectiva real de que um dia voltarão a comer, e tudo o que lhes está acontecendo parece ter uma mensagem mais profunda. Víctor Segovia nunca foi muito de ir à igreja, mas agora está de certa forma indo à igreja todos os dias, pois a cada sessão de oração cresce o sentimento de que a união desses 33 homens é um evento sagrado. Antes do acidente, escreve Víctor em seu diário, ele pensava na igreja como um lugar que os pecadores frequentam para pedir perdão. Mas Henríquez agora lhe fala sobre uma mensagem de esperança e amor. O Pastor também é, a essa altura, um homem transformado fisicamente: livrou-se de sua camisa devido ao calor e à umidade, cortou suas calças, transformando-as em bermudas, e anda para lá e para cá com botas rasgadas que mais parecem sandálias. Falando de Deus com seu peito nu, seus tufos de pelos cobertos de suor, sua careca emoldurada por uma borda de cabelos emaranhados, Henríquez está começando a parecer um místico enlouquecido que mora em uma caverna deserta, um efeito intensificado pelo fato de que, quando fala, parece plenamente convencido do que está dizendo. Cristo os ama em espírito, afirma o Pastor, e Víctor mais tarde registra as palavras do pregador em seu diário: "Procurem por Ele e vocês verão que Ele os ama e encontrarão a paz". Para Víctor, isso é uma revelação. "Agora vejo que as pessoas que têm pelo que agradecer também vão à igreja e que essas pessoas que frequentam a igreja foram tocadas pela graça de Deus", escreve.

Em outro sermão, Henríquez conta a história de quando Jesus pegou cinco pães e dois peixes e os multiplicou para alimentar 5 mil pessoas. Após o sermão, conduz os homens em uma oração, dizendo que o Senhor encontrará uma maneira de pegar o pequeno estoque de comida e fazer com que dure por mais tempo, pois muito em breve os suprimentos vão acabar.

"O Pastor rezava para que a comida se multiplicasse", conta mais tarde Mario Sepúlveda. "Depois eu via um de *los niños* ir ao armário e tentar espiar seu interior para ver se tinha mesmo mais comida."

Mas cada abertura do armário revelava uma quantidade menor de comida. Os homens começam a vasculhar todos os cantos para ver se conseguiam encontrar algo que pudessem comer. Yonni Barrios, o mineiro que fracassara em sua tentativa de proteger a comida contra os homens famintos no dia do desabamento, vê um deles pegar uma lata de atum que havia sido descartada, esfregar o dedo dentro dela, depois lambê-lo repetidamente. Yonni nunca pensou que veria um homem bem remunerado como aquele reduzido a tal estado. Outros homens começam a vasculhar as latas de lixo, e quando encontram cascas de laranja as limpam bem e comem. O próprio Yonni devora os restos amarronzados de uma pera. "Foi bom comer aquilo. A fome era terrível." Víctor também comeu restos de frutas que encontrou na lixeira, e na quarta-feira, 11 de agosto, escreve a respeito em seu diário, lembrando-se de como costumava ver os mais pobres dos pobres em Copiapó catando comida no lixo. "Nós simplesmente ignoramos. As pessoas acham que isso nunca vai acontecer com elas e agora olha para mim, comendo cascas de frutas, lixo e qualquer coisa que seja comestível." Carlos Mamani, o imigrante boliviano, inspeciona o chão para ver se encontra algum inseto ou minhoca. Se visse algum, o apanharia e comeria. Mas assim como não há borboletas na mina, também não há besouros nem lagartas. "Eu não vi nem uma aranha, nem sequer um cupim, nada."

Os homens agora se sentem mais fracos, está ficando mais difícil descer e subir a inclinação de seis graus da Rampa, e a sensação de degradação física cresce conforme o espaço em torno do Refúgio se enche com a água vinda das perfuratrizes que tentam alcançá-los. A água está transformando o chão em um lamaçal que engole suas botas quando caminham e faz com que os veículos deslizem e derrapem quando tentam dirigi-los. Vários dos homens pegam um dos carregadores frontais e tentam construir uma espécie de barreira contra a água e a lama, mas ela se desfaz rapidamente. Mario Sepúlveda caminha pela lama, sem camisa e coberto de fuligem, a expressão confusa e preocupada. Ele para de falar e os homens observam fixamente o espetáculo solitário de sua figura se afastando: há uma camada de pelos negros cada vez mais espessa cobrindo suas bochechas, para combinar com o cabelo ralo em sua cabeça. Ele caminha até o acampamento dos mecânicos no nível 190 e conta aos homens como se sente, que enorme desgraça é pensar que vai morrer ali embaixo, e os colegas tentam animá-lo. Mais tarde, de volta ao Refúgio, consegue dormir um sono agitado. Víctor Segovia o vê sonhar, falar enquanto dorme, dizendo o nome do filho: "Francisco". É algo doloroso de se testemunhar, um homem crescido, de meia-idade, que quer tanto estar com o filho que o chama pelo nome durante o sono. Então Mario acorda, mal-humorado e abatido, o homem de tantas palavras de repente incapaz de pronunciar até mesmo uma.

Percebem que Carlos Mamani está especialmente quieto, isolado em um canto do Refúgio. Dias se passam sem que ele diga muita coisa. Para os vinte e poucos homens que dormem perto dele dia após dia, os longos silêncios desse homem tão jovem, com feições indígenas, são perturbadores e mórbidos. Carlos está simplesmente com medo e confuso. Ficou preso em seu primeiro dia de trabalho subterrâneo e todos esses homens parecem ser da mesma família ou se conhecer. Eles o assustam porque estão sempre discutindo a respeito de se vão ou não ser salvos e de quem será a culpa se não forem. "Eu não sabia em quem podia confiar."

Agora Mario Sepúlveda, o mesmo homem que tem perambulado deprimido pela mina, acorda de seus devaneios e olha direta e muito atentamente para Carlos Mamani. Com todos os outros mineiros próximos ao Refúgio ouvindo, Mario se levanta e se dirige ao boliviano. "Aqui embaixo na mina, você é um chileno como o resto de nós", diz em voz alta. Muitos trabalhadores chilenos desgostam dos bolivianos da mesma forma que os trabalhadores em outros países desgostam de estrangeiros, e todo mundo sabe que ser boliviano no Chile não é fácil. "Você é nosso amigo e nosso irmão", diz Mario. O discurso termina com todos aplaudindo e alguns até enxugando as lágrimas, porque é verdade: estão todos morrendo juntos e nenhum ser humano, nem mesmo o boliviano entre eles, merece esse destino. Carlos tem observado os homens passarem horas jogando dominó, e agora os colegas o convidam. Como nunca jogou dominó antes, eles lhe ensinam as regras. É um jogo simples — 28 peças, combinam-se números iguais etc. — e Carlos aprende rápido. Agora vê como essas intermináveis rodadas de dominó podem deixar as noites mais curtas, a escuridão menos profunda. Após algumas partidas, ganha uma. Depois mais uma. Logo está batendo todo mundo.

"Ele ganhou? De novo? Quem foi que ensinou esse boliviano a jogar?"

No Chile, entre homens, quando se considera alguém realmente como irmão, o normal é zombar dessa pessoa. Isso se chama *echar la talla*, o que pode ser traduzido como "tirar as medidas" da pessoa. Conseguir zombar de alguém sem causar uma briga é uma habilidade valiosa e, entre os homens presos na mina, Víctor Zamora é quem melhor o faz: esse é um dos motivos pelos quais quase ninguém fica realmente aborrecido com ele, embora tenha liderado o saque aos suprimentos de comida e, por causa dele, estejam com mais fome do que precisariam estar. A todo momento, Víctor faz com que metade dos homens no Refúgio riam da outra metade. *Olha só para esse Mario Gómez, com seu bloco de madeira, escutando as paredes*, Víctor diria, por exemplo. *A perfuratriz já está perto, Mario? De que lado ela está vindo?* Víctor então se levanta e aponta na mesma direção indicada por Mario Gómez, como um cachorro labrador. Às vezes, quando

Gómez não está olhando, Zamora aponta com a mão mostrando apenas três dedos. Os mineiros sabem que é maldade, é claro, zombar de um homem com a mão mutilada, mas no contexto em que se encontram, é muito engraçado. *Dali! Não, dali! Está perto!* As piadas de Zamora às custas de Gómez são tão engraçadas que os homens continuam as repetindo e rindo durante dias.

Finalmente, para trazer Carlos Mamani para dentro do grupo, Mario Sepúlveda também faz uma piada com ele. Assim como as piadas que os homens costumam fazer uns com os outros, ela tira proveito da qualidade que o distingue dos demais.

"Mamani, é melhor você torcer para eles virem nos buscar, porque se não vierem, como você é boliviano, vai ser o primeiro a ser comido."

Mamani não fica particularmente incomodado com a piada — por acaso alguém leva algum desses chilenos a sério? "Eu nunca achei que eles fossem me comer", diz ele mais tarde. Mas quando Raúl Bustos ouve essa piada, pensa: *Agora esse doido do Mario foi longe demais.* Alguns pensam a mesma coisa. Que tipo de lunático faz uma piada sobre comer alguém com homens que não comem uma refeição de verdade há dez dias? Realmente estão morrendo de fome, pensam alguns, e a possibilidade de que tenham que comer o primeiro entre eles a morrer não é totalmente irreal. "Eu sei que o Mamani não dormiu bem naquela noite", conta Florencio Avalos. Raúl também está perturbado com esse humor macabro — não está totalmente seguro de que vão se manter unidos se literalmente começarem a morrer de fome. Após o tsunami em Talcahuano, as pessoas se renderam muito rápido a seus instintos mais primitivos. Mario Sepúlveda é um homem de humor inconstante, e Raúl agora percebe o que os amigos mais próximos e os parentes de Mario sabem a seu respeito: ele é um homem que não está totalmente no controle de suas emoções. Em um momento, diz a alguém que o ama e, no seguinte, ameaça essa mesma pessoa; parece provável que fará o que for preciso para sobreviver.

Mesmo quando já estão mais fracos, Mario continua arrumando brigas com os outros. Briga com Omar Reygadas por causa da perfuração e dos perfuradores. Omar, um mineiro mais experiente, já trabalhou com equipes de perfuração e cada vez que há uma pausa no som das perfuratrizes ou quando elas parecem estar saindo da rota, ele compartilha um pouco de sua experiência. No meio de um desses longos períodos de silêncio, durante os quais não se ouve nenhum barulho de perfuração, Omar diz aos homens à sua volta que não se preocupem, lembrando-os, mais uma vez, de que já trabalhou com equipes de perfuração e conhece um pouco de suas rotinas. "Eles não estão desistindo", diz. "É que eles têm que reforçar as vigas..." A essa altura, os homens já sofrem novos e inequívocos sintomas de desnutrição e inanição. Caminhar até o local que utilizam como banheiro exige esforço e, quando precisam se agachar, são submetidos a uma sessão de tortura. Seus corpos querem empurrar algo para fora, mas o esforço necessário para fazê-lo é agonizante e o que acaba caindo no chão tem uma aparência estranha. Suas fezes são pelotas ovais compactas, duras como pedras, e para os homens que cresceram em fazendas e viveram no campo, parecem fezes de cabra ou lhama.

Mario Sepúlveda está tão constipado, exausto e fora de si quanto o resto deles, e finalmente decide que está cansado desse mentiroso de cabelos brancos. "Você está sempre dizendo a mesma coisa!", ladra a Omar. "Você está mentindo. Você não sabe de nada. Você é um idiota!"

"Você não pode falar assim comigo."

"Cala a boca!"

Omar protesta contra o ataque à sua honra levantando-se e dando alguns passos ameaçadores na direção de Mario, sem se preocupar com o fato de que o homem com coração de cachorro é mais alto, mais forte e mais jovem do que ele. "Vamos resolver isso... lá perto da água."

Com vários de seus colegas olhando, os dois homens se afastam da área onde dormem, perto do Refúgio, e começam a descer a Rampa. Estão se dirigindo a uma passagem lateral onde há uma poça de água, formada pelo gotejamento que vem ocorrendo na mina desde que as equipes de perfuração começaram a trabalhar para tentar resgatá-los. Mario caminha e pensa na violência que vai infligir a esse homem irritante, em como finalmente vai descarregar a raiva que vem se acumulando dentro dele. Mas a poça de água fica a mais de cem metros de distância, e nos dois minutos, mais ou menos, que leva para caminhar até lá, sua raiva vai diminuindo. O homem mais velho parece realmente determinado a lutar, não vai recuar, e olhando para seu oponente Mario percebe que Omar está tão desesperado e faminto quanto ele próprio e se dá conta de quão absurdo seria lutar quando já estão tão próximos da morte.

"Olhei para aquele cara, que era mais velho do que eu, e pensei: *Se eu, o cabrito jovem, der uma surra nesse bode velho, vou ter muito o que explicar. E se esse bode velho der uma surra no carneiro jovem, vou ter que dar mais explicações ainda.*" Quando se encaram perto da poça de água, o capacete de cada um iluminando o rosto do outro com um feixe de luz, Mario abre um largo sorriso ensandecido. Compartilha suas observações sobre cabritos jovens e bodes velhos, pede desculpas a Omar e envolve o colega mais velho em um abraço suado e sincero. Estão morrendo de fome e começando a enlouquecer, mas ainda são irmãos. "Desculpa, *viejo. Perdóname.*" Omar parece aliviado, exausto. Voltam para o Refúgio. Ao se aproximarem, os outros mineiros se levantam ou endireitam as costas, em alerta, esperando ver dois homens que acabaram de se agredir. Em vez disso, veem dois mineiros famintos, sem camisa, cobertos de fuligem, rindo e brincando como amigos inseparáveis.

Juan Illanes instalou luzes perto dos níveis 105 e 90, mas a sensação de que os homens estão cercados por uma escuridão ameaçadora cresce conforme os dias passam e muitas de suas lanternas vão enfraquecendo até se apagarem por completo. A possibilidade de ficarem cercados por uma escuridão total faz com que Alex Vega se lembre de uma lenda que corria entre os mineiros. Ela dizia que homens deixados no escuro por muito tempo acabam ficando cegos. E Jorge Galleguillos recorda algumas ocasiões em sua carreira de mineração em que sua lanterna parou de funcionar e ele se encontrou completamente no escuro: você fica desorientado rapidamente e pode ser assustador estar perdido e desamparado, estendendo as mãos para tentar encontrar a parede da caverna que lembra estar próxima. Então, Illanes descobre que pode carregar algumas das baterias de suas lanternas usando os geradores dos veículos, e a escuridão deixa de ser tão ameaçadora quando ele lhes devolve os dispositivos emissores de luz.

Finalmente, os "que fazem" entre os homens decidem que não podem simplesmente ficar sentados esperando que as perfuratrizes os alcancem. As equipes de resgate vão acabar desistindo se não receberem um sinal de vida. Então os homens presos reiniciam seus esforços para enviar uma mensagem para o topo. Têm dinamites e fusíveis, mas não detonadores, já que não havia nenhuma detonação planejada para o dia em que ficaram presos. Mas Yonni Barrios e Juan Illanes bolam um plano para produzir detonadores extraindo o pó preto dos fusíveis e usando o alumínio dentro das caixas de leite jogadas fora para juntá-lo e concentrá-lo de modo que se acenda e acione o explosivo à base de nitrato que usam para o trabalho cotidiano de mineração. Caminham até o ponto mais alto possível da mina e acionam o detonador caseiro de Yonni, esperando pelas oito horas da manhã, quando a perfuração cessa todos os dias, sem dúvida para a mudança de turnos na superfície. Quando o silêncio vem, Yonni acende um fusível ligado a seu detonador improvisado. Funciona: a dinamite explode, e é uma explosão poderosa, mas ninguém na superfície ouve.

Estamos a setecentos metros da superfície, pensa Juan. *Como poderiam ouvir alguma coisa?*

Quando a perfuração recomeça, os sons se aproximam cada vez mais, as vibrações e bateções palpavelmente próximas na rocha. Os mineiros dizem coisas como "Essa é minha" e "É essa que vai romper a rocha". Sobem e descem os níveis da Rampa e os corredores laterais, procurando o local por onde a perfuratriz poderá sair. Então o som de perfuração se afasta e para.

No dia 15 de agosto, seu décimo primeiro dia no subterrâneo, Víctor Segovia registra em seu diário os muitos sinais de que ele e os outros estão perdendo as esperanças. "São 10h25 e a perfuração parou de novo. Mais uma vez, eles parecem estar muito longe. Eu realmente não sei o que está acontecendo lá em cima. Por que tanta demora? [...] Alex Vega gritou com Claudio Yáñez, que dorme o dia inteiro e não ajuda em nada [...]" Ainda há trabalho a ser feito: principalmente, pegar água dos tanques nos níveis superiores. No dia seguinte, Víctor escreve: "Praticamente mais ninguém conversa". No dia 17 de agosto, ele vê mineiros reunidos em um pequeno grupo, murmurando. "Eles estão começando a desistir", escreve. "Não acho que Deus teria nos salvado do desabamento só para nos deixar morrer de fome... A pele dos nossos rostos agora está colada aos ossos, nossas costelas estão todas aparecendo e, quando caminhamos, nossas pernas tremem."

A perfuração para por várias horas e os homens estão perambulando pela mina em busca de algum som quando ela recomeça. A coisa dentro da pedra golpeia e tritura a rocha por um dia e, de repente, parece estar bem perto. Os homens começam então a falar sobre os preparativos que discutiram antes. Encontram uma espécie de tinta spray vermelha, usada nas operações de rotina da mina para pintar um quadrado ou círculo vermelho na parede, indicando o caminho para a superfície. Se a broca alcançá-los, eles a pintarão e, quando o operador a retirar, encontrará aquela prova inegável de que há homens vivos lá embaixo. José Ojeda já trabalhou na El Teniente, a maior mina de cobre subterrânea do mundo, e no treinamento de segurança que recebeu foi ensinado a incluir três informações básicas em qualquer mensagem deixada para possíveis equipes de resgate: o número de homens presos, sua localização e a condição em que se encontram. Com uma caneta hidrográfica vermelha e um pedaço de papel milimetrado, prepara a mensagem, resumindo-a em sete palavras. Richard Villarroel, o futuro papai, revira suas ferramentas em busca do pedaço de metal mais duro disponível e encontra uma grande chave inglesa. Se e quando a broca alcançá-los, seu trabalho será golpear seu revestimento de aço com essa ferramenta, produzindo um som alto o suficiente para subir os seiscentos metros de metal até o topo, onde algum membro da equipe de resgate poderá estar com o ouvido encostado à tubulação, tentando escutar algum sinal de vida vindo lá de baixo.

Após um dia, fica claro que a perfuratriz que ouvem está, na verdade, abaixo de seus pés. Tentam então seguir seu som, caminhando e dirigindo veículos para as partes mais profundas da mina, escutando em um dos corredores serpenteantes mais abaixo, descendo mais e mais até que o som desaparece. No dia 19 de agosto, o autor do diário, Segovia, escreve: "Estamos ficando desesperados. Uma das perfuratrizes acabou de passar pelas paredes do Refúgio, mas não chegou até nós". No dia seguinte, acrescenta uma observação: "Perri está muito desanimado". O único alimento para os homens nesse dia é água, porque a comida está acabando e agora só há o suficiente para um biscoito a cada 48 horas. "A perfuratriz NÃO chega até nós", escreve Segovia no dia seguinte. "Estou começando a me perguntar se tem uma mão sombria lá em cima que não quer que a gente saia."

Os homens presos agora já ouviram pelo menos oito perfuratrizes diferentes se aproximarem deles, só para em seguida pararem ou desaparecerem ao longe. Vários dos mineiros seguem a última dessas perfuratrizes por vários níveis e a escutam, sem acreditar, passar do ponto mais baixo da mina, o nível 40. "Aquilo foi horrível. Foi como uma segunda morte", diz um dos mineiros. A ideia de que foram condenados, mais uma vez, pelos proprietários da mina se torna uma possibilidade real: as plantas da Companhia de Mineração San Esteban são tão pouco confiáveis que as equipes de resgate nunca conseguirão encontrá-los. "As plantas da mina são uma merda", gritam. *La planificación de la mina es una hueva.* Os 33 homens agora estão sentados no escuro, se perguntando se vão morrer desse golpe final contra sua dignidade: presos ali, morrendo de fome, com outros mineiros trabalhando para tentar alcançá-los e tendo seus esforços inutilizados por uma empresa mesquinha demais para sequer saber ao certo onde ficam seus próprios túneis.

9

CAVERNA DOS SONHOS

Laurence Golborne, o ministro das Minas, está desesperado, e recebe todo tipo de conselho maluco. Suas perfuratrizes erram o alvo ou as brocas quebram antes de chegar ao nível em que os mineiros estão presos. Mais de doze desses poços já foram perfurados, todos sem sucesso. No dia 19 de agosto, com os homens presos há exatas duas semanas, uma das perfuratrizes ultrapassa quinhentos metros. Está se dirigindo a uma de duas galerias abertas em seu caminho, e Golborne, André Sougarret e os outros estão confiantes de que vão encontrar alguma coisa. As famílias foram informadas de que a perfuratriz está quase lá, e uma série de vigílias durando toda a noite começa no Campo Esperanza — mas a perfuratriz continua, sem nunca encontrar uma abertura, e finalmente chega a setecentos metros sem ter achado nada. "O operador da perfuratriz estava tão investido emocionalmente que não conseguia parar, mesmo sabendo que já tinha ido longe demais", conta um representante do governo.

Golborne diz à imprensa que não sabe o que deu errado, embora sugira que os diagramas dos proprietários da mina possam ser imprecisos. Sougarret, o principal encarregado do resgate, diz a mesma coisa ao jornal *La Tercera*: "Com más informações, é difícil tomar decisões". Outra fonte do governo, não nomeada, diz ao *La Tercera* que é possível que toda a mina tenha desabado, uma das declarações pessimistas que acabam chegando às famílias das vítimas. "Naquela noite, houve uma revolução entre as famílias", conta Golborne. Vocês não sabem o que estão fazendo, diziam. A

Codelco não tem a menor ideia do que está fazendo. Nós sabemos! Ouçam o que estamos dizendo! Um grupo de mineiros que trabalham em minas menores, os *perquineros*, anuncia que vai entrar na mina, "se arrastando de barriga", *de guatitas*, se o governo ao menos fizer o favor de tirar o lacre da entrada.

Finalmente, a pedido de alguns parentes desesperados das vítimas, o ministro concorda em conversar com alguns "sábios" que os familiares acreditam poder ajudar. Uma dessas pessoas é uma vidente, e Golborne se encontra com ela em uma noite congelante. "Eu vejo dezessete corpos", diz a mulher. "Vejo um com as pernas esmagadas. Ele está gritando." Golborne decide que é melhor não transmitir as "descobertas" da vidente às famílias, que também insistiram que ele conversasse com um "caçador de tesouros", um homem que usa uma espécie de "tecnologia" de varinha divinatória para estudar a superfície da montanha onde os homens estão enterrados.

"Que tipo de tecnologia é essa?", pergunta Golborne.

"Bom, é muito complicada", diz o caçador de tesouros.

"Sou engenheiro, me explica. Ela é baseada em ondas sonoras, em calor, em diferenças de voltagem?"

O caçador de tesouros diz que a tecnologia é realmente muito complicada e se recusa a dar mais explicações, mas Golborne lhe dá acesso à montanha mesmo assim, para agradar as famílias mais do que qualquer outra coisa. O caçador de tesouros estende longos tapetes pela superfície da montanha e tira algumas medidas com um aparelho que Golborne nunca viu antes. Quando termina, anuncia a Golborne em tom de superioridade que as equipes de perfuração estão procurando pelos mineiros no lugar errado. O caçador de tesouros diz que Golborne, Sougarret e o resto de sua equipe são um bando de idiotas que vão deixar aqueles 33 homens morrerem se não o escutarem e não prestarem atenção ao que seus instrumentos estão dizendo: vocês não vão encontrá-los a menos que perfurem em uma área totalmente diferente.

Golborne ignora o conselho do caçador de tesouros e desce a montanha para se sentar ao lado de uma mulher que ganha a vida vendendo salgadinhos na praia, uma mulher que conquistou a confiança das famílias e cuja confiança ele também precisa conquistar. Precisa fazê-la acreditar que ele está tentando tudo, que ele e o governo estão usando todos os recursos e todo o conhecimento que têm à sua disposição para encontrar os homens presos. Conversa com María Segovia, irmã de Darío e "prefeita" do acampamento de familiares. María ouviu as notícias quando a perfuratriz passou de 530, 550, seiscentos metros, cada número é um golpe a mais. "Nosso tempo está acabando", diz ao ministro. Ela repete a frase. *Se nos está acabando el tiempo.* Há mais perfuratrizes trabalhando, ele responde, embora seu rosto denuncie tanto exaustão quanto sua preocupação. Nós não desistimos.

María Segovia se lembrará daquela conversa com o ministro como seu momento de maior fraqueza. "Você precisa lutar e lutar, mas ao mesmo tempo sente essa tristeza, essa preocupação, essa sensação de impotência", diz ela mais tarde. Está bem agasalhada para se proteger do frio, ouvindo o ministro. Na jaqueta vermelha oficial que ele veste lê-se GOBIERNO DE CHILE em caracteres brancos. O ministro vem com frequência a seu acampamento e se senta com ela e o resto da família para tomar chá-mate e, assim, vai conquistando cada vez mais sua confiança. Golborne age de maneira estranhamente humilde na presença da irmã de Darío e afirma que outra perfuratriz está a apenas dois dias de distância de seu alvo. María tenta acreditar nele enquanto luta contra seu ceticismo natural em relação aos privilegiados e tudo o que dizem.

O cérebro humano médio requer em torno de 120 gramas de glicose diários para sobreviver. Os 33 homens presos na mina estão ingerindo, em média, menos de um vigésimo dessa quantidade. Durante as primeiras 24 horas de um homem sem comer, seu corpo produz glicose usando o glicogênio armazenado no fígado. Após dois ou três dias, o corpo começa a queimar a gordura armazenada no peito e abdômen, assim como em torno dos rins e muitas outras partes do corpo. Seu sistema nervoso central, porém, não consegue sobreviver com essas gorduras. Em vez disso, o cérebro é alimentado com os corpos cetônicos ou ácidos produzidos pelo fígado ao processar a gordura corporal. Quando as reservas de gordura do corpo se acabam, a proteína nele contida — especialmente nos músculos — se torna a principal fonte de energia do cérebro. As proteínas do corpo são gradualmente quebradas em aminoácidos, que o fígado pode converter em glicose. Efetivamente, o cérebro do homem começa a comer seus músculos para sobreviver: é nesse momento que começa a inanição. Após duas semanas, os menores e mais magros dos 33 homens presos na San José já perderam massa muscular suficiente para que seus colegas começassem a notar.

A clavícula de Alex Vega começa a ficar cada vez mais em evidência, empurrando a pele. "Ei, Quadro de Bicicleta, olha só para você!", diz Omar Reygadas a Alex, o homem que foi trabalhar na mina para poder acrescentar alguns cômodos à sua casa. Então Omar pensa que não, um quadro de bicicleta é uma metáfora pesada e grande demais para descrever a aparência de Alex, sem camisa e cada vez mais magro. Ele parece um pedaço de *charqui*, de carne salgada e seca. "*Charqui* é como fica a carne do animal quando é colocada para secar." *Charqui de mariposa*, ele chama Alex. Charque de borboleta. "Você consegue imaginar como seria um *charqui* de borboleta. É basicamente só pó."

Alex leva o comentário como uma brincadeira carinhosa, que era de fato a intenção. Afinal de contas, Omar também não está com uma aparência muito boa. Nenhum deles está. Seus metabolismos estão ficando mais lentos, até o mais agitado deles está dormindo mais do que o normal e uma neblina começa a turvar seus pensamentos. Vários deles começam a sentir um efeito colateral estranho e inesperado da fome prolongada, que foi observado diversas vezes por pessoas que jejuam durante uma semana ou mais: quando dormem, seus sonhos e pesadelos são mais longos, vívidos e lúcidos do que o normal. Os sonhos se assemelham mais à vida real, um efeito que muitos devotos do jejum atribuem à purificação do corpo e do cérebro. Privados daquilo que os sustenta, os cérebros levam seus donos a lugares de memória e desejo, dramas mentais produzidos com o material de suas histórias pessoais, com um elenco escolhido entre seus familiares e entes queridos.

Carlos Mamani, o recém-coroado campeão de dominó do Refúgio, percebe que seu subconsciente está envolvido em uma série de viagens. "Eu dormia para não sentir a fome", conta mais tarde. "Então sonhava, e nos meus sonhos eu ia ver meus irmãos. Eu acordava um pouco, voltava a dormir por um longo período e ia ver outro dos meus irmãos." Seus dez irmãos e irmãs estão espalhados pela Bolívia: de seu vilarejo natal, Chojlla, na província de Gualberto Villarroel, até as grandes cidades de La Paz e Cochabamba. Os Mamanis eram todos órfãos e criaram uns aos outros. "A única que eu não vi foi minha irmã mais velha, a que me fez estudar depois que meus pais morreram. Eu fui até a casa deles, uma após a outra. Também fui ver minhas tias e meus primos." Em seus sonhos, caminha no Altiplano, por aquelas estradas de terra, passa por currais de lhamas e cabras, entra em pequenas salas de estar entulhadas de móveis, em grandes cidades ou em seu vilarejo, onde o pico gelado do Illimani, a "Águia Dourada", é visível à distância. Ele cresceu naquela planície, onde o povo cultiva batatas, aveia e as sementes de *cañahua* e quinoa. "Cresci no campo, no interior", conta. "No campo, dizem que quando uma pessoa está prestes a morrer, ela caminha à noite. Nos meus sonhos, eu estava caminhando." Quando acorda, as implicações dos sonhos o entristecem: não está preparado para morrer tão jovem. Lembra-se de seus dias de estudante em Chojlla, um órfão indo para a escola por insistência da irmã mais velha. Era uma longa caminhada de volta para casa. Atravessava o Altiplano, e às vezes só chegava às oito, nove horas da noite. Certas noites, durante essas caminhadas de infância, via a silhueta de uma pessoa em um piscar de olhos, depois a imagem desaparecia. Eram os espíritos daqueles prestes a morrer, pensava, e agora ele próprio é uma dessas pessoas e seu espírito está vagando enquanto sonha. Vê um irmão após o outro em uma corrente de sonhos, mas nunca vê a irmã mais velha, aquela que ajudou a criá-lo depois que a mãe morreu, quando Carlos tinha apenas quatro anos de idade. Lembra-se do dia do funeral da mãe como uma espécie de festa muito longa com comida e crianças correndo de um lado para o outro, mas a memória de crescer com a irmã mais velha o preparando para ir à escola é muito mais forte. Ainda não sonhou nem vai sonhar com a irmã. "Cheguei à conclusão de que se visse minha irmã em um dos meus sonhos, isso significaria que eu estava realmente prestes a morrer." Em vez disso, Carlos tem outro sonho, mais esperançoso. Está de pé sobre um enorme balde de metal — como o que havia em uma mina na qual ele costumava trabalhar —, sendo erguido para a superfície, como um homem subindo em um elevador para o topo, para a luz do sol e a segurança.

Eduardo Hurtado e a equipe da Terraservice, tendo fracassado recentemente em seu último poço, agora perfuram o poço número 10B. Começaram essa perfuração, sua terceira tentativa de alcançar os homens, na terça-

-feira, 17 de agosto, antes do amanhecer. Param de perfurar a cada cem metros, e a topógrafa, Sandra Jara, desce um giroscópio no poço para medir o progresso. Jara, Hurtado e os operadores da perfuratriz consultam uns aos outros e, conforme o poço vai ficando mais fundo, combinam seus conhecimentos coletivos de ciência da topografia e de arte da perfuração para tomar uma decisão crucial: vão perfurar muito lentamente, sacrificando a velocidade a favor da precisão, a apenas 6 RPM por minuto, menos da metade das usuais doze ou quinze. Nelson Flores, um dos dois homens que operam a perfuratriz em turnos de doze horas, entende a necessidade de perfurar lentamente, embora isso vá contra seus instintos. "Você fica entediado, quer fazer com que ela vá mais rápido, quer terminar o trabalho", diz. Quando suas doze horas acabam, ele se junta aos outros homens que atravessam o portão de saída do terreno da mina, e todos recebem uma salva de palmas das famílias acampadas.

Em uma daquelas noites em que as refeições não feitas e as perfurações distantes lhe corroem a alma, Edison Peña lamenta sua morte iminente por vários minutos enquanto tenta dormir. "Estou morrendo, estou morrendo", diz Edison. Mario Sepúlveda tenta dormir ao lado dele e já não aguenta mais ouvir a lamúria do colega. *Chega, Edison*, pensa. Finalmente, o espírito brincalhão de Mario entra em ação. Ele joga a cabeça para a frente e para trás, imitando o moribundo Edison, de boca aberta para produzir o som de um engasgo, um gargarejar, como se estivesse começando a sofrer um ataque final causado pela inanição. Lança-se em um discurso cinematográfico sobre a morte — Mario ama filmes, em especial os com Mel Gibson. "Este é o fim, Edison", geme fraquinho. "Estou morrendo. Estou indo. Diga... a minha... esposa... que..."

Quando Mario, o ator, fecha os olhos e fica em silêncio, Edison senta, se inclina sobre o peito do colega e começa a sacudi-lo desesperadamente.

"Não, Perri, não!", grita Edison. "Não! Não morre!"

Mario abre os olhos e dá um sorriso perverso, uma gargalhada, depois solta algumas expressões chilenas vulgares sobre homens tolos. Mario acha que essa falsa cena de morte é uma das coisas mais engraçadas que já fez. Edison começa a agir como se estivesse por dentro da piada e, um pouco mais tarde, ele e Mario repetem sua esquete de morte, com Edison acrescentando uma nova fala: "Perri, me diz onde você escondeu o dinheiro! Onde está o dinheiro?". Outro mineiro que testemunha essas cenas diz: "No início era para ser uma piada, mas depois de algum tempo começou a parecer real". Seria de se imaginar que homens tão próximos da morte como esses não conseguiriam fazer piadas a respeito dela, mas Mario e Edison são diferentes. Edison oferece a seguinte explicação: "Acho que, às vezes, a única coisa que pode nos fazer rir é aceitar a ideia de que não há saída". Por um curto período após seu primeiro showzinho absurdo, o véu sufocante da morte iminente dentro do Refúgio é erguido pela memória de Mario rindo às custas de Edison. Quem mais faria uma coisa dessas? Quem zombaria do lamento de morte de um homem? O mesmo homem capaz de convocar todos para uma oração ou de dizer a um grupo de homens que estão morrendo de fome que vai comer alguém.

Mais acima, no nível 105, onde dormem os mecânicos, o equilibrado e afável Juan Illanes, o homem com a voz grave de radialista, mantém em alta o moral dos homens à sua volta com suas histórias e exposições sobre uma série de assuntos. Em um dia normal, pode ser um pouco cansativo, mas para os homens presos suas conversas incessantes são uma distração bem-vinda. Illanes sabe que alguns dos homens estão preocupados com seus entes queridos e se perguntando se as esposas e os filhos vão conseguir sobreviver sem a renda de seu trabalho na mina caso nenhuma perfuratriz os alcance. Raúl Bustos, que tem dois filhos pequenos, e Richard Villarroel, cuja esposa espera o primeiro filho do casal, estão especialmente atormentados. Illanes começa a discursar sobre a legislação trabalhista chilena.

"Vamos supor que a gente não saia daqui — hipoteticamente falando, é claro", diz Illanes. "A legislação trabalhista relativa à previdência social e a acidentes é muito específica. Existe um seguro. Não sei exatamente quanto é. Mas é algo em torno de 2 mil UFs. Ou talvez 3 mil."

"É mesmo?"

"Isso tudo?"

Por um momento, os homens esquecem suas dificuldades e começam a fazer as contas de cabeça. A UF é a *Unidad de Fomento*, uma taxa de câmbio ajustada de acordo com a inflação e usada pelo governo chileno para certas transações financeiras; naquele momento, uma UF equivale a pouco mais de 20 mil pesos chilenos, ou em torno de quarenta dólares. Então

Illanes está dizendo aos homens que suas famílias receberão entre 80 mil e 120 mil dólares, quase o equivalente a uma década de salário médio do trabalhador chileno.

"Mas isso não é tudo", continua Illanes. "Sua viúva — hipoteticamente falando, é claro — tem direito a receber seu salário se você morrer em um acidente. É a Lei 16 744." Illanes alega saber o número exato da lei (que, de fato, é o correto). *Dieciséis mil setecientos cuarenta y cuatro.* O som daquele número, assim como os detalhes de suas histórias sobre churrascos e cogumelos exóticos sul-americanos, fazem com que o que está dizendo soe ainda mais real. "De acordo com essa lei, o que você recebe é calculado com base na média dos seus salários durante os últimos três meses. Sua esposa recebe isso até fazer 35 anos. Mas se seus filhos continuarem na escola, se forem para a faculdade, ela recebe até fazer 45. E a essa altura, convenhamos", diz com um sorriso malicioso, "ela provavelmente vai ter encontrado algum outro *viejo* para cuidar dela." Como Illanes sabe todas essas coisas? "Se você ler a lei, ela diz que a empresa tem que informar o funcionário de tudo isso", explica aos homens. "E eu já trabalhei em tantas minas diferentes e ouvi isso ser repetido tantas vezes que acabei decorando as informações."

Ele parece um advogado, esse Illanes, não um mecânico como de fato é, e por um tempo seu resumo confiante da legislação trabalhista chilena deixa os homens à sua volta mais tranquilos. Ficam cientes de que realmente vão poder sustentar as famílias mesmo que nunca saiam da mina.

Quando Illanes finalmente para de falar e é deixado a sós com seus pensamentos, ocupa a mente com pequenas tarefas. Imagina que está na superfície, prestes a retomar sua vida normal, com afazeres domésticos mundanos o esperando. No tipo de jogo mental que manteve o prisioneiro francês Papillon mentalmente saudável durante sua prisão em regime de isolamento na Ilha do Diabo, Illanes se transporta para longe da prisão da mina, para sua própria casa, onde deixou os materiais para uma mesa que estava construindo. Agora, em sua cabeça, monta a mesa e faz outras coisas. "Preciso consertar aquele vazamento no teto. Para isso, vou precisar consertar aquela calha. Vou precisar comprar três rufos e dois metros de condutores. Quanto isso vai me custar?" Faz e refaz os cálculos na cabeça, imagina cada prego, parafuso e ferramenta de que vai precisar. Sobe a escada do lado de fora de sua casa com uma furadeira na mão, volta a descê-la e, quando termina, repete tudo de novo. Quando isso não o satisfaz mais, diz a si mesmo que precisa se lembrar daqueles cantos de igreja de quando fazia parte do coral, aos catorze anos de idade. Illanes canta em sua igreja em Chillán, mas quer se lembrar de uma música antiga que não canta há anos. Só consegue recordar algumas palavras do começo. *"Quiero cantarle una linda canción..."* Como é que continuava? Por três noites, Illanes força a memória em busca do resto da letra. Lentamente, vai se lembrando de algumas partes e isso também é como construir algo. Na quarta noite, consegue cantar toda a música, todas as quatro estrofes, todos os dezesseis versos, incluindo o último, "Somente nele encontrei a felicidade", *Sólo en él encontré la felicidad.* Com a letra completa na cabeça, Illanes se dirige a um dos muitos corredores da mina, sozinho, para um lugar onde ninguém o escutará. Canta a canção em voz alta, como o adolescente que foi um dia, e chora ao fazê-lo, pois percebe agora como foi lindo ser jovem e ser chamado para cantar.

No 14º e 15º dias no subterrâneo, mesmo os homens que se mantiveram mais ocupados e que mais se esforçaram começam a se render à exaustão e à desesperança. Durante duas semanas, Florencio Avalos, o capataz de Luis Urzúa, sobe e desce a mina dirigindo, buscando água, procurando corredores de saída, tentando enviar mensagens ao topo. Também vai ao Refúgio para tentar manter em alta o moral de seu irmão mais novo, Renán, que passa praticamente todo o tempo deitado em sua cama improvisada. Levanta, Renán, pede Florencio, ajuda em alguma coisa, sai daqui, está fedendo demais, diz ele, e às vezes consegue fazer com que o irmão se levante e trabalhe por um tempo. A verdade implícita é que Florencio está preocupado com a possibilidade de o irmão mais novo optar pela saída tradicional dos mineiros em situações de desespero: saltar para a morte em El Rajo. Quando um homem se posta diante desse abismo e o ilumina com a lanterna comum de um capacete de mineiro, não enxerga nada além de escuridão. Cometer suicídio na Fenda é como pular em um buraco negro. Uma queda de apenas três metros pode ser fatal em uma mina, mas na Fenda é possível cair por trinta metros. Alguns dos homens confessarão terem pensado nesse tipo de morte como uma maneira de escapar da inexorável tortura auditiva da montanha, de seus constantes estrondos de rochas caindo.

Por fim, não é o irmão de Florencio, Rénan, mas o próprio Florencio que se sente totalmente derrotado. Florencio, o capataz do turno, é um dos poucos mineiros admirado por todos os colegas — "nosso *capataz* é jovem, mas é uma pessoa extraordinária", dirá Mario Sepúlveda enquanto os homens ainda estão presos lá embaixo, "um homem que está sempre superando obstáculos [*tirando para arriba*] e que tem muitas qualidades". Mas Florencio começa a perder sua luta contra o desespero na noite em que pega no sono em uma cama feita com grandes tubos de borracha e, ao acordar, descobre que uma água corre por suas pernas. Levanta-se e vê que seus pés estão mergulhados na lama que se move sobre as botas em ondas pegajosas. Caminhar é uma labuta, e mesmo quando tenta atravessar a lama dirigindo, as rodas da picape giram e derrapam, recusando-se a subir, intensificando ainda mais a sensação de que é inútil tentar fazer qualquer coisa para resgatar a si mesmo e aos outros.

Florencio acompanha a pé uma equipe que sobe a ladeira no caminhão com cesto aéreo usado pelos mineiros para transportar água, quando finalmente sente que não consegue mais aguentar a futilidade da situação. Decide que não consegue dar e não dará nem mais um passo, e se afasta em direção a um caminhão estacionado sem que os homens à sua frente percebam. Entra na boleia e, quando os membros da equipe de transporte da água se afastam e suas luzes enfraquecem, Avalos é deixado no escuro, pois a pilha de sua lanterna está descarregada. *Hasta aquí llego*, pensa. Chegou ao fim de sua jornada. Florencio se reclina no banco do caminhão, exausto. A bateria do veículo foi removida para levar luz ao Refúgio, e Florencio se colocou deliberadamente em um estado de cegueira e desamparo. Sente-se mais fraco do que nunca. Que a fome me leve daqui, pensa, neste assento estofado, com as janelas fechadas, longe da lama e dos estrondos. Sozinho, totalmente no escuro, rende-se à ideia de que vai pegar no sono e nunca mais vai acordar. Começa a pensar em seus filhos e os imagina crescendo em sua ausência: César Alexis, "Ale", de dezesseis anos, o menino que ele e Mónica tiveram quando adolescentes; e Bayron, de sete anos. Que aparência terão quando forem homens, seus dois filhos? Como vai se desenrolar o passar do tempo em sua ausência, a que altura chegarão, que realizações vão alcançar? Terão suas próprias famílias e casas? É mais fácil imaginar Ale como um homem, pois praticamente já é um, responsável e estudioso. A morte de Florencio nesta montanha ajudará a garantir uma coisa em relação ao futuro de seus filhos: nenhum deles jamais trabalhará em uma mina.

Os outros homens da equipe de transporte da água finalmente percebem a ausência de Florencio. Procuram por ele nos corredores, no Refúgio e no lugar que utilizam como banheiro, mas não o encontram.

Florencio cai em um sono profundo. Quando acorda, não se sente mais tão desesperado. De repente, enxerga uma luz. Senta-se na picape e logo os feixes das lanternas do grupo de busca iluminam seu rosto.

"Você está aí, Florencio."

"Estávamos preocupados com você."

"Achamos que você tivesse se jogado em El Rajo."

Quando chegam ao 16º dia sem notícias, as esposas, namoradas e filhos dos 33 mineiros também começam a se permitir imaginar como seria o futuro se os homens nunca fossem resgatados. Elvira Valdivia, a mulher de Mario Sepúlveda, está hospedada em um hotel em Copiapó, rezando com os filhos ao lado de suas camas todas as noites. Após a mais recente oração, seu filho, Francisco, pergunta: "Você tem certeza de que meu pai ainda está vivo?". O menino tem doze anos, mas faz a pergunta como um adulto, como alguém que precisa de uma resposta honesta.

Tenho, responde a mãe. Mas há, talvez, um traço de dúvida em sua voz, uma impressão de que ela esteja finalmente perdendo as esperanças, pois agora Francisco faz outra pergunta.

"E se ele não estiver?"

Elvira reflete por um momento e responde: "Filho, você precisa estar preparado para tudo, porque se seu pai não estiver vivo é porque Deus quis assim. Talvez a vida dele só tenha chegado até aqui e a gente tenha que aprender a viver sem ele. Quer isso faça sentido ou não, talvez seja assim".

"Poxa, mãe, isso seria ruim", diz o filho. *Pucha, Mami, qué lata sería.* "Mas o que a gente pode fazer?"

A possibilidade da morte de Mario é uma conversa que Elvira não quer e não vai ter com a filha de dezoito anos, que parece estar se segurando por um fio. Scarlette agora toma remédios para dormir e faz à mãe perguntas para as quais não há resposta. "Meu pai tem água, tem luz?" Para a filha, Elvira não expressa a menor dúvida de que Mario está vivo. Mas

Francisco quer saber a verdade, se prepara para um futuro que poderá se desenrolar sem seu herói. Francisco faz isso, é claro, porque o pai o criou para ser um "guerreiro" e para lidar com verdades dolorosas como um homem. Elvira vê agora que Francisco possui a força e determinação do pai, mas também uma calma que Mario não tem. Quando nasceu, Francisco pesava apenas 1,09 quilo e é um verdadeiro milagre um menino tão frágil e pequeno quando a mãe o segurou pela primeira vez ter crescido e se tornado um jovem dotado da força interior necessária para elevar o moral de Elvira e ajudá-la a se preparar para um futuro sem o homem que ama.

Mais ou menos nessa mesma hora, nas profundezas da mina, Mario Sepúlveda ainda é o encarregado de distribuir a "refeição diária" — entre outras coisas, ela não é mais diária e também não é exatamente uma refeição. Café da manhã, almoço e jantar agora são um único evento que ocorre uma vez a cada dois dias. Um biscoito que pode ser dividido ao meio. Ao fim dessas refeições, há uma sobremesa. Um pedaço de pêssego solitário, mais ou menos do tamanho de um polegar, sobreviveu a uma distribuição prévia do conteúdo de uma lata. Esse pedaço de pêssego é precioso e tem de ser dividido em 33 partes. É necessária uma precisão cirúrgica e Mario realiza a divisão lentamente, com vários homens o fitando. "Com licença, Perri", diz um deles. "Mas aquele pedaço ali não está maior do que os outros?" Quando Mario termina, cada mineiro pega uma lasca mais ou menos da espessura de uma unha. Como a maioria dos outros homens, Mario deixa que aquela pontinha de calda e fruta permaneça em sua língua como uma hóstia, tentando mantê-la pelo maior tempo possível — e conseguindo mantê-la ali por um bom tempo —, até que outro mineiro esbarra nele, e faz com que Perri acidentalmente engula seu pedaço e fique com vontade de matar o companheiro de tanta raiva.

No entanto, basicamente, a refeição consiste naquele único biscoito, com aproximadamente quarenta calorias e menos de dois gramas de gordura. Não é suficiente para mantê-los vivos, e Víctor Zamora, o homem que liderou o saque ao armário de comida quinze dias antes, está vendo. "É a coisa mais terrível", conta. "É isso que eu nunca vou esquecer: ver meus *compañeros* morrendo diante dos meus olhos."

A essa altura, as reuniões e sessões de oração diárias evoluíram para sessões de desculpas cada vez mais longas. Desculpa por eu ter levantado a voz, diria um mineiro. Desculpa por eu não ter feito minha parte com a água ontem. Hoje é a vez de Víctor Zamora, com seu rosto redondo que já não está tão redondo e os cabelos encaracolados e desgrenhados, suados e sujos.

"Eu quero dizer algumas palavras ao grupo", começa. "Cometi um erro. Fui uma das pessoas que tiraram a comida da caixa. Me desculpem. Estou arrependido do que fiz." Nem todos sabiam do papel de Víctor no desaparecimento da comida, e só descobrem agora. "Achei que fôssemos ficar presos aqui só por alguns dias", continua. "Não me dei conta do mal que estava causando ao pegar aquela comida. Agora realmente me arrependo do que fiz e peço desculpas." Víctor parecia nervoso e sinceramente arrependido ao fazer esse discurso em uma voz trêmula e baixa, conta Omar Reygadas mais tarde. "Todos percebemos que ele estava realmente se sentindo péssimo pelo que tinha feito."

Depois do pedido de desculpas, é hora de comer. Esse é um dos dias em que vão comer. Mas então Alex Vega dá um passo à frente. "Posso falar?", pergunta. *El Papi Ricky* virou Quadro de Bicicleta ou *Charqui de Mariposa* e agora parece ainda menor, mais frágil e claramente mais necessitado de uma refeição do que a maioria deles.

Mario Sepúlveda se vira para Omar Reygadas e sussurra: "Esse cara vai pedir mais comida. O que a gente faz?".

"Eu divido um pouco do meu biscoito com ele e você divide mais um pouquinho do seu", diz Omar. "A gente pergunta se mais alguém quer ajudar..."

Mas Alex não pede mais comida. "Isto ainda vai durar algum tempo", começa. Uma perfuratriz acaba de passar direto por eles e é possível que a próxima que escutam se aproximar também erre o alvo. "Só tem um pouco de comida sobrando e eu acho que hoje não deveríamos comer. Não vamos comer. Vamos deixar para amanhã, assim duramos um dia a mais."

Alguns resmungam e sacodem a cabeça: não, não querem pular a refeição. Vamos comer! Eu quero comer! Mas no final, acabam não comendo. Três dias sem nada além de água. Vários deles ficam profundamente comovidos com o ato de nobreza de Alex Vega, com sua disposição em se sacrificar, o mais esquelético entre eles colocando o grupo e a saúde coletiva acima de sua clara necessidade pessoal.

Após terem ouvido o som daquela última perfuratriz se afastar, muitos começam a escrever cartas de adeus, seguindo o exemplo de Víctor Segovia. Como ele, escrevem com a esperança de que alguma equipe de resgate um dia encontre suas mensagens. Da próxima vez que dormirem, parece ser possível que não voltem a acordar ou que logo não tenham mais forças para escrever. Alguns precisam de ajuda para se levantar e caminhar até o banheiro improvisado, apoiando-se uns nos outros para subir e descer a ladeira da Rampa até a pilha de pedras onde enterram as pelotas de lhama que saem de seus corpos ou até o fétido banheiro químico que fica ali perto. Alguém sugere que reconectem as mangueiras que levam até os tanques de água, pois em alguns dias vão estar fracos demais para subir e encher os barris de água que carregam para o Refúgio. A sensação de que o fim está próximo contagia e, conforme a escrita de cartas de despedida se espalha, Carlos Mamani observa e escuta os chilenos emotivos à sua volta perguntarem uns aos outros: "Já terminou? Me empresta esse lápis. Preciso de papel". Alguns choram ao escrever e, ao ouvi-los, Mamani sente pena, pois um mineiro chorar assim na frente de todos os colegas é sinal de que está realmente destruído. Como muitos dos mais jovens no Refúgio e suas proximidades, Mamani tem a impressão de que os mais velhos estão especialmente propensos, neste momento, a desistir. "Ouvi as pessoas dizerem mais tarde que os caras mais velhos eram pilares de força lá embaixo, mas isso é mentira", lembra Mamani mais tarde. Jorge Galleguillos está com um pé inchado. Os pulmões de Mario Gómez mal estão aguentando. "O único dos mais velhos que sempre se manteve forte foi Omar Reygadas. Ele sempre dizia: 'Não se preocupem, eles estão vindo. Eles estão vindo nos buscar'. Mas a maioria dos mais velhos começou a enlouquecer." Víctor Segovia vem escrevendo sobre sua mortalidade há dias, e, agora que a maioria dos companheiros faz a mesma coisa, finalmente se permite expor em voz alta alguns dos pensamentos mais sombrios que registra no papel.

"Vamos todos morrer!"

"Cala a boca, seu velho! *¡Concha de tu madre!*"

Carlos Mamani resiste à tentação de começar a escrever sua despedida aos entes queridos. Ainda não sonhou com a irmã mais velha e, até que isso aconteça, não vai acreditar que chegou sua hora de morrer. "Eu não quis escrever minha carta... Se começasse, seria porque já estava prestes a morrer." Mamani se sente fraco, mas ainda não está agonizando. Além disso, mesmo que quisesse escrever, não tem uma lanterna para enxergar, pois deixou a sua no vestiário.

Mario Sepúlveda ainda está forte e alerta o suficiente para ver quão degradados estão ficando os homens no Refúgio. Identifica como especialmente imóvel e patética a aparência do frágil Claudio Yáñez. Ele é um homem pequeno, com feições angulares. Suas bochechas estão chupadas, e destacam um olhar assombrado, distante. Mario consegue fazer com que os homens se sentem ao ouvir o som de sua voz, mas Claudio continua deitado.

"Ei, *concha de tu madre*, levanta! Você precisa se levantar, porque se ficar aí largado no chão vai acabar morrendo e vamos te comer. Vamos te comer por ser preguiçoso." Quando pronunciadas por um homem que não come há três dias, as palavras *vamos te comer* carregam um significado que não teriam em outra situação. "Então é melhor você se levantar, porque senão vamos te chutar até você levantar." Assustado, Claudio tenta se pôr de pé e, quando finalmente consegue, todos à sua volta veem como está magro e fraco. Ele se levanta devagar, os joelhos tortos e as pernas curvadas. "Era como assistir a um potro tentando andar logo depois de nascer", conta mais tarde Omar Reygadas. No fim, o "potro" endireita as pernas e dá um passo.

Os homens mais jovens como Claudio também estão em má forma e perderam em torno de treze quilos. Quando Alex Vega se levanta para ir ao banheiro, sua visão fica turva e, por alguns segundos, ele fica cego, os primeiros sinais de um efeito colateral comum da fome, causado pela deficiência de vitamina A. Muitos dos mais velhos e corpulentos ainda têm camadas de gordura ao redor da cintura: é a parte superior de seus corpos que mais perdeu massa, dando-lhes uma aparência infantil ao caminharem de um lado para o outro sem camisa. Percebem agora que o volume do peitoral não era composto de músculo afinal, apenas das camadas de gordura dos bem alimentados. Mas são seus rostos e expressões que sofreram as mudanças mais dramáticas. Os olhos de Yonni Barrios recolheram-se para dentro do crânio e suas antes sedutoras íris castanhas estão fixas no olhar triste de um homem que sofre de algo semelhante a um estado de choque. O mineiro veterano e ex-delator Jorge Galleguillos abre a boca para falar e parece estar mastigando as palavras ao fazê-lo. Para manter o enfraquecido Jorge e suas pernas inchadas longe do chão lamacento, os outros mineiros lhe construíram uma cama com uma paleta de madeira, e ele permanece deitado por horas a fio, fitando o teto. Jorge está ficando cinza; todos estão ficando assim. Seus rostos e braços perderam o bronze e a cor de canela do sol sul-americano. Em vez disso, têm cor de cogumelo, de um cinza aguado.

Os homens-cogumelo evitam os olhares uns dos outros, como se estivessem envergonhados de sua aparência, embora não o façam por vaidade. É como se sentem por dentro: pequenos, destruídos, como um cachorro que foi chutado ou um menino que já sofreu tantos insultos que chega a acreditar que aquela humilhação é tudo o que merece.

Em sua 17ª noite no subterrâneo, os homens ouvem outra perfuratriz se aproximar. O rá-tá-tá-tá-tá, rac-rac-rac fica mais alto, e traz consigo a promessa de libertação ou mais uma decepção.

Víctor Segovia não se permite acreditar que a perfuratriz chegará a eles. Em vez disso, pergunta a Mario Sepúlveda: "Como você acha que é morrer?".

Mario diz que é como pegar no sono. Tranquilo. Você fecha os olhos e descansa. Todas as suas preocupações acabam.

Mais acima, no nível 105, o som da perfuração fica mais próximo quando Raúl Bustos está pegando no sono, e faz com que ele tenha um sonho estranho e esperançoso. Tem pensado em seus filhos e especialmente na filha de seis anos, María Paz. É uma garotinha inteligente e competitiva que sempre vence corridas e tenta melhorar suas notas em provas. No sonho, ela está operando a perfuratriz que tenta alcançá-lo. "Ela sempre quer vencer, tem uma personalidade forte", diz Raúl. Ele lhe pede: "Por favor, María Paz, vem me buscar. Você consegue". Ela responde: "Eu vou vencer, Papá, vou tirar você daí". María Paz não gosta de perder e, em seu sonho, Raúl tem esperanças de que a filha, uma operadora de seis anos de idade, o alcance e lhe salve a vida.

Dormindo ali por perto, Alex Vega sonha que está escalando a mina. Espreme-se pela parede de pedra que bloqueia a Rampa, entra na caverna da Fenda e começa a rastejar e subir se agarrando aos pedregulhos, indo cada vez mais alto, até chegar à abertura onde fica a velha construção que abrigava o guincho. Sai para a superfície e vê toda uma cidade de profissionais de resgate e perfuradores tentando alcançar os homens. "Nós estamos vivos, estamos lá embaixo", ele lhes diz. "Eu posso mostrar o caminho para vocês."

A equipe da Terraservice está se aproximando. Na manhã de 21 de agosto, em sua terceira tentativa de chegar aos mineiros, já conseguiram perfurar a 540 metros de profundidade: sua meta é uma galeria próxima ao Refúgio ou o próprio Refúgio, 694 metros abaixo de seus pés. Nelson Flores é o operador do turno diurno, o que envolve ficar de pé em uma plataforma em forma de grelha presa ao caminhão Schramm T685, monitorando dois indicadores que medem o ângulo do torque da perfuratriz e a pressão do ar que o caminhão envia à broca e ao martelo lá embaixo. O diorito é bom para perfuração, pensa Flores, não tem rachaduras, é uniforme e liso como gelatina. A cada seis metros, param para adicionar mais um tubo de aço ao poço, depois começam a perfurar novamente. Flores toca a tubulação com a mão e puxa uma alavanca, aumentando a pressão até sentir o martelo entrar em operação. Conforme a perfuratriz desce, a vibração do martelo transmitida à superfície por meio da tubulação de aço fica mais fraca e, a certa altura, Flores precisa fechar os olhos e se concentrar para sentir o funcionamento da máquina. Perfura até o pôr do sol, então vai para casa, passando pela entrada do acampamento, onde ele e os outros perfuradores que acabam de terminar seus turnos ouvem mais uma salva de palmas dos parentes das vítimas.

María Segovia ainda está em sua barraca, a mais próxima do portão, com sua família e a família Vega ao lado, todos prestes a começar uma noite de nervosismo e expectativa. Golborne e Sougarret informaram os parentes dos mineiros na reunião diária de que uma das perfuratrizes está chegando perto e há chances de que rompa a rocha na manhã seguinte. Jessica Vega normalmente vai dormir um pouco após a meia-noite, mas hoje vai ficar acordada até tarde, com um grupo de parentes que inclui a irmã mais nova de Alex, Priscilla, e seu namorado, Roberto Ramírez, ambos com pouco menos de trinta anos. Os dois são cantores e Roberto tem uma banda de mariachi (a música mexicana é popular no norte do Chile) e costeletas para combinar. Trouxe seu violão para animar as coisas e, quem sabe, para comemorar, pois talvez esta seja a última noite que passam sem ter notícias de Alex. Roberto já consegue sentir que é "uma noite especial, uma noite mágica". Seu ânimo melhorou, inesperadamente, com o que viu ao dirigir até a mina. Uma chuva atravessara a área alguns dias antes, despejando uma água leve e rara sobre o deserto mais seco da Terra. A precipitação anual média em Copiapó é muito baixa, mas este é um ano de El Niño, e uma chuva bastante precoce (as primeiras chuvas no Atacama só costumam chegar em setembro) umedeceu brevemente a terra nos arredores e produziu o que é conhecido no Chile como o *desierto florido*. Roberto viu a paisagem rochosa e arenosa de montanhas cor de cáqui e cobre subitamente coberta por campos de brincos-de-princesa, de flores brancas em formato de estrelas e ipês-de-jardim amarelos balançando com a brisa. É uma imagem muito bonita, capaz de fazer um homem querer cantar.

A noite cai no acampamento, a brisa do deserto sopra sobre a fogueira que a família Vega acendeu perto de suas barracas, e Roberto começa a tocar o violão. A família Segovia nas barracas vizinhas está excepcionalmente silenciosa, por isso Ramírez e a família Vega sentem a necessidade de preencher o silêncio fazendo uma "algazarra". Por volta de duas ou três da manhã — eles já estão cantando há uma hora ou duas —, Roberto diz a Jessica que escreveu uma canção em homenagem a Alex, e tira da carteira um pedaço de papel com a letra. Como muitas músicas populares latino-americanas, a canção conta uma história verdadeira — nesse caso a história do que a família Vega e as outras vivem — e começa em um ritmo lento, triste, descrevendo a atmosfera pesarosa nos bairros de Copiapó onde vivem muitos dos mineiros.

Cuando camino por las calles de mi barrio
no veo el rostro feliz en los familiares.
En Balmaceda y Arturo Prat
sin ti no existe un mundo mejor.

Quando caminho pelas ruas do meu bairro
não vejo a felicidade nos rostos dos familiares.
Em Balmaceda e Arturo Prat
sem você não existe um mundo melhor.

Em seguida, a canção descreve o desabamento e a tentativa de José Vega de entrar na mina para chegar até o filho.

Se desintegran las rocas del cerro
Los mineros pronto saldrán
La chimenea está colapsada
Pero tu padre pronto te sacará.

As rochas da montanha se desintegram
Os mineiros logo sairão
A chaminé desabou
Mas seu pai logo o tirará.

O refrão introduz o apelido pelo qual Alex é conhecido em família — "El Pato", um nome que lhe foi dado quando era menino — e acelera para o ritmo mais animado de uma canção de protesto. É o tipo de coro que se esperaria ouvir com milhares de pessoas em marcha pelas ruas de uma cidade chilena.

Y El Pato volverá!
Y va volver!
Los mineros libertad
Y va volver!
En el campo o en el mar
Y va volver!
Y también en la ciudad
Y va volver!

E El Pato voltará!
E ele voltará!
Liberdade para os mineiros
E ele voltará!
No campo e no mar
E ele voltará!
E também na cidade
E ele voltará!

A música pede a Alex que volte para a casa que estava construindo com a esposa, para aquela pequena propriedade em uma ladeira onde marido e mulher passavam fins de semana construindo, juntos, um muro de concreto.

Pato vuelve a casa
Tu esposa y tu familia te esperan
vuelve ya.

Y El Pato volverá,
Y va volver!

Pato, volte para casa
Sua esposa e sua família o esperam
Volte logo.

E El Pato voltará,
E ele voltará!

Os Vega e Roberto Ramírez cantam a música diversas vezes, até tarde da noite. Finalmente, decidem dormir, pois a informação do governo é de que os perfuradores só devem chegar ao nível onde estão os mineiros mais para o fim da manhã.

Enquanto a família Vega canta nas primeiras horas da manhã do dia 22 de agosto, Mario Sepúlveda, derrotado por vários dias de insônia e agitação, cai no sono mais profundo de que consegue se lembrar. Toda a tensão em seu corpo e sua mente se dissipa. Na vividez surreal de um sonho induzido pela fome, é transportado para o lugar onde todo o seu desejo, sua mágoa e seu amor pela vida nasceram. Está em Parral, dormindo no chão, e quando ergue a cabeça vê a avó Bristela e o avô Domingo, "todos bem-vestidos, lindos e elegantes". Os dois morreram há muitos anos e, nesse sonho, Mario sente a alegria de um homem testemunhando uma ressurreição. Eram seus *viejos*, as pessoas que mais cuidaram dele quando era um garotinho sem mãe. A avó trouxe uma cesta cheia de comida. *Porotitos con locro*: ensopado de feijão com milho e carne no osso. “Levanta daí, *hombre*”, diz o avô com a voz forte de um velho do campo. “Você não vai morrer aqui.” *Vos no vas a morir aquí.*

Nelson Flores, o operador da perfuratriz, está em casa há apenas duas horas quando recebe uma ligação para que volte ao trabalho. O perfurador do turno da noite teve uma tragédia na família — a avó morreu. Então Nelson volta para a mina San José e para o poço número 10B. Trabalha a noite toda, com o som da perfuratriz abafando a cantoria da família Vega mais abaixo. Logo após as cinco da manhã, quando o sol do inverno começa a colorir o horizonte de índigo, a perfuratriz avança apenas entre seis e oito metros por hora. Ele para e permite que a equipe acrescente mais um tubo de seis metros de comprimento ao poço. Está ligado a 113 outros tubos abaixo dele, e o poço 10B agora chegou a 684 metros, a aproximadamente dez metros de onde esperam encontrar a abertura. Quando terminam, Flores fecha os olhos ao erguer a alavanca que aumenta a pressão do ar no martelo. Os 114 tubos interligados começam a girar, movendo a broca no fundo do poço e sua ponta de carboneto de tungstênio. O carboneto de tungstênio é mais duro do que o diorito granítico, e na batalha da fricção entre os dois, o primeiro vence, triturando o diorito e transformando-o em um pó que é lançado pela pressão do ar a uma distância de mais de 670 metros até a superfície, produzindo uma nuvem de poeira cor de chumbo que os perfuradores chamam de “ciclone”. Com essa coluna de poeira sendo lançada por sua chaminé, a Schramm T685 parece uma espécie de trem movido a pedra, e o chefe de Flores, o supervisor de perfuração Eduardo Hurtado, sentado ali perto em uma picape, assiste à silhueta do ciclone subir ao céu de maneira contínua, um sinal de que a perfuratriz sob seus pés avança como deve.

Em algum momento após as cinco horas, Mario Sepúlveda acorda por ordem de seu avô morto e o sentimento agradável, quase eufórico, de um sonho transformado em realidade permanece com ele durante os minutos que se seguem, enquanto absorve o som de trituração e marteladas da perfuratriz que se tornou incrivelmente alto.

Richard Villarroel, o futuro papai, tenta dormir. Está aproximadamente 45 metros acima de Mario, no banco do carona de uma picape, no nível 105. O som da perfuratriz é muito alto, é verdade, mas não há nenhuma maneira de dizer ao certo se ela está de fato tão próxima de alcançá-los quanto Richard espera. Recita o Pai-Nosso e a Ave-Maria sem parar, por cerca de cem vezes, junto com diversos apelos a Jesus. Quando o barulho para brevemente às cinco horas, Richard diz: "*Papito* [paizinho], ajude aquele operador a mudar as barras [que abrigam a perfuratriz] e guie-o até nós, por favor...". Ainda não consegue dormir, então desce até o Refúgio, onde outros insones jogam dominó com as peças feitas por Luis Urzúa. Richard começa uma partida contra José Ojeda, um homem calvo e baixo, veterano na mina. Depois de algum tempo, o som da perfuração começa a ficar ainda mais alto.

"Já, já vai atravessar a parede", diz José em tom de certeza.

Por volta das seis da manhã, vários dos homens ao redor do operador da perfuratriz, Nelson Flores, pegaram no sono. Ninguém espera que a ruptura ocorra tão cedo, só dali a muitas horas. Flores percebe algo estranho: o último tubo de aço que gira os 114 tubos abaixo de si começa a emperrar ao rodar. A broca tritura algo com uma textura diferente. De repente, a nuvem de poeira para de sair pela chaminé da Schramm e o indicador do manômetro cai para zero. De maneira instintiva e imediata, Flores abaixa uma alavanca que coloca o motor da perfuratriz em ponto morto e deixa de injetar ar no poço. Ao fazê-lo, a perfuratriz para, e o silêncio é preenchido, quase de imediato, pelo som do chefe e dos colegas correndo em sua direção.

Bem mais abaixo, 688 metros sob os pés de Flores, há uma pequena explosão no túnel próximo ao Refúgio — *bum!* —, seguida pelo som de pedras caindo no chão. O barulho de metal triturando a rocha que vinha preenchendo o ouvido dos homens para e, em seu lugar, há um assobio de escapamento de ar. Richard Villarroel e José Ojeda levantam-se em um salto e correm em direção ao barulho, o primeiro levando consigo sua chave inglesa de 48 milímetros. São os primeiros a chegar ao local. Um pedaço de tubulação se projeta para fora da pedra, no ponto onde a parede e o teto se encontram, e Richard observa a broca dentro da tubulação descer e subir repetidamente. Lá em cima, na superfície, Nelson Flores percebe que entrou em um espaço vazio e está "limpando" o poço. A broca encosta então no chão da mina e permanece ali. Richard pega a chave inglesa e começa a bater no pedaço exposto da tubulação.

Faz dias que Richard espera usar a chave inglesa, que tem sessenta centímetros e é a maior ferramenta em cromo-vanádio que possui. O mineiro a golpeia agora contra o pedaço de tubo exposto com um misto de alegria e desespero, um tinido repetitivo que tem como objetivo anunciar uma presença humana ao operador da perfuratriz: *Estamos aqui! Estamos aqui!* Enquanto golpeia o cano, Richard é tomado pela ideia de que verá seu primeiro filho nascer, de que suas preces foram atendidas por essa broca e pelos homens que a enviaram até ali. Golpeia sem parar até que seu chefe, Juan Carlos Aguilar, se aproxima e lhe diz que pare, pois precisam pensar como mineiros e reforçar o teto do túnel por onde a perfuratriz saiu para impedir que sejam esmagados por um pedaço de pedra solto.

Logo, os 33 homens estão reunidos ao redor do cano e da broca, objetos que surgiram em seu mundo sombrio com a promessa de erguê-los de volta para o mundo da luz. Com seus círculos paralelos de dentes de carboneto de tungstênio do tamanho de pérolas, a broca parece uma escultura assíria, uma espécie de aparição alienígena, e os homens a fitam com admiração e alegria, se abraçando e chorando. Para Carlos Mamani, que cai de joelhos diante da broca, "parecia que uma mão tinha atravessado a pedra com um soco e se estendido para nós".

José Henríquez, o operador do jumbo que no subterrâneo se transformou em um profeta descamisado e faminto, olha para a broca e pronuncia o óbvio para quem quiser ouvir:

"*Dios existe*", diz. Deus existe.

PARTE II

VENDO O DIABO

10

A VELOCIDADE DO SOM

Durante os primeiros minutos após o surgimento da perfuratriz 10B, os homens ficam golpeando a tubulação. Revezam-se, batendo não só com a chave inglesa de cromo de Richard Villarroel, mas também com pedras soltas e com um martelo, sem prestar muita atenção àqueles que os advertiam de que a rocha afrouxada pela perfuração poderia cair sobre suas cabeças. “Éramos como garotinhos batendo em uma piñata”, recorda Omar Reygadas. *Como cabros chicos pegándole a una piñata.* Os garotinhos descamisados com capacetes amarelos, azuis e vermelhos continuam batendo, até que um dos mineiros se aproxima dirigindo uma empilhadeira, erguendo Yonni Barrios e Carlos Barrios em um cesto para executar a tarefa crucial de reforçar o local com barras de aço. Estão frenéticos, gritam instruções uns para os outros: acima de tudo, precisam acabar com qualquer dúvida que as pessoas na superfície possam ter de que ainda estão vivos. Fazer um som, deixar uma marca, prender um bilhete. Alguém sugere que parem de bater no cano para ver se alguém responde, então Yonni encosta o ouvido na tubulação e diz que sim, que consegue ouvi-los batendo de volta. Um mineiro joga uma lata de spray vermelho para Yonni, que tenta deixar uma marca na tubulação, mas o aço está coberto por uma corrente de água lamacenta vinda de cima que insiste em apagar a tinta. “Precisávamos secar a barra, mas não tínhamos nada seco que pudéssemos usar para limpá-la.” Finalmente, uma parte da tinta parece aderir ao metal. Os homens amarram os bilhetes e as cartas que prepararam, mais de dez no total, embrulhando-os em pedaços de plástico, de fita isolante e tubos de borracha para protegê-los da umidade que desce pelo buraco, preocupados que um pedaço de papel possa não sobreviver à longa jornada pela lama. E continuam batendo no cano.

Nelson Flores, o operador da perfuratriz, sente a vibração no aço antes de ouvi-la. A princípio, se pergunta se não é apenas o peso das 115 barras de aço — 22 toneladas no total — se assentando e batendo umas contra as outras no poço. Encostando o ouvido na barra mais alta do poço, ouve uma batida rápida e frenética, mas que depois se torna mais lenta, "como se os *viejos* lá embaixo estivessem ficando cansados". Conforme o pedido para que todas as outras perfuratrizes na montanha sejam desligadas se espalha, vários outros homens ouvem os sons vindo do tubo de aço. "São eles!" A equipe de perfuradores age com rapidez e cautela para acrescentar mais uma barra de aço ao poço, para que possam medir a profundidade da cavidade, abaixando o conjunto de tubos até que encoste em algo e pare. Quando terminam, Flores observa a tubulação se mover quatro metros antes de parar, exatamente a altura da passagem que tentavam alcançar. Voltando a escutar o som vindo do poço, percebem que está mudando de ritmo: as batidas começam a se assemelhar a uma mensagem em código Morse ou a uma música, misturando pausas curtas e longas. "Àquela altura, não tínhamos mais dúvidas", afirma Eduardo Hurtado, o supervisor da perfuração. "Tinha alguém vivo lá embaixo."

São feitas ligações a diversos representantes do governo chileno. Sougarret, o engenheiro encarregado do resgate, está cético. Emite uma ordem à equipe de perfuração que será imediatamente desobedecida: "Eu disse a eles que não contassem nada a ninguém, porque me lembrei do que tinha acontecido da última vez que acreditamos ter rompido a rocha. Eu não queria causar outra crise com as famílias". Golborne também está cauteloso, e como ainda não são nem seis horas da manhã e o presidente Piñera está em Santiago, provavelmente dormindo, o ministro envia a seu comandante-chefe uma mensagem de texto: "*Rompimos*". Rompemos a rocha. Oficialmente, não é para haver nenhum comunicado às famílias nem a mais ninguém, mas após tantos dias de frustração, os perfuradores não conseguem se conter e a notícia começa a se espalhar entre as dezenas de membros das equipes de resgate e de suporte reunidos dentro da propriedade da mina. Pablo Ramírez, o amigo de Florencio Avalos e primeiro homem a entrar na mina junto com Carlos Pinilla, em busca dos homens presos, ouve a notícia e corre para o local onde se encontra a perfuratriz 10B. A essa altura, muitos dos membros da equipe de resgate já conhecem Ramírez, que foi consultado diversas vezes devido a seu conhecimento da mina. Além disso, sabem que ele possui muitos amigos enterrados lá embaixo, e deixam que ele escute quando chega à perfuratriz. O som vindo da terra está mais alto: é clara e inegavelmente identificável como humano, mesmo após viajar 670 metros de aço. Os mineiros presos estão tão longe que, se estivessem apenas gritando dentro do poço, levaria mais de dois segundos para que o som de suas vozes viajasse pelo ar até chegar ao topo. Mas o som se move através do metal vinte vezes mais rápido, e Ramírez consegue ouvir após uma fração de segundos cada vez que seus amigos lá embaixo golpeiam a broca.

Agora há sinal de celular na propriedade da mina, graças aos esforços do governo chileno, e Ramírez liga para a primeira pessoa a quem deseja dar a notícia: o filho adolescente de Florencio Avalos, Ale. É domingo de manhã e, portanto, Ale não está correndo entre a mina e a escola.

"Ale, seu pai está a salvo", diz Ramírez. "Não se preocupe. Eles estão todos vivos. Escuta." Ramírez encosta o telefone na tubulação de aço.

Em casa, em Copiapó, Ale ouve o som vindo do local onde o pai está enterrado vivo.

"Era como um sino", lembra Ale. "Como um sino que você ouve na escola."

Ale liga para o Campo Esperanza, onde a mãe dorme na barraca, uma hora depois de pegar no sono.

"Mamá, o tio Pablo disse que eles estão todos vivos."

Mónica dá graças a Deus, e "apenas a Deus", e há um tom desafiador na maneira como diz isso, pois percebe nesse momento como tem estado solitária desde a noite de 5 de agosto. "Era como se meu coração tivesse se aberto outra vez." Florencio está vivo e sua vida vai recomeçar. Após dezessete dias comendo muito pouco, quase esquecendo os próprios filhos, dormindo mal, passando fome e sofrendo de crises de sonambulismo, Mónica enfim voltará a cozinhar e a comer regularmente. Ao sair de sua barraca, vê os sogros, acampados ali perto. Quer lhes contar a boa notícia, mas antes que possa abrir a boca fica claro que eles já sabem. Enquanto ela dormia, alguns membros da equipe de resgate vieram correndo do local da perfuração gritando: "Encontramos!". Essas palavras chegaram aos ouvidos dos pais de Florencio, que não a acordaram para lhe contar a novidade. Desde que o filho Florencio ficou preso, mantêm distância da nora; observaram Mónica desmoronar e não quiseram, ou não puderam, ajudá-la. Parecem irritados com ela, e talvez isso tenha algo a ver com o medo de que o filho, dotado de inegável talento e inteligência, tenha se matado trabalhando em uma mina para sustentar a família que ele e a namorada grávida começaram quando tinham apenas quinze anos. Mónica está confusa e magoada. O momento de alegria se mistura com essa nova e inesperada mágoa de família.

Por um momento, Mónica e os sogros trocam olhares desconfortáveis.

"*No importa*", ela diz.

Em Copiapó, por todo o Campo Esperanza e na mina abaixo dele, desde 5 de agosto o drama e os anseios ligados ao destino dos 33 homens se misturam às complicações da vida familiar cotidiana. Essa manhã esperançosa de 22 de agosto não é diferente. Susana Valenzuela compartilha a notícia com Marta, a esposa de seu namorado Yonni, e em outras famílias irmãos e primos que passaram anos se evitando são unidos novamente pela possibilidade súbita e maravilhosa de que o homem cujo amor estão todos buscando, por cuja vida estão rezando, talvez esteja vivo. Não é fácil ser esposa, namorada, filho, filha ou ex-mulher de mineiro. Antes do acidente, os filhos adultos do casamento anterior de Darío Segovia nunca haviam falado com Jessica, seu amor atual e mãe de sua filha bebê. Com Darío preso debaixo da terra, Jessica se encontrou pela primeira vez com dois desses filhos adultos e, há dezessete dias, as duas metades até então separadas da família de Darío estão unidas à força pela preocupação e pela possibilidade de perda iminente e permanente. Mas os antigos ressentimentos não desapareceram. "Eu nunca me casei com o pai deles. E às vezes acho que eles não queriam que eu estivesse aqui no acampamento", diz Jessica, referindo-se aos filhos adultos de Darío. Seu amor por Darío era tão real quanto a casa que compartilhavam, tão real quanto aquele último, longo abraço que ele lhe deu antes de ir trabalhar, e talvez os filhos mais velhos de Darío tenham visto esse amor na maneira como Jessica aguarda com a filha no acampamento. Ou talvez pensem que ela é "só mais uma mulher" na "lista" de conquistas de Darío, como diz Jessica. Por um breve momento de felicidade, nada daquilo tem importância, mas logo em seguida volta a ter. Os 33 homens estão vivos — ainda não foi confirmado, mas é o que muitos no Campo Esperanza já acreditam — e voltarão do turno que começaram dezessete dias antes. E tudo em suas vidas na superfície continuará sendo tão complicado quanto antes.

Mónica Avalos começa a caminhar pelo acampamento, entre os irmãos, as esposas, os primos e os filhos dos mineiros, que se abraçam. Ouvem-se muitas orações, e este será um dia de devoção e agradecimento no acampamento a que alguns se referiram como uma "Jerusalém". Certa vez, Mónica caminhou pela superfície seca e poeirenta da montanha em seu sono. Embora estejam cheios de lágrimas, seus olhos estão abertos e ela está plenamente acordada, alerta e presente pela primeira vez em dezessete dias, observando o acampamento, com esposas, namoradas, irmãos e filhos conversando, sua respiração visível no ar do dia que acaba de clarear.

A broca e seus dentes de carboneto de tungstênio passam quatro horas no chão do corredor acima do Refúgio antes de começar a voltar para dentro do túnel por onde veio. A uma distância segura, os 33 homens observam-na desaparecer no buraco, carregando suas mensagens: algumas cartas pessoais, informações sobre onde, exatamente, a perfuratriz rompeu a rocha e um bilhete bastante conciso preparado por José Ojeda, que resumiu as informações mais cruciais (quantos deles estão vivos, sua condição física e sua localização) em apenas sete palavras, escritas em grandes letras vermelhas. Ojeda prendeu o bilhete atrás do martelo, pois um dos mineiros disse que aquele seria o local mais seguro. Os homens se juntam para comemorar, e Mario Sepúlveda convoca os retardatários para a reunião perto do Refúgio: "Florencio, Illanes, venham aqui!". Começam a cantar: "*¡Chi-chi-chi, le-le-le, mineros de Chile!*". José "o Pastor" Henríquez ligou a câmera do celular para gravar o momento. Mais da metade deles está apenas de cuecas, em razão do calor, e parecem um grupo de moradores de rua que decidiu montar uma cena do romance *Senhor das Moscas*, sobre meninos presos em uma ilha. Riem e comemoram, passando de mão em mão uma garrafa plástica cheia de água suja como se fosse champanhe. A assombrada aparência de campo de concentração que cobria seus rostos apenas algumas horas antes desapareceu. Mario Sepúlveda joga as mãos para o alto, fazendo o gesto agressivo e suplicante que os homens chilenos fazem em partidas de futebol. Alex Vega põe o braço nos ombros do colega, e logo todo o grupo entoa o hino nacional. Quando começam a cantar, praticamente gritam a letra, em especial os primeiros versos, que descrevem o Chile como uma "cópia feliz do Éden", mas quando chegam à terceira repetição do último verso, sobre "o refúgio contra a opressão", suas vozes mal-alimentadas já estão enfraquecidas, e a música vai perdendo força, até parar.

Quando o ministro Golborne chega à mina, se dirige ao Campo Esperanza antes de ir até o local da perfuração. Informa oficialmente as famílias da notícia que já conhecem: conseguiram romper a rocha e ouvem barulhos vindos lá de baixo. Conversa com María Segovia e os outros e lhes promete que, assim que a equipe de resgate confirmar que os mineiros estão de fato vivos, os parentes serão os primeiros a saber. Golborne, parece ser o consenso geral, se esforçara para conquistar a confiança dos familiares das vítimas; alguns dias antes, ganhara um capacete de mineiro assinado pelas famílias, que logo se tornaria a lembrança mais preciosa de seus dias movimentados. *Vamos, Ministro, déle con fuerza. Confiamos en Usted*, lê-se no capacete. Vai, ministro, dê o melhor de si. Nós confiamos no senhor. O ministro se dirige então para a perfuratriz 10B, onde Hurtado e sua equipe lhe entregam um estetoscópio para que escute. O que o ministro ouve certamente soa como homens batendo na tubulação do túnel, mas ao ligar para o presidente mantém-se cauteloso. "Não dá para ter certeza absoluta. Pode ser o poder da sugestão."

O presidente está em Santiago e também conversa por telefone com Cristián Barra, seu "gerenciador de crises" no Ministério do Interior. "Será que devo ir para a mina?", pergunta o chefe de Estado. Barra diz ao presidente que fique em Santiago, porque é possível que apenas alguns dos homens estejam vivos e que o governo tenha de fazer um anúncio lúgubre sobre o número de mortos. Mas era apenas uma pergunta retórica, pois o presidente já está no carro, a caminho do aeroporto para pegar o voo de quatro horas até Copiapó.

Enquanto o presidente segue rumo ao norte, a equipe de perfuração ergue lentamente a perfuratriz e remove do túnel os 115 tubos de aço de 118 quilos, um de cada vez, um processo que leva o resto da manhã e parte da tarde. O presidente Piñera ainda está a caminho quando a equipe da Terraservice se prepara para remover o último dos tubos de aço de dentro do túnel, juntamente com o martelo e a broca presos a ele. Somente alguns trabalhadores e representantes do governo têm permissão para estar no local, embora dezenas de outras pessoas estejam rodeando a área, do outro lado do cordão de isolamento colocado por Barra em torno do túnel. Barra deu ordens para que ninguém deixasse a área, a fim de evitar que alguma má notícia se espalhasse antes que o governo pudesse fazer um anúncio oficial para as centenas de pessoas reunidas no acampamento. A essa altura, já é uma tarde clara, ensolarada e fresca no inverno sul-americano, e Golborne e os outros representantes do governo chileno usam óculos escuros e jaquetas vermelhas oficiais. Finalmente, o último tubo emerge do túnel, coberto de lama. Os perfuradores jogam água e limpam a sujeira, revelando uma nítida marca vermelha no metal: os mineiros pintaram vários metros do tubo de metal, mas apenas uma mancha do tamanho de um palmo sobreviveu à viagem pela pedra e lama até o topo. "Isso já estava aí antes?", pergunta o ministro. "Não!", os perfuradores respondem empolgados. Encontraram confirmação de que pelo menos um dos mineiros está vivo, e muitos dos homens reunidos em volta da perfuratriz 10B trocam abraços silenciosos. Golborne enxerga um objeto preso à broca e começa a removê-lo. É uma espécie de tubo de borracha, que ele deixa cair no chão, porque debaixo do tubo há um pedaço de papel visível. Dos mais de doze bilhetes presos pelos homens ao conjunto da perfuratriz, três sobreviveram, e Golborne acaba de encontrar o primeiro. Remove com cuidado o papel molhado, que começa imediatamente a se desfazer em suas mãos. "Não, não desdobre, senhor ministro", diz alguém. "Espere secar." "Se não lermos agora, nunca vamos conseguir ler", sugere outro. Finalmente, Golborne abre o primeiro bilhete.

"O que está escrito?"

O ministro das Minas começa a ler em voz alta: "A perfuratriz rompeu a rocha no nível 94, a três metros da frente. Em um lado do teto, perto da parede direita. Tem água caindo. Estamos no Refúgio. Algumas perfuratrizes passaram por trás de nós...". Parte do bilhete está ilegível. Termina com: "Que Deus os ilumine. Um *saludo* para Clara e minha família. Mario Gómez".

Barra começa a ler um segundo bilhete: "Querida Lilia, eu estou bem. Espero te ver em breve...".

"É uma carta pessoal", diz alguém. "É melhor guardarmos."

Enquanto dois dos homens mais poderosos do Chile tentam decifrar essas mensagens, um dos trabalhadores da equipe de mineração usa discretamente o pé para puxar o pedaço de tubo de borracha que Golborne jogou no chão. O perfurador pensa em guardá-lo como um souvenir, mas quando começa a observar mais de perto o que vai levar para casa, percebe que há algo escondido ali dentro. "É outro bilhete", grita alguém a seu lado, e logo o próprio ministro está abrindo a terceira mensagem, escrita em um pedaço dobrado de papel milimetrado.

ESTAMOS BIEN EN EL REFUGIO. LOS 33.

Antes mesmo que Golborne possa anunciar aos homens o que diz o bilhete, aqueles que estão olhando por cima de seu ombro gritam de alegria. *¡Vivos!* Todos aqueles filhos da mãe lá embaixo estão vivos. *¡Todos los huevones!* De repente todos os trabalhadores comemoram e se abraçam, e um dos perfuradores cai de joelhos. Alguns voltam a se abraçar e começam a soluçar, chorando como homens que perderam as mães ou viram nascer os filhos. Esses homens durões estavam enviando pedaços de aço para dentro da rocha cinzenta sob seus pés e agora estão cercados por pilhas dessa rocha e pela poeira produzida pela perfuração. São homens que perfuram poços em busca de ouro, cobre e outros metais e que acabam de perfurar o maior poço de suas vidas para encontrar 33 pessoas debaixo dessa montanha aparentemente imóvel, inconquistável.

"Gracias, huevón, gracias."

¡Lo logramos! "Conseguimos!"

A explosão de emoção triunfante faz com que todos esqueçam os "protocolos" de segurança do Ministério do Interior e ninguém se mexe para impedir vários perfuradores que correm montanha abaixo, afastando-se da Schramm T685, em direção à cerca que separa o terreno da mina do Campo Esperanza, em direção às barracas, ao santuário e à cozinha do acampamento, às antenas parabólicas de televisão, aos feixes de lenha e às nuvens de fumaça que sobem das fogueiras recém-apagadas, incluindo aquela em torno da qual a família de Alex Vega cantou uma música em sua homenagem até tarde da noite. Os perfuradores insubordinados gritam, alto o suficiente para serem ouvidos na área de perfuração 10B, pois agora todas as perfuratrizes pararam e todas as máquinas que vinham enchendo a montanha de ruídos estão em silêncio. Em vez disso, a montanha está coberta por sons humanos, uma comemoração que vai se espalhando, sendo os gritos dos perfuradores os mais altos desses sons.

"Todos aqueles filhos da mãe estão vivos! Vivos! Todos eles!" *¡Están todos los huevones vivos!*

Um pouco depois, o helicóptero que transporta o presidente do aeroporto de Copiapó para a mina pousa ali perto. As famílias e a mídia se reúnem à sua volta para ouvir oficialmente o que todos na montanha já sabem. O presidente tem a honra de mostrar o bilhete de José Ojeda publicamente pela primeira vez, com suas grandes letras vermelhas, como prova para os céticos de que o improvável é verdade, uma imagem que, ao ser transmitida, desencadeia celebrações por todo o Chile. Da cidade fronteiriça de Arica, no norte, onde Víctor Zamora, o mineiro que está sempre com fome, viveu em um orfanato quando criança, até as cidades da Patagônia, a meio caminho da Antártida, onde Juan Illanes passou um Natal, há comemorações e gritos, pessoas correndo da frente de suas televisões para as ruas e praças. Em Copiapó, a descoberta dos 33 homens é celebrada com o repique dos sinos das igrejas, cada batida percussiva de metal contra metal enviando ondas sonoras pelo ar invernal de domingo.

11

NATAL

Uma câmera, uma caixa de som e um microfone são inseridos no poço 10B sob o olhar atento do presidente do Chile, do ministro Golborne e de vários outros representantes do governo. Um psicólogo, Alberto Iturra, também está presente e muito preocupado com a condição dos homens após dezessete dias enterrados vivos. De acordo com os melhores cálculos estatísticos do governo (e de empresas privadas), deveriam estar mortos. É quase certo que estejam sofrendo de algum tipo de estado alterado de consciência, e Iturra está irritado porque seus conselhos aos líderes da equipe de resgate foram ignorados. O psicólogo acha que a primeira voz que os mineiros deveriam ouvir vinda da superfície deveria ser uma voz familiar, e sugeriu que fosse a de Pablo Ramírez, o compadre de Florencio Avalos e amigo de muitos dos 33 homens. Mas os oficiais presentes rejeitaram a sugestão do psicólogo, pois o presidente está lá e quer falar com os mineiros em nome do povo chileno, e quem pode dizer não a um presidente? Os mineiros estão seguros, o mundo inteiro está sintonizado no grande milagre da mina San José e alguns raios sagrados desse milagre vão brilhar sobre o recém-eleito Piñera. Agora que o acontecimento é uma história feliz, não uma tragédia, um pouco mais de política e vaidade vão se misturar ao altruísmo e à abnegação inegavelmente abundantes demonstrados até então pelas equipes de resgate e pelos representantes do governo na San José. "Começamos a ter muitos problemas com egos e bandeiras", diz o psicólogo Iturra. Um exemplo disso é o próprio caso da câmera, da caixa de som e do microfone que agora descem em direção aos homens presos no subterrâneo. Acaba de ocorrer uma pequena comoção burocrática entre a marinha chilena e a Codelco para decidir qual braço do governo deveria enviar o equipamento e fornecer os operadores para controlá-lo. A marinha possui excelentes câmeras que utiliza para resgates submarinos, mas a Codelco dispõe de sua própria tecnologia e, no final, fica claro que a Codelco é a "dona" do poço, afirma Iturra, que acrescenta com ironia: "Mas a Codelco não era a dona dos mineiros; os mineiros pertenciam à administração da previdência [social] chilena". O psicólogo de meia-idade, ele próprio um pouco vaidoso (menciona o fato de que era um prodígio da matemática quando jovem, acrescentando que é engenheiro), acredita que também deveria estar lá, junto ao microfone, ou pelo menos por perto. Mas acaba ficando relegado a segundo plano enquanto a câmera da Codelco é inserida no poço, transmitindo para uma tela na superfície a imagem de um tubo interminável aberto no diorito, com paredes de aparência úmida e carnuda, como se a câmera estivesse sondando as entranhas de uma grande fera de pedra. A câmera chega ao fundo e a imagem perde o foco e escurece.

Darío Segovia, Pablo Rojas e Ariel Ticona vigiam o buraco, observando a contínua corrente de água que desce pela abertura que leva à superfície. Aguardam para ver o que aparecerá em seguida e, após uma longa espera, finalmente veem uma luz elétrica cinzenta vindo em sua direção. Ela fica cada vez mais intensa, e começam a gritar.

"Está vindo alguma coisa! Depressa!"

Os 33 homens se reúnem em torno do buraco. Veem um olho de vidro em uma espécie de braço giratório. Luis Urzúa acha que é um escâner de mineração do tipo que já viu sendo usado em explorações, mas então outro mineiro diz o óbvio: "É uma câmera".

"Lucho, você é o chefe, fala com ela! Mostra sua cara!"

Urzúa se aproxima da câmera. Pergunta-se se tem saída de áudio (tem, mas não funciona: sem que Urzúa saiba, o presidente do Chile está na superfície, falando em um microfone). "Se estiverem me ouvindo, mexam a câmera para cima e para baixo", diz Urzúa. A câmera começa a se mexer em círculos. Urzúa a segue, fazendo uma dança circular engraçada, até que a câmera encontra seus olhos e para.

Na superfície, o presidente, André Sougarret e uma equipe de representantes do governo e técnicos encaram os dois olhos que os fitam em uma tela em preto e branco; parecem estranhamente neutros, oníricos. O psicólogo, Iturra, vê aqueles olhos e uma luz acima deles, depois enxerga mais luzes, vindas das lâmpadas presas aos capacetes de outros homens, se mexendo no fundo. Sete luzes no total. Pensa: *Bem, há pelo menos sete homens lá embaixo que podem nos ajudar a cuidar dos outros 26, se for preciso.*

No subterrâneo, a alegria de terem sido encontrados vivos começa a se dissipar rapidamente. "Estamos com muita fome", escreve Víctor Segovia em seu diário. "A montanha não para de estalar e roncar." Muitas horas se passam enquanto a equipe de resgate trabalha no poço. "Há muitas discussões. O clima está muito tenso." Mario Sepúlveda entra em uma briga com os empreiteiros de Juan Carlos Aguilar: Um "mal-entendido", escreve Segovia. Todos começam a falar sobre qual será o primeiro tipo de comida que receberão. Uma Coca-Cola, uma barra de chocolate, talvez. O que será que cabe naquele tubo? Uma cerveja! Muitas comidas e bebidas deliciosas e substanciosas caberiam em um tubo de doze centímetros de diâmetro, mas por enquanto não há nada saindo do orifício além de uma água suja e gotejante — há tanta água que precisarão improvisar uma calha para drená-la. "O que está acontecendo lá em cima? Por que estão demorando tanto para nos mandar comida?" Finalmente, às duas e meia da tarde, mais de 32 horas após a perfuratriz ter rompido a rocha e mais de dezoito dias após a maioria deles ter feito uma refeição digna do nome, outro objeto desce pelo poço. É um tubo de PVC laranja, selado, como um ovo de Páscoa de plástico tamanho-família esticado. O tubo traz pendurado um fio elétrico. "Tem um fio preso a esse negócio. Chamem o Edison", alguém grita, pois Edison Peña é eletricista. Edison abre o tubo e encontra dentro dele um fio e um receptor de telefone.

Entre os muitos membros do exército de resgate há todo tipo de perito e técnico e, a essa altura, o governo chileno recebe conselhos de todo o mundo, incluindo da Nasa. Mas o telefone inserido no tubo é um aparelho de segunda mão, montado com peças de telefone recicladas por um empresário de 38 anos de Copiapó. Pedro Gallo administra uma empresa de comunicações que presta serviços à indústria de mineração local e ronda a área da mina desde o dia 6 de agosto. Tenta oferecer seus conhecimentos, mas para alguns se tornou uma espécie de praga, e certos funcionários da Codelco envolvidos no resgate lhe disseram que estava proibido de entrar no terreno da mina. Gallo não tem nenhum parente dentro da mina, está lá, como dezenas de outros, por sentir que há uma história épica se desenrolando na montanha. Gallo permaneceu na mina na esperança de desempenhar um papel no drama, apesar das súplicas da esposa — grávida de sete meses — para que voltasse para casa. Finalmente, na manhã de 23 de agosto, consegue sua chance. "Precisamos que você monte aquela linha telefônica da qual você vem falando", lhe diz um representante da Codelco. Em 45 minutos, usando alguns componentes antigos de telefone, um pedaço de molde de plástico e alguns milhares de metros de fios descartados, Gallo monta um receptor e um transmissor de telefone.

Às 12h45, sob os olhares do ministro Golborne, de Carlos Barra e de várias outras pessoas, o telefone de Gallo é inserido no poço para ser enviado até os homens presos. O fio preso ao receptor é composto de nove pedaços separados de cabos telefônicos presos um ao outro de maneira bastante rudimentar, com nós e fita isolante, e a certa altura o ministro pergunta: "O que são aquelas coisas, são transmissores?". Gallo responde: "No, Señor Ministro, são as partes onde eu uni os fios". Após quinze minutos, o aparelho desceu 703 metros e chegou ao fundo. Gallo conecta o último pedaço de fio a um aparelho de telefone barato, do tipo que pode ser encontrado em milhões de escritórios espalhados por todo o mundo.

Golborne pega o fone e fala algumas palavras protocolares de mineração sugeridas pelo técnico de telefonia.

"Atenção, equipe do turno", diz o ministro. "Aqui fala a superfície."

"Aqui fala a mina", responde Edison Peña. "Está me ouvindo?"

"Sim, estou te ouvindo", diz o ministro, e os cerca de vinte homens reunidos em torno do telefone na superfície começam a aplaudir e comemorar.

No fundo do poço, Edison consegue ouvir com inesperada clareza o que acontece na superfície quando o fone se enche com as vozes robustas e esperançosas dos habitantes do mundo exterior. "Eu podia ouvir esse monte de gente. [*La colectividad de esta gente.*] E ouvi essa voz bem firme... Não aguentei." Após dezoito dias na escuridão, após as horas de silêncio durante as quais conviveu com a morte e o pensamento de que ninguém viria buscá-lo, Edison é dominado pela emoção. O som daquelas vozes de estranhos o faz chorar. "Eu simplesmente não conseguia falar."

"Aqui quem fala é o ministro das Minas", diz Golborne.

Alguém pega o fone da mão de Edison e diz que vai passá-lo ao supervisor do turno. "Sim, com o *jefe de turno*, é a coisa certa a se fazer", diz o ministro, colocando a ligação em viva-voz para que todos à sua volta na superfície pudessem escutar.

"Aqui é o supervisor do turno, Luis Urzúa."

"Nós somos vinte aqui em cima, prontos para lhes oferecer ajuda imediata", diz o ministro. "Como vocês estão? Como se sentem?"

"Bem. Estamos bem. Animados, esperando que vocês nos resgatem", responde Urzúa, em uma voz apressada e vacilante.

O ministro afirma que a equipe de resgate logo vai lhes enviar água potável e alguns líquidos com instruções de um médico.

"Nós temos bebido água", diz Urzúa. "Mas neste momento já comemos o pouco que tínhamos no, no, no, no Refúgio."

O ministro diz que logo os colocará em contato com um médico, que ficará encarregado de alimentá-los. Os homens estão animados e desesperados para sair, mas durante essa primeira conversa não lhes é dada nenhuma explicação de como e quando serão resgatados. Em vez disso, Golborne, levado pela emoção do momento, sente a necessidade de transmitir aos mineiros a noção de quão importante é para o povo chileno o fato de estarem vivos. "Eu quero dizer a vocês que todo o país vem acompanhando vocês durante esses últimos dezessete dias. Todo o país está participando deste resgate", diz o ministro. "Ontem todo o Chile comemorou. Em todas as praças, em todos os cantos deste país, as pessoas comemoraram por termos conseguido fazer contato com vocês."

Agora são os mineiros que começam a comemorar, e o som de seus gritos e aplausos é reproduzido em ruídos metálicos pelo sistema de viva-voz. Para homens que estão, nesse momento, vivendo seminus e quase morrendo de fome no subterrâneo, essa notícia do ministro carrega consigo a aura do fantástico. Enquanto estavam dentro desse túmulo rochoso, sozinhos na escuridão, todo um país rezava por eles, pensando neles, trabalhando para tirá-los de lá. É como se tivessem saído de uma sepultura sombria ao encontro do brilho mágico de um conto de fadas.

Quando os aplausos vão morrendo, vários dos mineiros começam a gesticular para Urzúa. Querem que o supervisor do turno pergunte a respeito de Raúl Villegas, o motorista que estava saindo da mina no momento do desabamento.

"Posso fazer uma pergunta?", diz Urzúa ao telefone.

"*Sí*", responde o ministro.

"Tínhamos um colega que estava indo para a superfície. Um motorista", diz Urzúa. "Não sabemos se ele conseguiu sair."

"Todo mundo escapou ileso", afirma o ministro. "Não há nenhuma lesão ou morte para se lamentar."

Os 33 homens voltam a aplaudir e comemorar. Outra peça do milagre na mina San José acaba de se encaixar, e agora o ministro revela mais uma. "Tem um acampamento aqui fora com todas as famílias de vocês", conta Golborne, acrescentando que os parentes têm esperado e rezado por eles. Para os 33, é como se um véu de solidão e mágoa se erguesse: as pessoas que os amam estão na superfície, diretamente acima deles, reunidas em torno do buraco pelo qual entraram para trabalhar dezoito dias antes.

Um pouco depois, o coordenador do resgate, André Sougarret, pega o telefone e diz aos mineiros que fiquem longe da rocha que bloqueia a Rampa e das chaminés para a superfície. "Porque ela pode estar caindo", sugere Urzúa. "Correto", diz Sougarret. Cristián Barra, o gerenciador de crises do presidente, também tem sua vez ao telefone: "Envio a vocês saudações do presidente. Ele já esteve aqui quatro vezes". Há não muito tempo, eram um grupo de desconhecidos, mas agora o presidente está lhes enviando *saludos*. Finalmente, o primeiro telefonema entre os mineiros presos e a superfície termina com os mineiros cantando o hino nacional. Um vídeo do governo registra a equipe de resgate escutando a cantoria no sistema de viva-voz. Mais tarde nesse dia, o vídeo é liberado para a mídia internacional, juntamente com a boa imagem televisiva do ministro Laurence Golborne, com sua jaqueta vermelha oficial, sorrindo ao ouvir a voz de Luis Urzúa. Em muitas das transmissões por todo o mundo, uma fotografia de Urzúa acompanha o som de sua voz e ele é identificado como o "líder" dos mineiros. Mas quem está realmente no comando lá embaixo?

Iturra, o psicólogo, se prepara para fazer essa pergunta a cada mineiro em particular enquanto a equipe de resgate começa a enviar os primeiros alimentos para os homens presos.

O que chega dentro do tubo enviado aos homens a seguir não é um banquete nem sequer algo que possa ser mastigado. Em vez disso, os homens recebem 33 garrafas transparentes com alguns mililitros de gel de glicose. Nem todo mundo está forte o suficiente, a princípio, para ajudar a descarregar essa carga preciosa. "Tinham ido dormir porque estavam fracos demais", recorda Yonni Barrios. Yonni descarrega o tubo com Claudio Acuña, José Ojeda e Florencio Avalos. A equipe de resgate também incluiu instruções, advertindo os homens para que não bebessem o gel rápido demais, mas é claro que quase todos eles o engolem de uma vez, e vários logo começam a sentir fortes dores no estômago. Quando virá a comida de verdade, os homens querem saber. Outro tubo desce, mas também não contém comida, apenas formulários para ser preenchidos. O governo chileno quer que cada um dos homens presos forneça suas estatísticas vitais (altura, peso, idade, tamanho de sapato, doenças prévias) e responda a uma série de perguntas a respeito de seu estado físico atual: "Quando foi a última vez que comeu? Você está urinando?". Sobretudo, a burocracia sob cujos cuidados os homens agora se encontram — e a burocracia do Chile é a mais implacavelmente eficiente da América Latina — pede aos homens que forneçam seu RUT, o número de contribuinte que também funciona como o número de identidade no Chile, desde o nascimento. "É claro que tínhamos que lhes dar nosso RUT", observa Juan Illanes ironicamente. "Eles precisam se certificar de que éramos nós mesmos que estávamos lá embaixo." Sem um RUT você não existe no Chile, e até Mamani, o imigrante boliviano, tem um.

Perto do fim do formulário, encontra-se uma pergunta incluída por insistência do psicólogo, Iturra. "*¿Quién la lleva?*", lê-se, o que pode ser traduzido livremente como "Quem está no comando?".

"Optamos muito especificamente por não perguntar 'Quem é o chefe?'", explica Iturra. Todos já sabiam quem era, formalmente, o chefe. Mas será que o "chefe" estava realmente no comando?

Juan Illanes olha para essa pergunta e fica um tanto perplexo. O mesmo acontece com vários outros homens. O que colocamos aqui, alguns mineiros lhe perguntam, pois Illanes tem lhes dado todas aquelas palestras subterrâneas sobre a legislação e provavelmente sabe a resposta. Seria Mario Sepúlveda? No terceiro ou quarto dia após o desabamento, Víctor Zamora sugerira abertamente que Mario fosse nomeado líder no lugar de Luis Urzúa, apenas para ser contestado por Juan Carlos Aguilar. Os empreiteiros seguem as ordens de Aguilar: será que deveriam colocar o nome dele? Ou talvez devessem responder Florencio Avalos, já que ele conquistara o respeito de todos com sua energia e serena confiança. Na verdade, se pensarem bem, não há uma só pessoa no comando, todos estão. Porém Illanes responde àqueles que lhe perguntam: "Coloca Luis Urzúa. Ele é o chefe". Illanes diz isso ainda que a "a autoridade de Don Lucho, naquele momento, estivesse por um fio. Se nós [os mecânicos contratados] não tivéssemos o apoiado, Mario Sepúlveda o teria posto para escanteio". A autoridade formal é um conceito poderoso na vida de um trabalhador chileno e, finalmente, a maior parte dos 33 homens preenche o espaço ao lado da pergunta "*¿Quién la lleva?*" da mesma maneira: "Luis Urzúa". (Juan Carlos Aguilar, contudo, responde: "Todo mundo".)

Coincidentemente, naquele momento Luis Urzúa começa a assumir o comando de um aspecto técnico crucial do resgate. Está sentado no banco da frente de sua picape, que sempre foi para ele uma espécie de escritório móvel, fazendo anotações em um papel. Está se preparando para guiar mais perfuradores até o local onde estão, pois consegue ouvir pelo menos mais uma perfuratriz vindo em sua direção. A equipe de resgate precisará de um mapa preciso da mina agora destruída para chegar aos homens presos, e a preparação desse mapa exigirá um novo conjunto de medições exatas no subterrâneo. Luis prepara essas informações trabalhando de maneira eficiente e competente hoje e nos dias que virão sem fazer muito estardalhaço. Mas Urzúa nunca foi nem pode ser o único "líder", capaz de arrebanhar e orientar os egos de 32 outros trabalhadores presos debaixo da terra. Esse seria um trabalho duro para qualquer um e está prestes a se tornar consideravelmente mais complicado, graças aos eventos ocorridos nessa tarde na superfície, onde uma picape Hummer se aproxima da San José.

Leonardo Farkas é um dândi chileno, que chega à mina em pleno esplendor e elegância: desce de sua Hummer vestindo um terno preto, de paletó longo e trespassado, com uma gravata azul-celeste e lenço combinando, camisa de punho duplo com abotoaduras reluzentes e diversas joias que chacoalham e brilham em seus pulsos enquanto fala. Exibe excelente forma física, e seus longos cabelos loiros balançam e refletem a luz, completando uma aparência estranha e singular, como se ele fosse algum deus grego reencarnado como um empresário sul-americano. Farkas é um multimilionário cujos investimentos incluem uma mina próxima à San José. É também presença constante no circuito beneficente da televisão chilena e veio à San José para distribuir o tipo de felicidade que somente um homem rico e sem preocupações pode oferecer: está doando 5 milhões de pesos chilenos (em torno de 10 mil dólares) a cada um dos mineiros presos. A chegada da Hummer preta de Farkas recebe cobertura ao vivo da TV chilena. Seu encontro subsequente com as famílias dos mineiros é, supostamente, um assunto privado, embora Farkas mais tarde ponha um vídeo da reunião em seu canal do YouTube.

Após seus assistentes já terem distribuído papeletas com o valor mágico, equivalente, aproximadamente, a um ano de salário para o trabalhador chileno médio, Farkas sobe em um pequeno palco. Alguns parentes das vítimas começam a entoar seu nome. "Farkas! Farkas!" "Eu preciso dos nomes, do RUT e da conta bancária", diz Farkas. "Para aqueles que não tiverem uma conta bancária, o Banco do Estado pode abrir uma para vocês gratuitamente." Sua grande doação é apenas o começo, diz. "Que todos os chilenos comecem a contribuir agora. Cada pessoa pode dar mil, 5 mil, 10 mil pesos." Farkas com frequência doa grandes quantias à maratona televisiva beneficente chilena anual que arrecada fundos para crianças com paralisia cerebral e outras deficiências de desenvolvimento, e fala sobre os mineiros presos como se também fossem crianças necessitadas. Sua meta, afirma, é arrecadar 1 milhão de dólares para cada um dos 33 homens presos. "Vamos sonhar alto. Sonho alto desde criança. Vamos torcer para que, antes de sair, cada um deles tenha um milhão de dólares em sua conta." Farkas é um homem que claramente gosta de desfrutar do amor em massa que seu dinheiro pode lhe comprar e, nessa tarde, algumas das muitas ondas de alegria e bons sentimentos que correm pela mina San José também o envolvem. "*¡Gracias, Señor Farkas!*" Mas quase de imediato aquela enorme quantia de dinheiro, juntamente com valores menores doados por outras pessoas e com a promessa de milhões a mais, causa problemas aos homens presos e suas famílias.

Para algumas famílias, há o problema que qualquer dinheiro extra sempre lhes trouxe nas poucas ocasiões em que tiveram a sorte de consegui-lo: decidir quem poderá gastá-lo. Quem poderá se dar ao luxo de administrar a fortuna dos mineiros? Muitos deles estão separados de suas esposas, mas não oficialmente. O Chile foi o último país no hemisfério ocidental a legalizar o divórcio, apenas cinco anos antes, e a maioria dos trabalhadores chilenos ainda não sabe que pode e deve pagar um advogado para pôr fim a seu casamento. Agora que o mineiro divorciado na prática ficou subitamente milionário (na moeda local), quem vai assumir o controle de suas riquezas recém-adquiridas: sua esposa perante a lei, mas não a mulher a quem ama, ou sua nova companheira e os filhos que teve com esta?

Darío Segovia ainda não sabe que virou *millionario*. Se soubesse, estaria planejando o futuro ou liquidando dívidas. Por enquanto, sua companheira, Jessica Chilla, decidiu que não quer ter nenhum envolvimento com tanto dinheiro e pede ao irmão de Darío para administrar a fortuna doada à família por Farkas. Sente que o dinheiro vai causar brigas entre os lados opostos da família de Darío. A verdade é que, mesmo antes de Darío e os 32 outros mineiros terem sido encontrados vivos, quando muitos dos parentes o tinham como morto, "várias pessoas só enxergavam os cifrões em tudo isso", me conta Jessica. "A vida dos mineiros não lhes pertenciam mais, era tudo uma questão de quanto valiam." Antes do surgimento do bilhete milagroso, alguns familiares secretamente faziam os mesmos cálculos de pagamentos de benefícios por morte em acidente de trabalho que Juan Illanes fazia lá embaixo. Agora que os homens estavam todos vivos, cada um com 5 milhões de pesos de Farkas em seu nome, toda a necessidade de seus entes amados e dos filhos que trouxeram ao mundo pode ser expressa de maneira aberta e direta. *Antes que ele se apaixonasse por você, eu sofri ao lado dele... Eu era filho dele antes de vocês se conhecerem... Nós também não precisamos de cuidados?* "Com todo aquele dinheiro, o galinheiro [de parentes] se mistura todo e a família fica deturpada", afirma Jessica.

Nas horas que se seguem, os familiares começam a escrever suas primeiras cartas para os mineiros. Vários deles, como Jessica Chilla, decidem que a questão do dinheiro é algo que o marido não precisa saber no momento. Falar de dinheiro dá a sensação de tentar o destino ou zombar de

Deus enquanto os mineiros ainda correm risco de vida, presos mais de seiscentos metros abaixo da superfície. Mas outros, como a esposa de Carlos Mamani, Veronica Quispe, não conseguem resistir. O casal tem dois filhos pequenos e, em suas vidas como imigrantes no Chile, sempre tiveram dificuldades financeiras. De repente, aquele fardo monetário desapareceu, aquela perpétua preocupação que fazia com que, para início de conversa, os homens entrassem na mina. É uma boa notícia, então em uma de suas primeiras cartas para o marido, ela escreve: Graças a Deus, Carlos, você está vivo. Depois de muitos dias aqui na superfície esperando para receber notícias suas, estamos todos felizes e bem. E mais uma coisa. Graças a Leornardo Farkas, somos milionários.

Mais tarde naquela noite de 23 de agosto, uma segunda perfuratriz se aproxima dos túneis onde os homens estão presos. A equipe de resgate na superfície pediu a Urzúa que medisse e mapeasse o local no qual a primeira perfuratriz rompera a rocha, mas ele já tem essas informações disponíveis: a sete metros de um dos marcadores de levantamento topográfico na mina, o de número A40. A próxima perfuratriz, eles o informam, deve irromper a, no máximo, 1,5 metro da segunda. Os membros da equipe de resgate também pedem a Urzúa mais detalhes sobre a condição física dos homens. Ele diz que alguns estão muito magros e que estão todos muito fracos, mas que ninguém está seriamente machucado ou ferido. Os médicos lhe pedem que impeça os homens de continuarem bebendo a água suja armazenada no subterrâneo — "nós vamos lhes enviar toda a água potável de que precisarem" — e de comerem as duas latas de atum que ainda têm sobrando. Sougarret o informa de que o resgate será feito por meio de um terceiro poço, capaz de comportar um homem, cujo alvo será mais provavelmente a oficina, um pouco mais acima na mina. Urzúa fica surpreso: esperava que fossem receber suprimentos por meio dos dois novos poços enquanto a equipe de resgate tentasse abrir caminho por uma das chaminés. "Nunca teria imaginado que fossem nos retirar içados por um buraco."

Urzúa relata essas conversas aos outros mineiros. Alguns ficam furiosos. "Você não pode falar que nós estamos bem", dizem. Não estamos bem.

Estamos com fome, cansados, queremos sair deste lugar infernal, dizem os homens. Se você fizer aqueles caras do governo encarregados do resgate acreditarem que estamos "bem", eles vão levar uma eternidade para nos tirar daqui.

Por volta das seis horas da tarde, a segunda perfuratriz irrompe, a apenas 1,3 metro da primeira. (Três dias depois, em 26 de agosto, uma terceira perfuratriz alcança o interior da mina, na oficina no nível 135; ela terá um papel crucial no resgate.) O segundo poço se tornará um tubo permanente de "serviços", por onde passarão cabos elétricos e de fibra óptica, enquanto o primeiro será usado para enviar suprimentos em tubos de PVC que virão a ser chamados *palomas*, ou pombos. Garrafas de água potável chegam aos homens, juntamente com remédios e mais gel de glicose. A fim de monitorar o buraco de suprimentos e trabalhar na chegada dos itens recebidos (e manter todos ocupados), os mineiros concordam em se dividir em três turnos de oito horas. Um desses grupos, composto principalmente pelos mecânicos contratados, escolhe Raúl Bustos, o meticuloso sobrevivente do tsunami, como seu líder; o segundo e terceiro grupos, compostos dos homens que dormem no Refúgio e perto dele, escolhem como líderes o mineiro de 27 anos Carlos Barrios e o ex-astro do futebol Franklin Lobos. Os homens presos do turno A têm uma nova energia, um sentimento de propósito. Após dezoito dias de crise, Luis Urzúa decide começar a agir como chefe mais uma vez, simbolicamente recolocando seu capacete branco.

Em 23 de agosto, juntamente com um carregamento de *paloma* contendo pasta e escovas de dente, os mineiros recebem as primeiras cartas de suas famílias. Muitos ouvem a mesma mensagem recebida por Mario Gómez, notícias que podem parecer estranhas no contexto em que se encontram, ainda correndo risco de vida, mas que ajudam a manter os homens calmos: as contas estão todas sendo pagas, ainda não atrasamos o aluguel nem nenhuma outra conta, não se preocupe. Jorge Galleguillos lê palavras de apoio escritas por um filho do qual estivera afastado; Edison Peña recebe uma proposta de casamento da namorada; Carlos Mamani descobre que está milionário. Víctor Segovia recebe notícias das filhas para as quais vem escrevendo em seu diário há dezoito dias. "Eu tinha que ficar fazendo pausas constantes enquanto lia", escreve posteriormente no diário.

Na tarde do dia seguinte, 24 de agosto, um aparelho telefônico é enviado mais uma vez. Aguarde na linha, diz a voz. Estamos o conectando a La Moneda, o palácio presidencial em Santiago.

O presidente Sebastián Piñera está de volta a seu gabinete na capital chilena e sua ligação interurbana é conectada ao telefone improvisado de Pedro Gallo e dele para o nível 94 da mina San José. Piñera fala com Luis Urzúa e, através dele, garante a todos os 33 homens que o governo está fazendo tudo o que está em seu alcance para tirá-los de lá. Entre outras coisas, o governo está aceitando ajuda de muitos outros países. O primeiro-ministro espanhol e o presidente Obama expressaram seu apoio, diz Piñera. Recordando o que os homens presos lhe disseram mais cedo, Urzúa agradece o presidente por seus esforços, mas depois pergunta muito rapidamente quando a equipe de resgate vai conseguir tirá-los *de este infierno*.

Vocês não sairão antes de 18 de setembro, responde o presidente, uma notícia deprimente para os 33 homens, pois o Dia da Independência é a maior festa secular do calendário chileno. É um pouco como o Carnaval e a Páscoa em um só evento, e esse seria um 18 de setembro especialmente festivo. Estariam comemorando também o bicentenário do Chile.

Mas se Deus quiser, acrescenta o presidente, vamos tirar vocês antes do Natal.

Urzúa faz uma piada com o presidente sobre pedir que a equipe de resgate lhes envie uma garrafa de vinho para que possam comemorar o bicentenário, mas depois que a conversa termina e o telefone desaparece no poço, vários dos homens caem em uma depressão profunda.

"Eles achavam que fôssemos sair imediatamente", diz Urzúa mais tarde. "Em vez disso, ficamos sabendo que talvez ainda tivéssemos que ficar presos por mais quatro meses." Urzúa observa os rostos dentro da caverna rochosa. Jimmy Sánchez, o mais novo dos mineiros, o adolescente que é jovem demais para trabalhar de forma legal em uma mina, parece estar especialmente abalado. Muitos recobraram força suficiente apenas para se pôr de pé, e a notícia da espera que terão pela frente devolve as expressões amargas e exaustas a seus rostos cobertos de fuligem. A mina ainda treme e troveja à sua volta, e a qualquer momento um novo desabamento poderia destruir os vitais poços de doze e quinze centímetros de diâmetro que os ligam à superfície. Uma espera de quatro meses nesse calor e nessa umidade opressivos poderia matar dois ou três dos homens mais fracos.

"Quatro meses!" Vários dos homens começam a gritar com Urzúa. Não podemos esperar aqui até dezembro, de jeito nenhum, dizem. Precisamos encontrar nosso próprio jeito de sair daqui. Pela Fenda, sugere alguém. Assim que estivermos fortes o suficiente para escalar. A atmosfera de uma rebelião incipiente começa a preencher o espaço mais uma vez, até que Mario Sepúlveda começa a falar.

"Vocês acham que eu também não quero sair daqui?", pergunta. "Se eu pudesse, me agarraria à próxima coisa que descesse por aquele buraco e sairia por ele. Mas não posso, porque sou grande demais." Perri pronuncia essas palavras com os gritos ásperos, semienlouquecidos e irônicos aos quais os companheiros já estão mais do que habituados. É a voz de alguém que ama a vida e está possuído, preso em uma masmorra, um homem que consegue fazer piada a respeito da morte, a respeito de comer outros homens e de se espremer por um buraco de quinze centímetros de diâmetro. Não, a única alternativa é esperar, afirma Mario, e logo os mais fortes e calmos entre os 33 mineiros presos repetem suas palavras. *"Tranquilos, niños."* É o que se diz a dois homens prestes a se envolver em uma briga de bar. *Tranquilo*. Temos que manter a paciência e a organização, afirma Juan Carlos Aguilar, que diz isso desde 5 de agosto. Temos que agradecer ao Senhor pelos milagres que já se revelaram diante de nossos olhos, diz José Henríquez. E temos que estar preparados para viver juntos neste buraco até dezembro, se for preciso, acrescenta Mario Sepúlveda.

Não muito tempo depois, Luis Urzúa tem sua primeira conversa, por telefone e em particular, com o psicólogo, Iturra. "O que vem agora", lhe diz o psicólogo, "vai ser a parte mais difícil."

12

ASTRONAUTAS

Nos primeiros dias após terem feito contato com o mundo exterior, os homens presos na mina San José têm suas vidas salvas pelo profissionalismo dos médicos chilenos. O ministro da Saúde, Jaime Mañalich, reuniu uma equipe médica que toma rapidamente uma decisão crucial: vão resistir ao desejo plenamente compreensível (expresso por diversos perfuradores e oficiais locais) de começar a "enfiar comida no buraco" (nas palavras de um médico da Nasa), como pedem os mineiros presos. Um homem privado de alimentos há mais de cinco ou sete dias está gravemente carente de fosfatos e potássio, nutrientes que o corpo usa para digerir carboidratos. Na ausência desses compostos, uma refeição substanciosa pode desencadear falência cardíaca. Essa foi a lição aprendida nos últimos dias da Segunda Guerra Mundial, quando os soldados americanos inadvertidamente mataram muitos sobreviventes famintos de campos de concentração dando-lhes rações de combate e barras de chocolate. As autoridades médicas chilenas consultaram peritos da Nasa e de outras agências de todo o mundo, e agora seguem seus conselhos para "ir com calma" e começar a dar aos homens meras quinhentas calorias diárias nos primeiros dias, contidas principalmente em uma bebida energética com potássio, fosfatos e tiamina, uma vitamina B que o corpo consome durante o estado de inanição. Se os homens fossem alimentados estando carentes de tiamina, poderiam vir a sofrer da síndrome de Wernicke-Korsakoff, uma doença do sistema nervoso que causa uma perda catastrófica de coordenação muscular. Os médicos enviam tiras para teste de urina para os homens no subterrâneo, semelhantes àquelas usadas pela Nasa para monitorar a saúde de seus astronautas. As tiras testam "gravidade específica" (um indicador de desidratação), cetonas (indicador de inanição) e mioglobina (que é produzida quando há destruição muscular). O resultado do teste de dezesseis dos 33 homens é positivo para altas taxas de mioglobina: a erosão de seus tecidos musculares desencadeou estágios iniciais de falência renal. Esses homens começam a receber água potável adicional e também camas portáteis para que não durmam na superfície dura da mina, pois dormir sobre a rocha também está destruindo seus músculos. (O governo chileno faz um apelo público por camas portáteis que caibam em um tubo *paloma* e possam ser montadas no subterrâneo, e uma firma local as fornece.) Logo os homens que corriam risco de sofrer falência renal começam a se recuperar. Os chilenos "seguiram as recomendações à risca" durante os estágios iniciais do tratamento, dirá mais tarde o médico da Nasa James D. Polk, "e por isso... dos 33 mineiros, nenhum teve complicações".

Para melhor avaliar o estado de saúde dos homens, os médicos lhes enviam uma balança. É do tipo que funciona por suspensão, e os homens a prendem a um dos cestos que usavam para fortificar os corredores. Elevam o cesto, sentam na balança e ficam pendurados no ar, suspensos, enquanto outro dos mineiros os pesa, como se fosse um enorme espécime de produto agrícola de casca pálida. O pequeno Alex Vega descobre que perdeu dezesseis quilos e pesa agora meros 46 quilos, enquanto Franklin Lobos, que é bem mais alto, fica chocado ao descobrir que perdeu dezoito quilos dos 86 que pesava antes de entrar na mina.

Os médicos perguntam a Urzúa se alguém tem experiência em aplicar injeção e medir pressão sanguínea. O supervisor do turno conversa com alguns homens e alguém se lembra de ter ouvido Yonni Barrios dizer algo a esse respeito.

"Precisamos que você aplique algumas injeções", diz Urzúa a Yonni, que a princípio se recusa. "Ele é um pouco teimoso, mas acabamos conseguindo convencê-lo de que aquele tinha que ser o trabalho dele." Yonni conversa com a equipe médica na superfície e lhes explica que só aplicou uma injeção em toda a sua vida: na mãe, que era enfermeira, quando ele tinha catorze anos de idade. Mas sabe medir a pressão sanguínea, porque

Susana é hipertensa e ele já mediu sua pressão. Perfeito, dizem eles, você será nosso enfermeiro aí embaixo. Não demora muito para que a mídia latino-americana apelide Yonni de "El Doctor House", em referência ao seriado americano popular na região. A Nasa informou a equipe médica chilena de que viver em condições de isolamento e estresse, longe do sol — preso em uma mina ou trabalhando em uma estação espacial —, pode causar deficiência de vitamina D e algo chamado "reativação de vírus latente". Yonni precisa, portanto, dar a seus colegas mineiros vitaminas e vacinas contra pneumonia, tétano e difteria. Desempenha essa tarefa com a calma e a delicadeza que as mulheres em sua vida sempre admiraram.

O mesmo tubo que traz vacinas essenciais para salvar a vida dos mineiros traz também cartas particulares da superfície e envia outras de volta para o topo. Víctor Segovia escreve uma mensagem marcada pelo desespero. "Panchito, não vou mentir para você sobre como estão as coisas aqui embaixo. Estamos em péssimo estado. Tem água para tudo que é lado. A montanha está fazendo muito barulho. Este inferno está me matando. Eu tento ser forte, mas quando durmo sonho que estou em um churrasco, e quando acordo estou nesta eterna escuridão. Cada dia me deixa mais esgotado." Ao lerem isso, seus parentes decidem informar o psicólogo.

No diário que escreve, contudo, Víctor registra algumas boas notícias que outros mineiros receberam em suas próprias cartas. "Um de nossos companheiros ficou sabendo que Leonardo Farkas colocou 5 milhões [de pesos] em uma conta bancária em nossos nomes." Farkas, escreve Víctor, está tentando arrecadar dinheiro suficiente para torná-los todos ricos, "para que a gente nunca mais precise trabalhar".

Dois dias após os mineiros terem implorado ao presidente que os tirasse "deste inferno", a equipe lhes envia uma câmera para que possam fazer vídeos que mostrem como é seu inferno. Florencio Avalos opera a câmera e, de peito nu, Mario Sepúlveda desempenha o papel de guia turístico, tendo como assistente Alex Vega, que exibe uma barba espessa e veste uma camisa muito suja e desbotada do time de futebol americano Dallas Cowboys. Os homens gravam cerca de trinta minutos de vídeo, dos quais aproximadamente oito serão transmitidos naquela noite no horário nobre da televisão chilena a telespectadores fascinados.

A parte do vídeo transmitida começa com Mario mostrando Luis Urzúa sentado em sua picape, preparando um desenho esquemático para a equipe de resgate na superfície, depois passa para o Refúgio, onde dois mineiros de aparência exausta, Osman Araya e Renán Avalos, estão sentados sobre uma caixa que um dia conteve seus suprimentos e que foi saqueada. "Aqui temos dois mineiros muito importantes, que estão monitorando as *palomas*", diz Mario na voz alegre de um apresentador de programa de entrevistas, como se estivesse tentando fazer com que os dois homens suavizassem suas expressões amargas. Eles se levantam e abrem a caixa, exibindo seu conteúdo: cinco garrafas de água potável recém-enviadas da superfície. "De uma forma ou de outra", diz Mario, "estamos tentando nos organizar um pouco para que tudo isso acabe bem."

O vídeo corta para Jorge Galleguillos, que se levanta e senta ao ser acordado por Mario. Seu olhar é distante, confuso. Outro homem que está próximo continua dormindo, com a boca aberta voltada para o teto, mesmo quando a luz da câmera brilha sobre ele. Claudio Yáñez se senta e consegue esboçar um sorriso e enviar um *saludo* à família. Em seguida, a imagem corta para o Refúgio, que Mario descreve como "nossa cantina". Edison Peña olha diretamente para a câmera e diz: "Nos tirem logo daqui, por favor". Mario mostra aos espectadores uma mesa que serve de palco a uma partida de dominó e em torno da qual estão reunidos cinco homens. "É aqui que fazemos nossas reuniões diárias, onde planejamos as coisas", diz o apresentador. "É aqui que rezamos e que nos reunimos para tomar decisões, todos os 33." Mario se aproxima de Víctor Zamora, o órfão de Arica, a cidade na fronteira com o Peru. "Não sabemos se ele é chileno ou peruano", brinca Mario, fazendo com que todos riam e com que Zamora abra o sorriso de uma criança supercrescida. Zamora liderou o ataque aos suprimentos de comida na primeira noite em que estiveram presos, mas é claro que ninguém que assiste a esse vídeo na superfície sabe disso. Ele se dirige à câmera e, tanto em sua aparência física quanto no aspecto de sua voz, parece mais sereno do que qualquer um dos outros mineiros presos ao dizer aos familiares, balançando a cabeça em um sinal tranquilizador, que "se cuidem" e que "todos nós vamos sair daqui". Dirige-se então à equipe de resgate: "Queremos agradecer a vocês por terem tido a coragem de não nos deixar aqui, indefesos". Zamora fala como um homem profundamente em paz consigo e com sua difícil situação, como se fosse um filósofo ou um palestrante motivacional que vagasse na mina. "Nós ficamos sabendo do que vocês fizeram aí fora", diz ele aos salvadores invisíveis. "E sabem de uma coisa, *niños*? Vamos dar a vocês todos uma grande salva de palmas." Todos os mineiros à sua volta começam a bater palmas, e o vídeo editado corta para uma entoação coletiva de "Chi-chi-chi, le-le-le", seguida por Osman Araya louvando a Deus e pelo hino nacional cantado em coro.

O vídeo termina com Mario Sepúlveda, de pé no centro da imagem, ainda sem camisa, fazendo uma apaixonada declaração final. "Esta família de mineiros, meus amigos, não é a mesma família que vocês conheciam há cem ou 150 anos", afirma. "Hoje o mineiro é um mineiro que estudou. É um homem com quem você pode se sentar para conversar. É um homem que pode estufar o peito e se sentar para conversar em qualquer mesa do Chile. Um grande beijo para todos os chilenos."

O vídeo deflagra uma onda de orgulho nacional no Chile. Acima de tudo, as pessoas ficam comovidas ao ver Mario Sepúlveda, faminto e coberto de fuligem, um homem médio latino-americano, falando com uma espécie de eloquência e grande coragem, apesar de estar preso no que parece ser um lugar úmido, sombrio e imundo. Nas semanas seguintes, Mario ficará conhecido em artigos de jornais e sites chilenos e internacionais como "Super Mario". Sua atuação energética no vídeo é transmitida muito além do Chile, fazendo dele a figura esperançosa e improvável no centro de um drama que, por um breve período, une o globo, oferecendo uma reafirmação do espírito humano com seu otimismo de voz áspera. São homens reais que estão presos lá embaixo, a 670 metros de profundidade, não figuras imaginárias, embora sua história tenha um quê de épica. Foram dados como mortos, presos na pedra, mas esse novo vídeo oferece prova de que estão vivos, de que estão sujos e de que são reais, com aparências desesperadas, mas soando esperançosos, aprisionados em um lugar sombrio e coberto de água. Essas imagens assombrosas são transmitidas e retransmitidas em diferentes fusos horários e continentes, com a história dos 33 sendo contada e repetida por narradores profissionais de melodrama. Quando as televisões e os computadores do mundo são desligados, a história continua a circular em conversas de família e no trabalho. *Você ficou sabendo daqueles caras, daqueles mineiros no Chile? Você viu as imagens?* Não existem instrumentos para monitorar o subconsciente coletivo, nenhum sismógrafo psíquico global, nenhum medidor do fluxo dos sonhos da humanidade. Mas se tais instrumentos existissem, captariam, nesses últimos dias de agosto, um aumento substancial no volume de pesadelos e sonhos tendo como cenário cavernas, túmulos, túneis e outros locais sombrios e assustadores.

Entre aqueles que conhecem bem os 33 homens presos, o efeito desses oito minutos de vídeo é muito diferente. Jessica Chilla, que recebeu aquele abraço longo e sincero de seu companheiro e pai de sua filha no dia em que ele saiu para trabalhar, assiste ao vídeo e entra em um estado de ansiedade e semiluto. O Darío Segovia que vê no vídeo não é o homem que conhecia. Sofre um tormento constante, que ela consegue enxergar em seus olhos sem brilho, na maneira como põe as mãos nas têmporas e desvia o olhar da câmera. A irmã de Darío, María, a "prefeita" do Campo Esperanza, o vê e acha que agora, mais do que nunca, ele precisa que alguém o abrace. Os outros mineiros, em sua maioria, também não parecem mais os mesmos. Para aqueles que o conhecem, Osman Araya é um homem seguro de si e de sua identidade evangélica. No vídeo, ele parece tímido e triste e, quando faz seu discurso sobre Deus, está claramente lutando contra as lágrimas. Pablo "Gato" Rojas pode ser visto de perfil, sentado no chão, sem camisa, com a aparência debilitada e encolhida, como se tivessem pegado sua cabeça quadrada, de meia-idade, e a colocado no corpo de um menino. Jorge Galleguillos, conhecido pela família como um homem alto, teimoso, robusto e orgulhoso, mal consegue pronunciar uma palavra e está quase irreconhecível debaixo das camadas de fuligem e de fungos que lhe cobrem a pele.

Os parentes dos 33 homens presos e o próprio Chile ficariam mais perturbados se pudessem ver o que o governo deixou de fora na edição do vídeo — um noticiário insinua o que a equipe de resgate sabe a respeito da condição dos homens, dizendo que cinco deles estão com depressão e não quiseram aparecer no vídeo. Nos trechos que não foram ao ar, Mario Sepúlveda chapinha na lama, mostra aos espectadores um banheiro decrépito e começa a perder a compostura perto do fim, quando resume a condição e o humor dos homens presos. "Vamos sair daqui. Não vamos ficar aqui. Nossas famílias precisam de nós", diz. "Somos muito gratos, *chiquillos*... A única coisa que pedimos, pessoalmente, é que vocês não mostrem a umidade e as condições em que estamos vivendo." Faz uma alusão à morte, revelando quão próxima parece estar para os mineiros. "Esta é uma situação para guerreiros. Se tivermos que dar nossas vidas pelo Chile, o faremos aqui ou em qualquer outro lugar... Ficaríamos realmente gratos se vocês pudessem dizer a nossas famílias que as amamos. Há muitas pessoas lindas que nos apoiam." Mario menciona então sua cidade natal, Parral, seu bairro em Santiago, os clubes para os quais torce e acrescenta: "As pessoas que me conhecem sabem que tenho um coração grande assim", abrindo as mãos para formar um círculo diante do peito nu. "E eu vou pegar este coraçãozinho e erguê-lo até o topo para as pessoas necessitadas. Vou continuar lutando até o fim."

Finalmente, como muitos dos outros homens, Mario sente a necessidade de se dirigir à família. "Francisco", começa, embora mal consiga pronunciar o nome do filho sem começar a chorar. Tosse e continua. "Meu slogan: Cachorro. Coração Valente, *huevón*. Mel Gibson, *huevón*. Papá sempre vai estar com você, te protegendo, *viejo*. Juro que sempre vou estar com você." Com isso, Super Mario é tomado pela emoção e desvia o olhar da câmera, indicando com um gesto a Florencio Avalos que pare de gravar. Quando o ministro das Minas e os outros líderes do resgate veem esse vídeo, concordam em respeitar os pedidos de Sepúlveda: após extrair algumas cenas para a exibição pública, armazenam o vídeo completo e suas imagens mais tristes e perturbadoras em um arquivo do governo.

O psicólogo, Iturra, examina as imagens desse primeiro vídeo do subterrâneo e encontra razões para ficar otimista a respeito do estado de saúde mental dos 33 homens. Após algumas consultas por telefone e depois de avaliar as primeiras comunicações entre a mina e a superfície, declara que o grupo e seus membros estão em boa forma. "*Están cuerdos*", afirma. Estão mentalmente saudáveis. Alguns membros da equipe de resgate acreditam que o próprio psicólogo é louco por dizer isso, mas as evidências clínicas são bastante claras. "Psicologicamente falando, estavam todos saudáveis", afirma ele mais tarde. "Estavam com medo, sim. Ficar com medo nessas circunstâncias é normal. Mas também não estavam gritando para sair." Entre outras coisas, o psicólogo fica animado com a preocupação que os mineiros demonstram uns pelos outros — percebeu-a naquela primeira conversa com o ministro, quando perguntaram se o motorista de caminhão Villegas tinha conseguido sair, e também nos discursos de Mario Sepúlveda e Víctor Zamora aos membros da equipe de resgate. Os homens ainda não sucumbiram ao pânico e mantiveram uma espécie de organização, e o psicólogo fica agradavelmente surpreso com esse desenvolvimento, já que estudos de grandes grupos de pessoas confinadas em pequenos espaços por longos períodos com frequência acabaram em violência e em paredes literalmente cobertas de sangue. Iturra, cuja formação tem como base a filosofia do psicólogo americano Carl Rogers, centrada no paciente, acredita que pode tratar os homens presos na mina como trataria qualquer paciente. "Esta é uma colaboração e vamos trabalhar juntos até vocês saírem", diz Iturra aos mineiros em conversas telefônicas. "Estou aqui com vocês até o fim." O que quer que tenha acontecido entre os homens nos dezessete dias antes de terem sido encontrados não lhe interessa, afirma o psicólogo. "Não estou aqui para julgar. Vocês fizeram o que tinham que fazer."

Iturra está em posse dos inúmeros dossiês sobre os 33, reunidos pelas autoridades médicas e agências de serviço social chilenas. Nesses dossiês, pode ver muitas batalhas anteriores contra os tormentos singulares da vida de minerador e também os quebra-cabeças familiares e amorosos comuns entre trabalhadores chilenos. Um dos homens já havia tentado o suicídio, dois são epiléticos e outro foi diagnosticado com transtorno bipolar. Além disso, o psicólogo sabe, com base em suas observações na superfície, de várias amantes cuja existência foi confirmada ou revelada às esposas dos mineiros pela primeira vez no vilarejo improvisado de Campo Esperanza. Iturra é especialista no setor de mineração e nada disso o intimida muito, porque sabe que, apesar dos estresses e dos tormentos da vida de mineiro, a cultura hipermasculinizada da mineração também oferece a esses homens força, fraternidade e um sentimento de valor próprio. Mas nem Iturra, nem ninguém no Chile, possui experiência no tratamento de homens sofrendo com o isolamento prolongado que esses homens terão de suportar. Se ficarem de fato lá embaixo até o Natal, terão ficado presos no subterrâneo por um período duas vezes mais longo do que qualquer outro ser humano na história. São como homens em uma missão dentro de uma estação espacial de pedra ou presos em um planeta sem vida, e para aprender como é possível a seres humanos suportarem tamanho confinamento e isolamento, Iturra vem consultando a Nasa por e-mail. Albert W. Holland, um psicólogo da agência especial americana, logo chegará em um voo de

Houston (juntamente com dois médicos e um engenheiro da Nasa). Holland disse por e-mail que Iturra terá que preparar os homens e suas famílias para um longo percurso. "Pensamento a longo prazo", como ele o chama. "Estamos lidando com uma maratona", diz a Iturra, e logo a metáfora da maratona é disseminada pelos psicólogos chilenos para os homens e suas famílias. *Un maratón.*

Na Estação Espacial Internacional, os astronautas têm videoconferências semanais com suas famílias, e a equipe de resgate chilena prepara algo similar para os 33 homens presos. Por enquanto, não há nenhuma conexão de vídeo entre a superfície e a mina, então a equipe de resgate pede a cada família que grave uma curta mensagem em vídeo para enviar aos homens lá embaixo. Os psicólogos pedem aos familiares que transmitam pensamentos positivos e que não mencionem complicações familiares. Essas instruções estão claras nas mentes dos cinco membros da família de Alex Vega que se reúnem debaixo de uma lona para gravar sua mensagem.

"Oi, meu amor", começa a esposa de Alex, Jessica. Esta será a primeira vez que Alex a vê desde que ela lhe negou aquele beijo na manhã em que ele partiu para o trabalho, e ela fala em uma voz suave e aparentemente natural, que esconde tudo por que vem passando durante as últimas três semanas: desde os primeiros dias, quando trabalhou duro para manter a rotina escolar dos filhos como se nada tivesse acontecido, até as preocupações daqueles últimos dias de espera, quando tantos haviam dado os mineiros como mortos. "Aqui estou, te enviando toda a minha força, meu *cariño*. Seus filhos estão bem. Eles te mandam beijos." Acrescenta, em uma voz levemente sugestiva, que terão "a devida comemoração" quando ele sair. Está sentada diante de uma bandeira do Chile adornada no centro com uma foto de Alex de barba feita e lindo como um astro do cinema. O próximo a falar é Roberto Ramírez, o mariachi que escreveu uma canção em homenagem a Alex. Roberto é namorado da irmã de Alex, e se dirige ao mineiro pelo apelido, Pato. "Pato louco. Você nos deu o maior susto das nossas vidas. Mas quando você sair, eu te desafio a beber tequila comigo." Priscilla, a irmã, diz em uma voz animada: "Irmãozinho, esta é uma lição que Deus está nos dando. Espero que você consiga enxergar. Deus não nos envia desafios que não possamos superar. E este não é diferente". Ela faz piada sobre a barba que ele exibe no vídeo, que faz com que ele pareça "um lobisomem". O pai de Alex, José, que entrou na mina para tentar resgatar o filho, usa um capacete branco de mineiro. "Filho, eu quero dar um oi para você e para todos os seus companheiros, seus irmãos, porque eles não são mais apenas colegas de trabalho, mas sim irmãos nesta grande odisseia que você está vivendo." Mais de quarenta parentes de Alex se reuniram no acampamento, diz José, mas não puderam todos ser espremidos no vídeo. Então o mais velho dos Vega pede desculpas por não ter mais a dizer, porque "nós, Vega, somos pessoas de poucas palavras". Um primo acrescenta: "Alex, você uniu a família Vega como nunca antes", e todos diante da câmera balançam a cabeça concordando. Finalmente, começam a entoar a canção que cantaram na noite antes de os mineiros serem encontrados, com Roberto, o mariachi, apontando para o pai de Alex, para sua família e para o retrato de Alex na bandeira para ilustrar que a canção é sobre Alex e todos eles, e quando a música acaba Priscilla ergue o punho alegremente e todos gritam: "E El Pato voltará!".

No dia 28 de agosto, dentro da mina, os 33 homens se espremem em volta da pequena tela de uma câmera para assistir a esses vídeos, seu primeiro vislumbre do mundo exterior em 23 dias. Luis Urzúa vê a esposa, Carmen, que parece exausta e deprimida, e um pouco mais tarde lhe escreve uma carta, dizendo que se anime. Para três dos homens, contudo, não há mensagens de vídeo — ou assim parece. "Eles ficaram muito chateados, especialmente José Ojeda, cuja mensagem estava na câmera, mas eles erraram quando foram tentar mostrar", escreve Víctor Segovia em seu diário. "Ele ficou realmente chateado e não quis nem ver a mensagem quando tentaram lhe mostrar de novo."

O vídeo enviado pela família Galleguillos contém uma surpresa: o filho de 26 anos de Jorge, Miguel Angel, com quem ele havia perdido contato, está na tela.

Antes do acidente, "eu tinha um problema com ele. Ele se rebelava contra mim", afirma Jorge. "Nós não tínhamos muito contato." A paternidade é um desafio para qualquer homem, mas o que significa ser mineiro e pai no Chile mudou radicalmente durante a vida de Jorge. Ele crescera vendo o próprio pai entrar em uma pequena mina sozinho na década de 1950 e se lembra de, aos seis anos de idade, brincar em frente à entrada de uma mina enquanto o pai trabalhava em seu interior. O pai labutava no subterrâneo com uma picareta e, do lado de fora, debaixo do sol, Jorge cavava pequenos buracos e os cobria com tábuas de madeira, fazendo "minas" de brinquedo. Jorge tivera seu primeiro trabalho remunerado aos doze anos, carregando animais de carga com sacos de 45 quilos. Mais tarde, também trabalhara (assim como Darío Segovia) carregando rochas de uma mina usando arreios feitos de couro de lobo. Décadas de trabalho subterrâneo endureceram Jorge, e se alguém lhe perguntasse por que ainda está trabalhando debaixo da terra aos quase sessenta anos, ele provavelmente responderia: "Porque a mina é para os valentes!". *¡La mina es para los valientes!* Trabalhou duro para poupar os próprios filhos dos perigos e rigores do trabalho subterrâneo, e sua recompensa foi um filho que não entendia como o pai podia ser tão grosseiro e sempre zangado. No dia 4 de agosto, véspera de sua entrada na condenada mina San José, Jorge telefonara para Miguel Angel, que celebrava o recente nascimento de seu filho. Anos antes, o primeiro neto de Galleguillos morrera não muito depois de ter nascido, mas esse novo bebê, ou *guagua*, era saudável.

"Perguntei a Miguel Angel sobre o *guagua* e ele respondeu: 'Que diferença faz para você?.'" *¿Qué te importa vos?*

"Como está sua garotinha?", perguntou o Galleguillos mais velho.

"Por que você quer saber?", retrucou o filho com irritação, e assim terminou a última conversa entre pai e filho. Durante dezessete dias, Jorge se perguntou se aquela seria a última vez que ele falaria com o filho, com a dolorosa memória da brutalidade de Miguel Angel aumentando ainda mais a noção de que partia deixando muitos assuntos pendentes em sua vida.

Mas a primeira carta enviada por sua família ao subterrâneo continha palavras de apoio de Miguel Angel. E agora, nesse vídeo, Jorge Galleguillos vê sentados ou de pé na tela da câmera seus irmãos, a cunhada, a sobrinha de Vallenar e os dois filhos, Jorge de um lado e Miguel Angel do outro. O mesmo Miguel Angel que foi tão seco com o pai no dia 4 de agosto agora fala palavras de incentivo. "Cuide-se, *viejo*", diz. "Seja o mais forte que puder."

Depois de assistir a esse vídeo, "senti uma enorme alegria, uma emoção", conta Jorge. "Mas um pouco depois, comecei a ficar doente. Fiquei deprimido. É difícil explicar." Ver uma das coisas que mais queria na vida, um reconhecimento do filho, mergulha Jorge em uma longa depressão. Ele não consegue explicar por quê. Talvez seja o fato de ter percebido que precisou ser enterrado vivo para que o filho o perdoasse pelo que quer que tenha feito para deixá-lo tão zangado. Talvez o simples fato de não poder estar com o filho que está novamente falando com ele ou de não poder ver o novo neto nem o resto da família que agora sabe que está reunida na superfície. "Eu queria muito estar com eles", afirma.

Jorge precisou ser forte e valente durante toda a sua longa vida de minerador. Valente quando tinha doze anos e entrou em uma mina pela primeira vez e forte quando já era um homem de certa idade e a mina estava acabando com seus músculos e pulmões. Mas nunca precisou ser forte e valente desta maneira antes, com o corpo enfraquecido por duas semanas de fome e umidade, dependendo de outros para alimentá-lo, recebendo um amor familiar que pode ver, mas não retribuir. De repente, as coisas que deveriam fazer com que se sentisse bem lhe causam dor. Alguns dias antes, queria desesperadamente comer algo, mas o suplemento nutricional sabor chocolate que a equipe de resgate enviou da superfície para alimentá-los, Ensure, se revolve em suas entranhas. "Aquele leite se vingou de todos nós", diz.

Quando o Pastor, José Henríquez, bebe sua garrafa de Ensure, passa tão mal que quase desmaia. Pedro Cortez assiste à cena e dá sua garrafa a outro mineiro. Muitos começam a sofrer a primeira de uma nova série de distúrbios intestinais e urinários que os torturará nos dias seguintes. Vários dos mineiros precisam urinar, mas não conseguem, e finalmente seu sofrimento coletivo é tal que Mario Sepúlveda diz a Yonni Barrios, o enfermeiro do grupo, que exija um remédio da próxima vez que falar com os médicos na superfície. Jorge Galleguillos tem ainda menos força para lidar com essas complicações. Suas pernas estão inchadas e dar alguns poucos passos é doloroso. Um fungo se espalha por todo o seu corpo. Na reunião diária, ele com frequência não consegue se levantar, e os colegas ficam de pé à sua volta, fazendo uma oração por sua recuperação.

O tom dos registros no diário de Víctor Segovia nem sempre é otimista nos dias posteriores à chegada da perfuratriz, encontrando os 33 homens presos. "O Claudio [Yáñez] acaba com meu humor, dorme o dia inteiro e só acorda para criticar..., [Darío] Segovia quase saiu no braço com Franklin", escreve em 24 de agosto. "O clima geral está muito ruim. Antes de a ajuda chegar, rezávamos todos os dias... Agora que a ajuda chegou, em vez de estarmos mais unidos, tudo o que fazemos é brigar e discutir..." A cada dois dias, Víctor registra novos estrondos vindos da montanha, um lembrete do desabamento de rocha que os prendeu. A fuga desse tormento auditivo está tentadoramente próxima, mas por enquanto tudo o que ele pode fazer é esperar para ser resgatado — e para ser alimentado. "Agora eu sei como se sente um animal em cativeiro, sempre dependendo da mão humana para alimentá-lo", escreve. Quase todo dia, registra em seu diário mais uma discussão trivial entre os homens, mas em 28 de agosto, após assistir aos primeiros vídeos enviados pelas famílias, sente-se animado. "Tudo está bem organizado... Hoje o clima está bem animado. Estamos muito felizes." Após semanas com roupas encharcadas de suor, durante as quais quase todos os mineiros dispensaram suas camisas, recebem um carregamento de novas camisetas de náilon. São do mesmo vermelho que a camiseta da seleção de futebol chilena e começam a ser usadas por vários deles.

Na noite de 28 de agosto, esse time recém-uniformizado de heróis chilenos se junta para uma reunião. "Conversamos sobre um assunto muito particular para quando sairmos", escreve Víctor em seu diário. "Somos os únicos que sabemos tudo por que passamos. Quando chegar a hora certa, vamos compartilhar nossa história." O assunto dessa reunião é a própria história que vivem. Passaram de desconhecidos que arriscavam suas vidas em uma droga de mina para homens em contato com o presidente e seus ministros e até com um amado ícone chileno, o astro do futebol Iván Zamorano, que teve uma breve conversa por telefone com Franklin Lobos (os dois foram colegas de time por dois anos na década de 1980). A noção de seu status de celebridade é contagiosa, especialmente para Mario Sepúlveda, que vem fazendo estardalhaço a respeito de todo o dinheiro que poderão ganhar contando sua história. Jornais começam a ser enviados pelo poço e os homens viram uma reportagem os comparando à equipe de rúgbi uruguaia que ficou presa nos Andes: o artigo descrevia como os uruguaios venderam os direitos para um livro e um filme. Juan Illanes afirma que a história da mina San José pertence a todos eles e que precisam dividi-la de forma igual, o que é tão obviamente verdadeiro que ninguém discute. Illanes diz ainda que devem manter o pacto de silêncio previamente acordado a respeito do acidente e de suas consequências e que o diário que Víctor Segovia escreve é um registro de tudo o que estão enfrentando e que deve pertencer a todos eles. Todos os mineiros concordam: Víctor é seu cronista oficial.

No dia seguinte, Víctor está escrevendo com a nova caneta e o novo caderno que pediu que a família lhe enviasse quando Mario Sepúlveda vem falar com ele. O diário de Víctor é um "objeto sagrado", diz Mario, talvez o livro que um dia virá a contar a história dos mineiros e, portanto, é financeiramente valioso para todos eles. Víctor pensa um pouco nisso e escreve: "Eu escrevo este diário para sobreviver, não para transformá-lo em um livro... Não me dei conta de que era tão importante". Víctor, cuja formação escolar terminou quando foi expulso da escola no quinto ano por ter se envolvido em brigas, nunca imaginou que colocar palavras no papel poderia ajudá-lo a se sentir melhor consigo mesmo nem que um dia se veria como escritor. Nunca viajou além das cidades desérticas nos arredores de Copiapó, mas no subterrâneo tornou-se o cronista de uma história que um dia dará a volta ao mundo.

Nos trailers e bangalôs na superfície da mina San José, onde os líderes da equipe de resgate montaram seu quartel-general, parece que o mundo inteiro se movimenta para ajudá-los. "Podíamos pedir qualquer coisa, de qualquer lugar, que as pessoas tentavam consegui-las para nós", conta Cristián Barra. Peritos e tecnologias de perfuração de todo o mundo são enviados para a mina: de Joanesburgo, na África do Sul; da cidade de Berlin, na Pensilvânia; de Denver, no Colorado, e de Calgary, em Alberta, assim como de uma base militar dos Estados Unidos no Afeganistão. Os chilenos planejam reencenar um dos maiores resgates na história da mineração — o da mina Quecreek, na Pensilvânia, em 2002 — e vão precisar de um elenco internacional para fazê-lo com sucesso.

Na mina de carvão americana, nove homens ficaram presos ao provocarem inadvertidamente uma inundação subterrânea. Para resgatá-los foi perfurado um poço vertical de 73 metros de profundidade e 76 centímetros de diâmetro, por meio do qual os mineiros foram então içados em um cesto de aço. Os chilenos precisarão perfurar um poço oito vezes mais profundo. Para fazê-lo, convocam uma das maiores sondas de perfuração do Chile, uma Strata 950 australiana, da Divisão Andina da Codelco, na Quinta Região do Chile, que fica próxima. Diferentemente das máquinas menores que perfuraram três poços diagonais para chegar até os homens, esse equipamento de 31 toneladas só pode perfurar verticalmente e está previsto para começar a funcionar no dia 30 de agosto, perto do local considerado demasiadamente instável quando a equipe da Terraservice de Eduardo Hurtado tentou perfurar seu primeiro poço três semanas antes. Esta é a perfuratriz que levará até dezembro chegar aos homens. Mas mesmo antes que ela comece a funcionar, Igor Proestakis, um mecânico de uma das equipes de perfuração, apresenta um plano alternativo a seus chefes. Por que não pegar aquele terceiro poço de quinze centímetros de diâmetro que alcançou a oficina e simplesmente alargá-lo usando uma série de brocas cada vez maiores? Alguns dias depois, André Sougarret aprova o alargamento desse segundo poço de resgate, que será chamado de Plano B. O poço será alargado em dois estágios, primeiro para trinta centímetros de diâmetro e depois para 74 centímetros.

Há, porém, um problema com o Plano B: ninguém no Chile jamais perfurou diagonalmente um poço de 74 centímetros de largura com a profundidade que precisam alcançar. A melhor máquina para perfurar um poço diagonal desses é a Schramm T130XD, e logo uma sonda desse modelo está a caminho de Copiapó, vinda da mina Collahuasi, localizada quase mil quilômetros de distância ao norte. Após pedir conselhos de companhias de mineração de todo o mundo, a equipe de Sougarret decide que, a fim de acelerar a perfuração, aceitará uma oferta da Center Rock Inc., na Pensilvânia, para que usem uma de suas perfuratrizes "cluster", essencialmente um equipamento com quatro brocas, cada uma do tamanho de uma bola de vôlei, presas a uma única haste. Essa máquina será usada para perfurar a segunda fase do Plano B e pesa quase doze toneladas. A UPS concorda em transportá-la sem custos: primeiro da Pensilvânia para Miami, em um caminhão, então de Miami para Santiago, de avião, e finalmente em outro caminhão até Copiapó, aonde chega no dia 11 de setembro. Há perfuradores muito bons no Chile, é claro, mas a profundidade e o ângulo do poço requerem um operador que consiga que o equipamento faça coisas que não foi projetado para fazer, então os chilenos pedem ajuda aos peritos da Layne Christensen, uma empresa com sede no Kansas. Quem é seu melhor perfurador para uma Schramm T130? A empresa chama Jeff Hart, que está no Afeganistão perfurando poços para fornecer água potável e duchas às tropas americanas.

O Plano A e o Plano B logo estarão em andamento, mas ambos forçarão seus equipamentos além dos limites para os quais foram projetados, e a probabilidade de fracasso é alta. Sougarret decide, então, acrescentar um Plano C: uma enorme sonda de perfuração de petróleo que levará dias para ser montada, mas que, quando começar a funcionar, vai perfurar mais rápido do que a sonda do Plano A. A empresa canadense Precision Drilling Corporation possui uma dessas sondas de petróleo parada no sul do Chile; são necessários 37 caminhões para trazer a RIG-421 de um local de trabalho a mil quilômetros de distância. A tecnologia que a guiará até seu alvo e alguns dos técnicos para operá-la serão fornecidos pela empresa sul-africana Murray & Roberts.

Em uma série de conversas telefônicas, Sougarret descreve os três planos de perfuração a Luis Urzúa. Não importa qual dos três os alcançará primeiro, é claro. Mas quando tudo é explicado a Urzúa, parece que o Plano B provavelmente será o mais rápido.

O governo do Chile mobiliza recursos de dezenas de agências diferentes e vários oficiais de alto escalão vivem no terreno da mina ou perto dele, incluindo dois membros do gabinete presidencial. A escala de mobilização é tal que é como se estivessem preparando um lançamento espacial chileno, e, assim como uma expedição ao espaço, a operação de resgate precisa de um nome. O ministro da Saúde, Jaime Mañalich, telefona para o presidente Piñera e sugere que a chamem "Operación San Lorenzo", em homenagem ao santo padroeiro da mineração.

O presidente não parece se entusiasmar com a ideia, de acordo com o relato sobre os bastidores preparado por Carlos Vergara Ehrenberg. "Lorenzo", repete Piñera. Não, soa demais como Laurence, como Laurence Golborne, afirma. Em La Moneda, os consultores do presidente continuam realizando pesquisas de opinião sobre o resgate e, recentemente, os números mostram algo preocupante: por mais alto que seja o nível de aprovação do presidente, o do ministro das Minas é ainda mais alto. Golborne, que antes ocupava um dos cargos mais obscuros do gabinete de Piñera, tornou-se o rosto do resgate e começa a ofuscar o chefe.

"Vamos chamá-la de 'Operação Jonas, o Profeta'", diz o presidente. O nome, porém, nunca chega a pegar. Em vez disso, a mídia chilena e internacional reunida no terreno da mina se refere continuamente à operação pelo nome já adotado informalmente pelos membros da equipe de resgate: "Operación San Lorenzo".

A fim de manter em alta o moral dos homens que estão vivendo no subterrâneo durante o desenrolar da Operación San Lorenzo e de impedi-los de se voltarem uns contra os outros, o psicólogo Iturra tem acesso a um poderoso medicamento, capaz de induzir à felicidade: as vozes dos entes queridos dos mineiros, ouvidas em conversas telefônicas. Um a um, em 29 de agosto, esposas, irmãos, mães, irmãs, pais e filhos são levados para o outro lado das fileiras de policiais e cercas de segurança, até uma pequena cabana metálica de comunicações, com mais ou menos 1,5 metro por 2,5 metros, montada sobre o solo arenoso, a poucos passos do poço que leva aos 33 homens. Há uma câmera e um microfone ligados a outra câmera e outro microfone posicionados em uma galeria dentro da mina. Em preparação para esse momento, o psicólogo escreveu uma carta aos homens presos. Entre outras coisas, lhes disse que aqueles com duas casas ou com complicações amorosas deveriam dar preferência nessas teleconferências a suas esposas e famílias. "Eu disse isso porque já estava vendo os conflitos com as namoradas se desenrolando no acampamento", conta mais tarde. "E também disse a eles que seria mais fácil assim: porque, afinal de contas, amantes e namoradas tendem a perdoar com mais facilidade do que esposas."

De qualquer forma, algumas namoradas estão tendo dificuldades para entrar no acampamento. Susana Valenzuela, a namorada de Yonni Barrios, afirma que não muito depois do aparecimento do dinheiro de Farkas, a esposa de Yonni, Marta, "me traiu" e os Carabineros a escoltaram para longe do novo Campo Esperanza que fora construído para dar privacidade aos familiares das vítimas, longe da mídia. Em 28 de agosto, a Associated Press fotografa Susana do lado de fora do acampamento, segurando um cartaz com grandes letras, no qual se lê: "A coragem de estar presente". O cartaz exibe também uma foto de Yonni e, em letras bem menores, a frase: "Para você, meu amor, sua Chanita". A legenda da foto circulada por todo o mundo refere-se a Susana como a "esposa" de Yonni, mas apenas alguns dias depois a verdade vem à tona, quando assistentes sociais ligados aos esforços de resgate percebem que Yonni na verdade é casado com outra mulher, que se encontra no Campo Esperanza, depois ficam sabendo pelo próprio Yonni que ele não vive (exclusivamente) com a referida esposa há anos. Marta é fotografada no Campo Esperanza segurando um cartaz coberto com fotos de Yonni, e os jornalistas começam a usar a imaginação para deduzir — e publicar como fato — que Marta só ficou sabendo da existência de Susana quando as duas se encontraram no Campo Esperanza, após o acidente. Na verdade, as duas já sabiam da existência uma da outra havia muito tempo.

Além de determinada, Susana é esperta, e para entrar nas partes do Campo Esperanza às quais não tem acesso, recorre a um ardil digno de espião. Vê um carregamento de peixes e legumes sendo entregue à grande cozinha onde a comida para as famílias e a equipe de resgate é preparada. "Coloquei um avental, peguei um peixe e uma cebola e passei direto pelos guardas", conta. "Os jornalistas me viram lá dentro e perguntaram se eu era parente de algum dos homens e eu disse: 'Não, sou só cozinheira'." Dessa forma, Susana consegue dar um jeito de chegar à cabana para falar com Yonni, apesar dos conselhos do psicólogo.

De qualquer forma, os mineiros e seus familiares não podem falar de muita coisa nessas primeiras conversas. Iturra limita a primeira ligação de cada um deles a quinze segundos, mais ou menos; a ligação seguinte durará em torno de um minuto. Iturra pensa na maratona mental pela qual os mineiros passarão e acredita que, assim como foi feito em relação aos alimentos, é melhor lhes fornecer apenas uma dose pequena de amor familiar no começo. "Em um período de quinze a trinta segundos, você não consegue transmitir informações — há apenas o contato pessoal. Você está presente", afirma o psicólogo. "Você pode dizer 'Eu te amo, você pode contar comigo', e só. Não dá tempo de dizer 'Seu pai está triste, sua avó está doente, seu filho não está indo à escola'."

Iturra está seguindo os conselhos da Nasa, mas os 33 homens não são astronautas; não se ofereceram para ficar presos em um buraco durante meses. Após as ligações demasiadamente curtas, os mineiros começam a sentir, o que é compreensível, que estão sendo tratados como crianças. Deixem-nos falar com nossas esposas, nossos filhos, dizem. Somos homens, não estamos indefesos. O paternalismo dos psicólogos pode ser claramente observado em um vídeo, gravado na superfície, em que a esposa de um dos mineiros fala com o marido no telefone instalado na pequena cabana metálica.

"*Hola*, meu amor", começa a jovem, em uma voz fraca.

Iturra está sentado perto dela. A mulher parece estar prestes a se deixar tomar pela emoção quando ele rapidamente a repreende, dizendo que se anime. "*¡Ánimo!*"

"Todo mundo está bem", continua a mulher, soando um pouco mais otimista. Lista todos os parentes do marido, depois diz "Estou com saudade", em uma voz com um toque de desespero.

"*¡Ánimo!*", ordena o psicólogo, e a jovem novamente tenta soar mais alegre, até que alguns segundos depois o psicólogo diz: "Comece a se despedir".

Mesmo depois de a equipe de resgate instalar uma linha de fibra óptica permanente entre o subterrâneo e a superfície — que inclui um sinal de televisão e uma conexão telefônica —, o psicólogo continua limitando os contatos com a família a períodos de oito a dez minutos por semana, mais ou menos — o tempo aproximado que a Nasa dá a seus astronautas. (No fim das contas, Víctor Zamora acaba liderando uma curta "greve" contra o psicólogo, virando de costas para a câmera e se recusando a falar com a própria família até que Iturra conceda aos homens mais tempo para as chamadas de vídeo.) O contato com o mundo exterior "tira você da realidade em que se encontra", afirma o psicólogo. "Coloca você em um mundo onde você não tem nenhum poder." Iturra está tentando proteger os mineiros do sentimento de impotência: eles podem agir lá embaixo para ajudar no próprio resgate, mas não podem estar em casa para ser bons pais ou bons filhos. Em casa, são necessários e são ricos, são famosos e seus filhos precisam ser alimentados e protegidos. Os homens podem não estar nesse mundo, mas mesmo com Iturra tentando protegê-los, acabam sendo sugados para ele, porque apesar da grande desconfiança dos mineiros, ninguém está censurando ou monitorando as cartas. Por meio do "correio" que desce pelas *palomas*, Zamora tem conhecimento de que o filho mais novo está sendo intimidado na escola: "Seu pai nunca vai sair! Ele foi esmagado por uma pedra!". Franklin Lobos recebe a notícia de que a sua ex-mulher está na superfície e de que os filhos esperam que ele vá reatar com ela. Outros descobrem que as mulheres em suas vidas escutaram a voz de Deus e decidiram que deveriam dar o próximo passo e se casar logo. Em uma das primeiras cartas recebidas por Edison Peña, sua namorada, Angelica Alvarez, menciona o assunto de casamento, a que Edison responde: "Eu não entendo por que você quer se casar comigo... Eu tive muito tempo para pensar em todas as coisas que destruí e em tudo o que você sofreu por minha causa... Mas eu também não ia querer que você estivesse com mais ninguém e gostaria de te fazer feliz, mesmo que eu nunca tenha conseguido".

Essa carta acaba chegando, de alguma forma, ao jornal madrilenho *El País,* e a confissão de Edison logo está circulando por todos os países de língua espanhola. Os mineiros podem não estar totalmente impotentes para ajudar suas famílias — agora podem pelo menos enviar instruções e acompanhar os acontecimentos por telefone —, mas estão inegavelmente desprotegidos contra a mídia. Alguns repórteres estão dispostos a pagar às famílias para ler as cartas dos mineiros, mas a maioria consegue simplesmente usar a lábia para convencer os parentes a mostrá-las, e logo os jornais chilenos reproduzem muitas das palavras escritas pelos homens presos no subterrâneo. Essas cartas acabam indo parar novamente na mina, pois apesar das suspeitas dos mineiros, Iturra e os outros líderes da equipe de resgate também decidem não censurar os jornais.

Os jornais de Santiago são enrolados e enfiados nas *palomas* por funcionários do gabinete do governador regional, encarregados de enviar aos homens materiais de leitura. Ao abrirem pela primeira vez essas preciosas relíquias do mundo da superfície, se dão conta de como ficaram famosos, com suas fotos cobrindo todas as primeiras páginas. Sim, alguns dos mais pudicos entre os funcionários na superfície cortam diversas fotografias e anúncios que exibem mulheres em trajes sumários, mas nenhum deles impede o envio da edição de 28 de agosto do jornal *La Tercera,* por exemplo. Ela traz um artigo de capa sobre um mineiro cuja fama recém-adquirida está saltando da página e inclui citações retiradas de uma carta escrita por ele dentro da mina. Quando 32 outros mineiros leem essas palavras, obtêm acesso inesperado à mente de Mario Sepúlveda.

13

LÍDER ABSOLUTO

Apesar do nome, *La Tercera* é o segundo jornal mais influente do Chile. Sua edição de 28 de agosto traz uma grande reportagem de página inteira sobre Mario Sepúlveda, escrita logo após a estelar aparição do mineiro na televisão chilena e internacional. Segundo o artigo, a foto de Mario apareceu na primeira página do *New York Times*, do *Guardian*, de Londres, e do *El País*, de Madri. Também cita o discurso de Perri no vídeo de 26 de agosto e entrevista sua esposa, Elvira. "Ela não está surpresa com as qualidades de líder natural exibidas pelo marido", escreve o repórter. A história cita também trechos de uma carta que Mario enviou à família, na qual descreve como os mineiros estão se relacionando. "Eu sou o líder absoluto", começa. "Organizo as coisas, dou ordens e, como sempre, evito perder a cabeça. Mas a coisa mais bonita é que sou respeitado e nada é feito sem que eu fique sabendo." Elvira afirma que um assistente social do gabinete do governador roubou a carta dela e a entregou ao jornal, mas muitas das famílias dos mineiros duvidam disso. Enfiada em uma *paloma* junto com muitos outros jornais, essa história chega aos homens e é rapidamente passada de mão em mão. Leem a respeito de si mesmos sob o brilho acinzentado da luz artificial, olhando para a página na qual Mario os encara de dentro da mesma caverna em que estão todos presos.

Quer estejam sendo justos ou não, para os homens presos a reportagem se parece muito com autopromoção. Mario foi um dos primeiros a mencionar que poderiam ficar ricos contando sua história, e esse artigo sugere para alguns que ele está tentando concentrar os holofotes da mídia sobre si, com a esposa o preparando para se tornar um astro midiático quando voltar à superfície. Os homens consideram suas declarações ao mesmo tempo engraçadas e insultantes. Ali estavam eles, achando que eram 33 homens tomando decisões juntos, enquanto o resto do mundo é levado a acreditar que Mario é o "líder absoluto". A essa altura, já estão presos no subterrâneo há quase quatro semanas. Cada um luta para manter sua sanidade mental, vários tentam encontrar uma maneira de sair dali, todos preocupados com o bem-estar dos demais. Sim, mais de uma vez Mario tomou a iniciativa de fazer algo que ajudou a salvá-los, mas sempre em cooperação com outros homens: quando subiu a chaminé para tentar encontrar uma saída, Raúl Bustos estava com ele; quando lançou sua convocação inflamada à oração, foram José Henríquez e Osman Araya que de fato conduziram as orações. E para cada vez que Mario se manifestou e levantou o moral de alguém com sua voz suplicante, houve em contrapartida um momento em que ele mesmo se debulhou em lágrimas e desespero e precisou ser amparado pelos colegas. Mas nessa história, publicada em um jornal que alcança todos os cantos do Chile, Mario Sepúlveda alega ser o capitão, o herói dos mineiros.

Vários homens, especialmente os mecânicos, veem a carta e a reportagem como prova da necessidade maníaca de Mario de ser o centro de tudo e passam a desconfiar ainda mais dele. Raúl Bustos começa a implicar sem piedade com Mario por sua bravata toda vez que tem uma chance.

"Raúl Bustos começou a zombar e rir de mim", conta Mario. "Ele dizia: 'Você nunca vai ser chefe de ninguém. Quem você pensa que é?'. José Aguilar também."

Mario explica aos colegas furiosos que escreveu aquela carta para levantar o moral do filho, o menino que ele precisa desesperadamente proteger: fez de si mesmo o líder absoluto porque queria que Francisco acreditasse que o pai era seu "Coração Valente", seu Mel Gibson liderando os homens na batalha. As explicações de Mario não conseguem desfazer o dano à sua reputação no subterrâneo, e sua carta acentua as divisões entre os 33 homens.

Aqueles que dormem no Refúgio e perto dele continuam apoiando o homem com coração de cachorro. "O líder que tínhamos lá dentro era Mario Sepúlveda", diz Omar Reygadas mais tarde. "Era ele quem nos mantinha firmes. Não podemos negar isso a ninguém e eu nunca vou negar, pois não sou ingrato." Franklin Lobos ouve as alfinetadas que Bustos dá em Mario e acusa o primeiro de "dividir deliberadamente o grupo". O próprio Mario acredita que seus inimigos estão tentando o "*maricanear*", palavra chilena que significa conspirar contra alguém, derivada de *maricón,* termo pejorativo para homossexuais. Não sendo do tipo que fica parado enquanto outros tramam contra ele, Mario decide "colocar as cartas na mesa" e se dirige ao nível 105 para confrontá-los.

"Luis Urzúa estava lá, Juan Illanes, Jorge Galleguillos, todos eles. Eu entrei e disse: 'Olha, seus filhos da puta,* deixa eu esclarecer uma coisa para vocês. Eu não sou o chefe. Mas o chefe, cuzões, é aquele idiota que está se preocupando 24 horas por dia com esses caras, com o cara que está com a barriga doendo e precisa de ajuda. O chefe é o *huevón* que mantém tudo limpo, o idiota que tem que dizer aos caras para manterem limpa a área de trabalho deles. O chefe é o *huevón* que acaba de vir do nível 120 e de colocar luvas para limpar a merda que esses caras deixaram espalhada por tudo quanto é lado lá onde a gente vai ao banheiro e porque algum imbecil pegou a própria merda e cobriu a porta com ela. E vocês sabem quem é o *huevón* que faz tudo isso? Sou eu, seus filhos da puta'."

Mais tarde, Mario se comunica por telefone com a superfície e dá uma bronca no psicólogo, a quem acusa (sem nenhuma prova) de ter liberado sua carta para a imprensa. "Seu filho da puta", começa. "Que tipo de profissional é você, seu babaca, que permite que uma carta seja passada adiante desse jeito?"

Enquanto Mario tenta resolver a confusão que ele mesmo criou, alguns observam que ele monopoliza a linha telefônica com a superfície e não está sujeito aos limites de tempo que os outros mineiros têm que respeitar. Até aqueles que gostam de Mario acreditam que sua súbita fama está lhe subindo à cabeça. Víctor Segovia descreve em seu diário como Mario anda de um lado para o outro, frustrado, porque virou celebridade, mas ainda está preso em um buraco e não pode fazer nada com sua fama

---

* Em espanhol, Mario disse "*concha de su madre*". Isso significa, literalmente, "concha da sua mãe", embora seu sentido vulgar completo seja mais próximo a "boceta da sua mãe". *Concha de su madre* é um xingamento comum em alguns países da América do Sul, convertido aqui em "filho da puta", levemente menos ofensivo.

recém-adquirida. Entre aqueles que não confiam em Mario está Raúl Bustos, que se sente mais do que disposto a falar abertamente sobre suas desconfianças e seus medos relativos aquele homem. Para ele, Mario não passa de um lutador de rua comum, o tipo de cara cujas brigas poderiam facilmente ter feito com que acabasse na cadeia. Desde que a perfuratriz irrompeu, Bustos ouve Mario e Víctor Zamora fazerem piadas preocupantemente violentas sobre os dias do passado recente durante os quais estavam todos morrendo de fome. "Disseram que tinham um canivete e que iam usá-lo para matar [*faenar*] pessoas. Que teriam comido certas pessoas ou o primeiro a cair. Disseram que era brincadeira, mas não se brinca com essas coisas... Eu vinha prestando atenção. Dava para ver que eles tinham um lado cruel." Bustos acredita, com ou sem razão, que o senso de integridade dos mecânicos impediu que o supervisor do turno, Luis Urzúa, fosse sobrepujado por Mario Sepúlveda e seu "clã" no Refúgio. Está preocupado com sua segurança pessoal, especialmente agora que conquistou a hostilidade de Mario, e revela seus receios à esposa em suas cartas. "Raúl disse que nunca dormia bem", afirma Carola Bustos. "Porque sempre dormia com um olho aberto."

Muitos dos homens presos conversaram com o psicólogo Iturra a respeito da intimidação que vinham sofrendo de outros mineiros. "Você não pode nem comentar porque tem gente controlando o que você fala", diz um deles em uma das muitas conversas telefônicas individuais que o psicólogo tem com os homens. "Estou com medo."

"Aproxime-se de alguém que possa te proteger", aconselha o psicólogo.

Os embates verbais continuam, e todos os dias Víctor Segovia descreve uma nova briga em seu diário. Certa noite, Claudio Yáñez entra em uma discussão acalorada com Franklin Lobos — que anda "muito mal-humorado", escreve Víctor — e Claudio dorme com um cano a seu lado porque o ex-jogador de futebol o ameaçou. "Durante os vinte dias em que estávamos famintos e desesperados, sempre permanecemos unidos", escreve Segovia, "mas assim que a comida começou a chegar e as coisas melhoraram um pouco, os homens começaram a mostrar as garras e a querer provar quem era o mais forte."

Para o psicólogo, está claro que os homens estão divididos e que o medo entre eles é um produto natural da "crise de autoridade". Fica ciente dos conflitos por meio de suas conversas telefônicas com os mineiros e de suas consultas com familiares que receberam cartas perturbadoras dos homens. Urzúa é um "líder passivo", e na ausência de uma forte figura de autoridade, "há algumas pessoas tomando a autoridade para si e outras fazendo o que bem entendem", afirma Iturra. "Lá embaixo, se alguém saísse da linha", um dos mineiros mais tarde revela ao psicólogo, "um grupo de cinco ou seis de nós ficava encarando feio o cara e botávamos pressão nele [*hacíamos fuerza*]." Enquanto tentam dormir nas novas camas portáteis fornecidas pela equipe de resgate, os pensamentos de alguns são perturbados por esse novo medo: a ideia de que estão presos na mina não apenas com irmãos que compartilham seu sofrimento, mas também com homens que não os respeitam, que podem atacá-los durante seu sono ou trair o grupo para ficar com a riqueza que os aguardam na superfície.

"Acho que é por causa do medo que estamos todos brigando", escreve Víctor Segovia em seu diário em 31 de agosto. Víctor também acredita que o dinheiro que os espera lá fora está fazendo com que alguns percam a cabeça e fica grato por sua família nunca mencionar dinheiro nas cartas que lhe enviam. Naquele mesmo dia, o assunto das brigas entre os homens é mencionado na oração diária no nível 90. "Rezamos e pedimos para que todos mantivessem a calma e que parássemos de brigar tanto", escreve Víctor. Alguns dias mais tarde, 33 crucifixos chegam em uma *paloma*. Vieram de Roma e foram abençoados pessoalmente, segundo os homens são informados, pelo papa Bento XVI. Víctor pendura um deles em uma caixa sobre sua nova cama inflável e ora pela paz entre seus irmãos.

Os 33 homens certamente não estão orgulhosos dos conflitos que os têm dividido nessa sua quarta semana de cativeiro. Mas é difícil acreditar que qualquer outro grupo de 33 pessoas teria se saído muito melhor nessas circunstâncias. Imagine estar preso em uma caverna quente e úmida, sujeito a cerca de três semanas de fome e privação, seguidas por um circo midiático global que você precisa aguentar enquanto permanece confinado em uma montanha cujas entranhas constantemente retumbam, sugerindo que toda a história pode mesmo assim acabar com você morto e enterrado. Imagine ser mais famoso e rico do que jamais foi em toda sua vida, mas ao mesmo tempo dependente de estranhos que decidem o que e quando você vai comer e por quanto tempo pode falar com sua família. E imagine a pressão de ter toda uma nação o enxergando como um símbolo de coragem e de tudo o que há de bom e sólido na mineração, um ofício que está no cerne da identidade de seu país.

Os homens veem o que sua história significa para o povo chileno em todos os jornais que chegam e sentem o peso da responsabilidade do que vieram a simbolizar: resistência, fé, fraternidade. É por isso que, apesar das muitas palavras duras trocadas entre eles, a maioria dos mineiros não desiste de tentar ser o exemplo de trabalhadores chilenos orgulhosos e unidos que o mundo exterior acredita que são. De certa forma, é sempre assim dentro de uma mina, onde estar confinado correndo risco de vida com outros homens que o insultam e zombam de você é parte da vida cotidiana. "Em uma mina, quando você ofende alguém e ele ainda está lá no dia seguinte, sem guardar ressentimentos, quando você sente que ele só quer seguir adiante, tudo isso gera confiança", afirma Iturra. "Você pensa: *Esse cara não vai me abandonar.*" Desde que os homens possam se manter ocupados, desde que ainda possam se sentir como mineiros, devem conseguir manter pelo menos uma aparência de unidade.

Na verdade, os homens entram de fato em um ritmo de trabalho, completamente diferente da rotina da mina antes de 5 de agosto. Descarregam suprimentos, medicamentos e pacotes pessoais que chegam o tempo todo e também mantêm em funcionamento a linha de comunicação com a superfície e as luzes. O descarregamento das *palomas* traz todo tipo de coisas interessantes. Livros de faroeste, Bíblias de bolso e um aparelho de MP3 para um mineiro que tem reclamado tanto de tudo que os outros lhe dão o equipamento só para que ele fique quieto. Mas depois alguns reclamam do fato de só um deles ter um aparelho de MP3 e logo cada um recebe o seu. Para o entretenimento em grupo, recebem um projetor portátil Samsung SP-HO3 Pico. O aparelho cabe na palma da mão, e logo os homens o utilizarão para assistir a vídeos, filmes e imagens de TV ao vivo projetadas em um lençol branco. Mas o melhor de tudo é que as *palomas* estão começando a trazer comida de verdade. A dieta diária dos homens aumentou de quinhentas para mil calorias e logo passará para 1500. Os homens recebem refeições de verdade, preparadas em uma cozinha na superfície, incluindo arroz, almôndegas, pão, frango, massa, batatas e peras, tudo em porções pequenas, porém deliciosas.

Após alguns dias, durante os quais os homens devoram — entusiasmados e agradecidos — essa comida de verdade, a equipe de resgate encontra um doce dentro do que deveria ser uma *paloma* vazia, enviada de volta do subterrâneo. Um dos homens devolveu a sobremesa daquele dia. Esse troço que vocês nos deram, diz um bilhete anexo, não está muito bom. Vocês têm alguma outra coisa? A sobremesa rejeitada é inequivocamente um bom sinal: os homens não estão mais tão desesperados a ponto de comerem qualquer coisa que lhes for enviada.

Em 30 de agosto, um dia antes de os homens rezarem pela paz entre eles no nível 90, a equipe de resgate começa a perfurar o primeiro poço que tem como objetivo retirar os mineiros do subterrâneo. A Strata 950 é uma máquina tão grande e complexa que são necessárias muitas metáforas diferentes para descrevê-la. Com quase três andares de altura, sua estrutura geral é a de um monumento, ou de um coreto, com seis pilares de aço inoxidável, cada um com a altura aproximada de dois andares, que sustentam um grande teto de metal tendo ele próprio quatro colunas brancas adicionais projetando-se do topo. Esse edifício está posicionado sobre um chão de concreto recém-aplicado e abriga uma série de hastes e alavancas hidráulicas projetadas para guiar brocas do tamanho de homens pela terra. A Strata 950 começará a escavar um poço piloto de 38 centímetros e, depois que ele estiver concluído, uma segunda broca o alargará para 71 centímetros para comportar a gaiola de resgate. A primeira e menor das brocas é composta de uma série de discos adornados que se encaixam e começam a triturar a rocha, criando um poço que recebe 35 litros de água por segundo a fim de reduzir a fricção. A Strata 950 vai abrindo caminho pela montanha de diorito enquanto homens de macacões amarelos a operam, trabalhando em equipes para erguer, virar, alinhar e abaixar diversos componentes de aço pesados, cada um deles fazendo algo diferente, como se estivessem trabalhando em uma linha de montagem de pedras trituradas. O barulho feito pela máquina, contudo, é similar em volume e tom ao de um motor de um jato se movimentando pela pista de decolagem. A broca gira à velocidade lenta, porém constante, de vinte RPM, trabalhando sob a luz do sol e, durante a noite, na área iluminada por lâmpadas brancas que deixam as equipes de trabalho parecendo figurantes em um filme de ficção científica.

A equipe de resgate trabalha duro em uma bolha de luz, esforçando-se para alcançar um grupo de mineiros-astronautas que não estão mais morrendo de fome, mas que continuam profundamente irritados e esperam para serem libertos, 640 metros abaixo.

A equipe de peritos em saúde e engenheiros da Nasa chega a Copiapó na manhã de 1º de setembro, após uma viagem de dois dias de Houston. Durante o percurso de carro da cidade de Copiapó até a mina San José, o doutor J. Michael Duncan assimila a paisagem descampada, as cores e texturas de características geológicas que parecem transplantadas de Marte. Lembra-se de que os chilenos estão construindo novas instalações neste mesmo deserto — o Centro de Pesquisa Lua-Marte do Atacama —, onde o ambiente inóspito e seco serve como um laboratório para estudar a possibilidade da existência de vida em outros planetas. Entram na propriedade da mina e observam imediatamente a atividade frenética no local, os homens e mulheres com capacetes de mineração e macacões. No topo da montanha, veem a enorme perfuratriz do Plano A em funcionamento. Os peritos da Nasa visitam a área durante vários dias e, em 4 de setembro, conversam com os oficiais da equipe de resgate chilena em um dos pequenos escritórios montados no local quando ouvem sons de comemoração vindos do lado de fora. Abrem a porta e veem as pessoas aplaudindo e acenando enquanto uma série de caminhões atravessa o portão: a primeira perfuratriz necessária para o Plano B, composto de dois estágios, acaba de chegar.

Os oficiais chilenos pedem aos visitantes da Nasa que conversem com os mineiros. Muitos dos diversos dignitários que vieram visitar a mina foram guiados até a cabana de comunicação para conversar um pouco com os homens presos: desde a romancista Isabel Allende até quatro membros da equipe de rúgbi uruguaia que sobreviveu a um acidente de avião nos Andes. Albert Holland recebe um telefonema de um técnico chileno. "*Hola*", diz Holland, depois para, pois não sabe muito mais espanhol do que isso e não entende a enxurrada de palavras que vêm do outro lado da linha. "Só diga '*bien*'", um dos chilenos na superfície sugere, e Holland diz "*bien*" e logo a conversa termina. Os representantes da Nasa também se encontram com as famílias e são apresentados como membros da equipe espacial americana que veio prestar consultoria para ajudar no resgate. Holland afirma que a equipe de resgate está fazendo tudo ao seu alcance para trazer os homens à superfície. Uma mulher atarracada, de pele queimada de sol e aproximadamente cinquenta anos de idade se aproxima; é apresentada aos homens da Nasa como a "prefeita" do Campo Esperanza. María Segovia escutou o discurso de Holland e, comovida, a mulher de Antofagasta que vende salgados na praia dá ao perito espacial um abraço sincero. "Vou adotar ele agora mesmo", diz ela.

Após o pôr do sol, os homens da Nasa assistem ao espetáculo do céu noturno. Este é um deserto visitado por astrônomos há décadas, pois se sentem mais próximos do espaço aqui do que em qualquer outro lugar na Terra. "A Via Láctea se estendia em um grande arco, partindo de um conjunto de montanhas cujas silhuetas se delineavam atrás de nós e atravessando o céu até as montanhas à nossa frente", conta Holland mais tarde. "Era como estar debaixo de uma tigela brilhante. O deserto, a noite e as estrelas estavam completamente silenciosos... Brilhantes, eternos e quietos." Sob a infinita abóbada do cosmos, observa Holland, há "a febril intensidade humana" da mina e de sua equipe de resgate, trabalhando para retirar da montanha 33 filhos da mãe.

Lá embaixo, 33 homens que ainda não podem admirar a Via Láctea passam horas presos na quietude e no calor que vêm do centro da Terra. Ainda não conseguem ouvir a perfuratriz do Plano A, e o silêncio é rompido pelos gemidos ocasionais de homens que ainda não se recuperaram totalmente em corpo e espírito. Podem não estar mais famintos, mas agora que bebem água limpa da superfície, e muita quantidade dela, alguns não conseguem urinar. Estão inchados e, apertando suas bexigas cheias, doloridas e teimosas, dirigem suas reclamações ao enfermeiro voluntário, Yonni Barrios, que pega o telefone e conversa com a superfície. A equipe médica do Ministério da Saúde ouve o que Yonni tem a dizer, depois lhe pergunta: você já inseriu um cateter alguma vez? O melhor tratamento para retenção urinária, explicam, é pegar um tubo, inseri-lo no pênis do paciente até chegar à bexiga e drenar seu conteúdo. Yonni recebe o cateter e as luvas necessárias para realizar a operação. "Se vocês me explicarem como fazer, eu posso tentar", informa o mineiro aos médicos, embora seja desnecessário dizer que ter de inserir um tubo no pênis dos colegas não era algo que ele esperava precisar fazer quando apareceu para trabalhar no dia 5 de agosto. Felizmente, antes que possa realizar esse procedimento desconfortável e embaraçoso, os médicos lhe dizem: espera, vamos enviar um medicamento antes. Yonni, enquanto isso, experimenta utilizar um remédio caseiro: compressas quentes, que prepara pegando algumas garrafas de água, colocando-as no cano de descarga de uma das picapes e ligando o motor para aquecê-las. "Era a medida exata de calor para aquecer a garrafa sem derreter o plástico", explica. Yonni entrega essas garrafas de água quente a Víctor Segovia, que é quem mais sofre com a retenção urinária, e o ajuda a posicioná-las entre o macacão e a pélvis. Após algumas horas desse tratamento, Víctor consegue produzir um filete de urina. Yonni informa os médicos na superfície, que pedem a ele que lhes envie uma amostra para análise.

Em seguida, Yonni coloca as luvas para tratar a mais séria das condições médicas endêmicas enfrentadas pelos homens: a disseminação de fungos por seus corpos. Antes de terem sido encontrados pela equipe de resgate, apenas alguns poucos sofriam dessa doença de pele, mas agora que podem tomar banho, perderam a camada de pó e sujeira que os protegia contra o fungo, que está literalmente chovendo em cima deles. O fluxo contínuo de águas residuais produzidas pelas perfuratrizes, combinado com o calor e a umidade opressivos da mina, transformou as cavernas em que estão vivendo em uma espécie de fábrica de fungos. A lama está começando a apodrecer e, quando a brisa muda de direção na mina, Yonni consegue sentir o cheiro de putrefação. "Parecia o cheiro que sentimos quando retiram a lama escura do fundo de um rio." Consegue ver os fungos crescendo e se espalhando no teto dos corredores e do Refúgio. "Eram como uns pelinhos finos caindo do teto", conta. Esses filamentos se chamam hifas. "Eles caíam, como se estivesse chovendo. Eram reluzentes, e brilhavam quando acendíamos as lanternas. Eram como pelinhos transparentes." O fungo cai sobre os homens enquanto eles dormem — sem camisa, devido ao calor — e quando estão acordados ele cobre seus novos colchões infláveis e começa a crescer neles também. Círculos de um vermelho vivo começam a cobrir seus corpos. Yonni veste as luvas e investiga como o fungo invade as costas, os braços e o peitoral de seus colegas de trabalho. Cada ferida tem alguns milímetros de diâmetro, com pus no centro, e conforme o tempo parece, parece penetrar mais a fundo na pele, apesar do tratamento paciente e constante com cremes ministrado por Yonni. Ele se preocupa com a possibilidade de que as pústulas vermelhas logo venham a infeccionar, e consegue imaginar o fungo penetrando mais fundo na pele, espalhando uma infecção que ele não teria condições de impedir naquela caverna úmida e fétida. Yonni teme que se ficarem presos ali até dezembro, esse fungo pode começar a devorá-los por dentro e chegar a matar até metade dos homens. Eles morreriam, depois seriam comidos por essa coisa viva que prospera na umidade e na escuridão, alimentando-se da pele cada vez mais pálida dos mineiros.

14

CAUBÓIS

Por que não saímos agora? Por que esperar até o Natal para que a equipe de resgate do governo venha nos buscar? A pergunta volta a ser feita diversas vezes nos primeiros dias de setembro. Os estrondos e gemidos da montanha não pararam, e para muitos dos homens o som intermitente alimenta um profundo tormento psicológico. Tremem no escuro enquanto tentam dormir e não sabem mais quem são, mesmo agora que estão alimentados. Em 5 de agosto, a montanha enviou explosões de rocha e chuvas de pedregulhos pelos corredores da mina para matá-los e cada novo tremor que sentem no subterrâneo é um lembrete de que ela pode tentar matá-los, novamente. A interminável tortura auditiva e sísmica infligida pela gigantesca montanha na qual estão presos aos poucos corrói a noção de que algum dia serão homens verdadeiramente felizes e livres.

Yonni Barrios afirma que podem encontrar uma saída pelas chaminés ou pela caverna da Fenda. "Como o Yonni acha que é durão [*se cree capo*], está planejando escapar pelas chaminés, mesmo sabendo que elas estão bloqueadas. E as que não estão bloqueadas não têm escadas", observa Víctor Segovia em seu diário no dia 6 de setembro. Yonni insiste nisso durante tanto tempo que acaba convencendo Mario Sepúlveda e mineiros mais velhos como Esteban Rojas de que seu plano pode de fato funcionar. "O Yonni está com medo e desesperado e está arrastando consigo pessoas inocentes", escreve Segovia. "Acho que todos que o seguirem estarão indo diretamente ao encontro da morte." Ouvindo os homens terem conversas cada vez mais detalhadas sobre seu plano de fuga, Luis Urzúa acaba ligando para a superfície e pedindo a intervenção por telefone do único homem em quem os mineiros confiam plenamente: Pablo Ramírez, o supervisor do turno da noite que tentou resgatá-los nas horas seguintes ao desabamento. Da superfície, Ramírez conversa com o grupo e "esclarece quaisquer dúvidas" a respeito da possibilidade de fuga. Todas as saídas ligadas à Rampa estão completamente bloqueadas, ele diz, e no nível 540 a mina ainda está desabando, produzindo quedas de rocha que poderiam matar os homens ou a equipe de resgate que tentasse alcançá-los caso os mineiros ficassem presos durante a subida. Com isso, todas as conversas sobre uma possível tentativa de fuga terminam, por enquanto.

Hoje, durante seu 34º dia no subterrâneo, assim como ocorreu durante a primeira noite em que ficaram presos, Luis Urzúa acredita que conseguiu impedir os homens sob sua supervisão de se matarem. Mas Víctor Segovia e muitos outros ainda estão frustrados com ele. "Estamos assando aqui embaixo e sempre discutindo, mas quando as pessoas na superfície falam com nosso chefe, ele sempre diz que está tudo bem." Urzúa é um outsider, um supervisor de turno com apenas alguns meses de trabalho na San José, e antes do colapso nem sequer conhecia a maioria dos homens, escreve Segovia. Além disso, está claramente tomando partido dos mecânicos (outro grupo de outsiders, aos olhos dos nortistas que trabalham na mina há mais tempo). Os mecânicos, por sua vez, estão tão frustrados com os veteranos e com o jovem "clã" que dorme no Refúgio e em seus arredores que pararam de recarregar as baterias de suas lanternas. "Agora estamos sem luz nenhuma", escreve Segovia.

A única coisa que Urzúa pode fazer para apaziguar a ansiedade de seus homens é transmitir o que ficou sabendo por meio de Sougarret e dos outros a respeito dos esforços de resgate. Há pessoas, perfuratrizes e equipamentos vindo dos Estados Unidos, da Áustria, da Itália e, é claro, das maiores minas do Chile. Então, no dia 7 de setembro, Urzúa fica sabendo que a equipe do Plano B alcançou 123 metros no primeiro estágio de seu plano de perfuração, ultrapassando a profundidade da perfuratriz do Plano A após apenas dois dias. Se a equipe do Plano B conseguir continuar nesse ritmo, é provável que a cápsula de resgate os tire de seu inferno bem antes do Natal. Essa informação ajuda a acalmar consideravelmente os homens. Outra revolta em potencial foi evitada, mas Urzúa tem muitas outras coisas com que se preocupar. O supervisor de turno é constantemente chamado ao telefone para falar com todo tipo de gente que tem pouco ou nada a ver com o resgate. Um dia é o embaixador da Palestina no Chile quem está na linha; no outro, o embaixador de Israel. Urzúa conversa com diversos líderes da Igreja Católica e com seus rivais cristãos, os evangélicos. Sim, todos esses dignitários ligam para expressar sua solidariedade, para mostrar aos 33 homens que o Chile e o mundo os apoiam. Urzúa é um homem generoso e agradecido e nunca reclama de ser tratado como uma celebridade enjaulada, forçada a falar com qualquer pessoa que seus "tratadores" na superfície decidem trazer ao telefone, embora tivesse todo o direito de reclamar. Também não é homem de arranjar briga, não com tanta responsabilidade já sobre seus ombros. É o intermediário entre os mineiros e os psicólogos, engenheiros, médicos e, principalmente, Sougarret, o ministro das Minas e o presidente da República. Finalmente chega a uma importante conclusão: "Eu tinha que começar a delegar mais". Encarrega Samuel Avalos, também conhecido como CD, dos termômetros e das mangueiras que começaram a bombear um pouco de ar fresco para a mina. (Avalos observa que quando o ar não está funcionando, e durante certas fases da perfuração, a temperatura chega a 50°C e a umidade alcança 95%). Quando uma linha de fibra óptica desce pelo poço, Urzúa pega dois dos homens mais jovens e entendidos em tecnologia para fazer as conexões necessárias e formar a nova equipe de comunicação: Ariel Ticona, o mineiro de 29 anos cuja esposa está prestes a dar à luz, e Pedro Cortez, de 26 anos. A nova equipe de comunicação rapidamente se mete em uma briga com Mario Sepúlveda, que acha que deveria poder pegar o telefone e falar com a superfície sempre que quisesse. "Perri quase saiu no braço com Ariel", observa Víctor Segovia em seu diário. Ticona e Cortez abandonam suas novas funções e se retiram para o Refúgio, até que Urzúa vai atrás deles e os convence a voltar.

A nova linha de fibra óptica é rapidamente posta em uso. Em 7 de setembro, Cortez, Ticona e outros a conectam ao aparelho portátil Samsung, que projeta uma imagem de televisão em um lençol branco: a seleção chilena de futebol disputa um amistoso internacional contra a Ucrânia. Ao vivo, de Kiev. A seleção chilena posa no campo para uma foto antes do início da partida, vestindo camisas com os dizeres FUERZA MINEROS. Quase todos os 33 homens se reúnem diante da tela improvisada para assistir ao jogo e a maioria veste as camisetas vermelhas que receberam da superfície, para combinar com os jogadores. São filmados enquanto assistem ao jogo, em um vídeo em preto e branco que o governo chileno distribuirá mais tarde para a mídia global. Franklin Lobos, que um dia vestiu a camisa da seleção do Chile como jogador, oferece um comentário sobre o jogo para a televisão chilena, o que só faz acrescentar à divertida esquisitice do que virá a se tornar uma reportagem leve, anunciada pelos apresentadores de jornal com um leve sorriso no rosto, sobre um grupo de trabalhadores presos debaixo de centenas de metros de rocha, fazendo a coisa mais normal que alguém pode fazer: assistir a uma partida de futebol. Os homens sorriem e acenam para a câmera, e com suas camisas idênticas parecem uma equipe enviada em uma missão ao centro da Terra. São objetos involuntários de entretenimento internacional, mas não reclamam, embora Víctor Segovia decida não se juntar aos colegas enquanto assistem ao jogo, pois não quer que as pessoas na superfície pensem que está tudo bem dentro da caverna-prisão, quando na verdade não está. Com o tempo, outros homens também se rebelarão contra a ideia de que são peixes em um aquário: por algumas horas, cobrem a câmera que transmite uma imagem contínua à superfície, localizada na área onde as *palomas* são descarregadas.

Na superfície, pelo menos alguns dos familiares das vítimas também estão insatisfeitos com o fato de o desabamento da mina San José estar se tornando um evento promovido pela mídia e por celebridades. Além dos políticos, diplomatas e filantropos, atores e músicos também aparecem no Campo Esperanza, como o grupo chileno de cumbia-ranchera Los Charros de Lumaco, vestindo chapéus de caubói. As famílias são convidadas a entrar em um ônibus que as levarão para assistir a um show de comédia em Copiapó e mais tarde haverá uma distribuição de lingerie para as esposas e namoradas dos mineiros. Os músicos, comediantes, atores e fornecedores de roupas íntimas femininas vieram com o único propósito de levantar o moral das famílias, mas Carmen Berríos, a esposa de Luis Urzúa, não vê neles nenhuma utilidade.

"Vêm umas pessoas de fora, 'artistas', segundo eles, que pessoalmente não me interessam", ela escreve ao marido. "Você me conhece e sabe o que eu penso disso." Carmen ignora tanto as celebridades quanto os repórteres que querem transformá-la em celebridade. Luis Urzúa, juntamente com Mario Sepúlveda e Yonni Barrios, é um dos mineiros com maior visibilidade nos jornais e na televisão, e os repórteres querem fazer de Carmen e seus dois filhos representantes do líder que se encontra preso na mina. "A família fez uma promessa: Noelia, Luis e eu não vamos responder às perguntas 'idiotas' da imprensa", escreve Carmen ao marido. "E a sua família — sua mãe, seus irmãos, primos etc. — também sabe o que pensamos desses repórteres e respeita nossa decisão. Só vamos falar com eles quando os mineiros forem resgatados. É por isso que você nunca vai nos encontrar em nenhum jornal."

Lá embaixo, Luis devora as cartas da esposa. Carmen é a mesma, não mudou, e suas cartas diárias são uma dose de sanidade no meio de tanta coisa absurda e assustadora a seu redor. Ele quer que ela escreva mais, porque quando o faz as coisas parecem normais por um instante, como se ele estivesse em casa sentado à mesa de jantar, ouvindo a esposa falar. Carmen não consegue deixar de notar a ironia: "Você sempre disse que eu falava demais", escreve. Carmen diz repetidas vezes ao marido que confie na fé que compartilham ("Você está lendo o livro de orações que eu mandei?") e que se mantenha focado no que importa, no resgate e na segurança dos 32 homens que estão sob sua responsabilidade, não na fama e na riqueza que poderá vir a ter. Ela não menciona nem uma vez os milhões doados por Farkas, e quando ele finalmente lhe pergunta a respeito, a esposa lhe responde: Não se preocupe com isso, você precisa se concentrar no resgate, porque é ridículo falar de dinheiro quando sua vida ainda está em perigo. Luis confia em Carmen mais do que em qualquer outra pessoa, e ela também se transformou em seus olhos e ouvidos na superfície. Uma coisa é ouvir dos oficiais que o governo chileno está fazendo o possível para resgatá-los, outra bem diferente é lê-lo nas palavras da própria Carmen. "Você não pode imaginar a escala da mobilização de máquinas, de trabalhadores [...] de grandes holofotes, contêineres de transporte e máquinas abrindo estradas pela montanha ao sul, norte, leste e oeste", ela escreve. "Há caminhões remoendo e escavando a terra e outros enormes que sobem todos os dias cheios de água, 5 mil litros de cada vez. Nós ouvimos o barulho dos geradores que mantêm os holofotes acesos: em cada canto da montanha há enormes holofotes, do tipo que você provavelmente só viu em Punta del

Cobre [uma das maiores minas do Chile] ou algum outro lugar, mas nunca na San José."

Carmen escreve ao marido, acima de tudo, para lembrá-lo de que é amado. Escreve um poema e o envia a Luis. "Generoso, simples, sofrido mineiro/ bebendo das entranhas feridas da Terra/ olhando, sem enxergar, com seus olhos cansados./ Digo mineiro e digo seu nome/ mineiro de carvão, de pó, de minerais/ suas mãos ressecadas por invernos precoces/ que conhecem a pá, a rocha talhada e a picareta." Às vezes, as cartas são brincalhonas, como se ela fosse uma menina e os dois tivessem se conhecido algumas semanas antes, não como se fossem casados há vinte anos. "Você pensou em mim, sentiu minha falta ou já esqueceu que tipo de perfume eu uso?", pergunta Carmen em uma delas. (Luis não esqueceu: durante vários dias após o desabamento, sentia seu perfume no banco da picape quando dormia. O cheiro tinha pegado carona de casa nas roupas de Luis e se fixado ali de alguma forma.) Mais frequentemente, suas cartas transmitiam uma devoção madura, romântica e duradora. "Não se esqueça de mim", escreve. "Lembre-se das coisas boas que eu te dei e das ruins também, que foram poucas. Porque nós vamos nos ver novamente, para começar de novo, como da primeira vez." Conclui a carta com uma promessa: "Vou te esperar para sempre". *Te espero por siempre.* Quando segura as cartas de Carmen na picape branca que lhe serve de escritório subterrâneo, Luis acha um pouco mais fácil acreditar que vai escapar desta montanha instável com sua sanidade intacta e que seria capaz de aguentar até dezembro, ou até mesmo janeiro, debaixo da terra com todos aqueles homens coléricos.

A maioria das famílias sabe que é sua obrigação transmitir calma e uma noção de ordem doméstica para os mineiros presos, embora isso se torne muito mais difícil depois que a nova linha de fibra óptica é conectada a um sistema de videoconferência. Omar Reygadas, o operador de carregador grisalho que usou uma chama para seguir uma brisa até o fundo da mina, agora pode ver o rosto de seu belo filho adulto, Omar Jr., naquela tela. Ambos os homens precisam fazer um enorme esforço para segurar a torrente de lágrimas que vem logo depois que o tempo de sua ligação termina e a conexão fica escura. Sentem-se destruídos por este momento, por sua insignificância perante a montanha de pedra que prendeu Omar, que de alguma forma parece mais real e assustadora agora que podem se ver e conversar. "Eu queria chorar, mas me segurei, e é claro que mais tarde descobri que minha família também queria chorar", conta o mineiro. Pai e filho não querem que suas lágrimas aumentem o fardo um do outro. Em vez de chorar, Omar Jr. diz: "Sempre mantivemos a fé de que você estava vivo, de que Deus ia te proteger aí embaixo". Omar pergunta a respeito da tia idosa que o criou, pois ela tem diabetes e era ele quem cuidava dela. Ela está bem, responde o filho. E as contas, o aluguel? "*Viejo*, não se preocupe com nada porque eu estou pagando todas as suas contas em dia." Omar aluga parte de sua casa e os inquilinos também estão pagando em dia, diz Omar Jr. "Todo mundo está se comportando bem, ajudando, todos eles pagaram. Não se preocupe com nada além de se cuidar aí dentro", acrescenta. Seus outros parentes também estão igualmente otimistas.

"Eles me transmitem bons sentimentos", recorda Omar Reygadas. "Suas boas vibrações." *Su buena vibra*. Em suas cartas, ele brinca com a família, dizendo que está louco para comer sua comida preferida, bife com abacate, o que é simplesmente outra maneira de dizer: ainda sou o mesmo velho que saiu para trabalhar no dia 5 de agosto, um homem que trabalha duro e, quando chega em casa, come seu *corazón con palta*. "Nas cartas que escrevemos uns aos outros, nunca houve nenhum desentendimento, nenhuma briga com meus filhos, nenhuma reclamação. Pelo contrário, sempre tivemos uma conversa muito saudável. Com minha esposa era a mesma coisa. Ela subia [até a mina], entregava suas cartas e voltava para a cidade para trabalhar. Eram puras cartas de amor, e só." Nas cartas da superfície, Omar Reygadas sente os ritmos da vida normal que o espera lá fora. Sua função nas cavernas da San José é fazer sua parte do pouco trabalho que há para ser feito e também descansar e se recuperar, apesar da escuridão, dos estrondos da montanha e das reclamações de tantos de seus colegas. Durante a maior parte do tempo, fica lendo em sua cama, perto da entrada do Refúgio, com uma caixa servindo de mesa de cabeceira. Seus parentes lhe enviaram vários livros de uma série de romances de caubói vendida em bancas de jornal, de autoria do espanhol Marcial Lafuente Estefania. Ele escreve sobre mocinhos e bandidos com títulos como *El caballero de Alabama* [O cavaleiro do Alabama] e *El Capitán "Plomo"* [Capitão "Chumbo"]. O herói da capa veste o mesmo chapéu de abas largas e topo achatado usado por Clint Eastwood em seus bangue-bangues à italiana. Mas o livro de que Omar mais gosta é *O alquimista*, de Paulo Coelho. Milhões de pessoas já o leram, e agora, sentado em seu colchão inflável no nível 90, Omar se torna parte desse grupo. Lê a história do jovem pastor que atravessa o deserto e seus muitos aforismas edificantes: "[...] quando você quer alguma coisa, todo o Universo conspira para que você realize seu desejo".

Enquanto Omar lê, 42 homens atravessam o deserto do Atacama em direção à San José para ajudar a libertá-lo. Não são pastores, mas motoristas de caminhão, rebocando mais equipamentos para tentar tirar os 33 homens da montanha. A enorme sonda de perfuração de petróleo que será usada para o Plano C de resgate inclui uma torre de 45 metros que foi desmontada em várias partes. Quando o sol nasce no dia 9 de setembro, a lenta caravana de caminhões que a transporta está a apenas 24 horas de distância.

Jessica Chilla, que recebeu um abraço longo e inesperado do homem com quem vive em união estável, Darío Segovia, em 5 de agosto, é outra dos familiares que evita a imprensa, em grande parte porque tem medo de não conseguir controlar suas emoções se alguém a colocar diante de uma câmera. "Se alguém me visse, eu queria que visse a mesma Jessica que ia receber o marido quando ele saísse da mina", diz ela. "A Jessica com os ombros erguidos, esperando por ele, para lhe dar força. Porque se alguém disser que me ouviu chorar — bem, é mentira. Eu tinha que ser forte por ele, para que ele pudesse retomar sua vida normal quando saísse." Jessica quer que Darío veja que ela está "*super bien*". É por isso que comete o erro de lhe enviar uma foto em que parece estar alegre, posando ao lado da irmã de Darío, María, e dos membros do grupo Los Charros de Lumaco.

A foto foi tirada durante a visita de Los Charros ao Campo Esperanza e Darío a recebe em uma carta entregue por meio de uma *paloma*. Será que isso é alguma espécie de brincadeira?, ele se pergunta. A foto mostra sua esposa sob o sol do meio-dia, posando ao lado de seis homens de barba feita e bonitões, todos vestindo chapéus de caubói e camisas pretas com flores bordadas. Esses homens parecem mais jovens e mais bem alimentados do que ele, e alguns estão até com os braços em torno de Jessica.

"Por que você me mandou isso?", escreve Darío ao devolver a fotografia. "Eu não quero ver *huevones*. E menos ainda ver músicos te tocando."

"Ele sempre foi ciumento", conta Jessica. "E agora, preso lá embaixo, estava duas vezes mais ciumento."

Jessica fica duplamente magoada: pelas palavras inflamadas de Darío sobre a foto e pela insinuação de que ela está se esbaldando enquanto ele sofre. Não, não estão vivendo em uma festa no acampamento. Dormir em uma barraca não é divertido. Faz frio à noite e ela está exausta do esforço de manter seu moral em alta por Darío, entre pessoas que parecem não entender que a vida dele ainda está em perigo. Não há nenhuma garantia de que Darío ou qualquer um sairá vivo e, mesmo assim, por toda sua volta no Campo Esperanza há pessoas que tratam aquele crescente agrupamento de parentes, membros da equipe de resgate e repórteres como se fosse uma espécie de festival de rua. "Tinha gente aparecendo só para conseguir comida de graça, porque algumas coisas tinham sido doadas pelos supermercados Jumbo. Você podia comer o que quisesse. Eles te davam chocolate, caixas de chá, e tinha uma carrocinha onde você podia entrar na fila e eles te davam batata frita, cachorro-quente e tortillas."

Muitos dos habitantes de Copiapó e das cidades vizinhas dessa região de mineração vivem uma existência muito austera e sofrida, dando graças ao Criador por cada pedaço de pão fresco, carne de segunda ou frango de primeira que entra em suas casas. No Campo Esperanza, deparam com a abundância de um hipermercado, toda a lenha que jamais poderiam usar e algumas amostras excelentes dos frutos do mar locais. Alguns não conseguem evitar e acabam se deixando levar pela empolgação.

Algo similar acontece no subterrâneo. Pedro Cortez, o mineiro jovem e beberrão, pensa no que vai fazer com todo o dinheiro que vai ganhar. Entrou na mina no dia 5 de agosto para trabalhar um turno e vai acabar recebendo o equivalente a um ano inteiro de salário ou mais. Antes, gastava muito do seu salário nas *chopperias* do centro de Copiapó. Mas agora tem dinheiro suficiente para comprar uma casa para os pais morarem e diz aos colegas que vai pagar para que a filha, que ele praticamente ignorava antes do acidente, frequente uma excelente escola particular. Muitos dos rapazes mais jovens à sua volta recebem da superfície revistas e panfletos publicitários de carros, incluindo Jimmy Sánchez e Carlos Barrios, e passam horas em sua caverna-prisão admirando fotografias brilhantes de carros esportivos europeus e picapes americanas — subitamente, os muitos milhões de pesos cobrados por esses veículos não parecem mais tão assustadores. Pedro diz aos amigos que vai comprar um Chevrolet Camaro amarelo, como o que viu no filme *Transformers*. Seu colega Carlos Bugueño tem um sonho mais modesto: um pequeno Peugeot 206 satisfaria suas necessidades. Alguns dos homens mais velhos conversam sobre comprar grandes caminhões de entrega, o tipo de veículo que se pode usar para começar o próprio pequeno negócio.

Esses sonhos são complicados pelo fato de muitos desses potenciais compradores de carro — incluindo Pedro Cortez — não terem carteira de motorista. No Chile é mais difícil tirar uma carteira de motorista que na maioria dos outros países latino-americanos, pois é necessário fazer um teste "teórico" escrito e não se pode subornar ninguém para passar. Alguns dos 33 homens presos escrevem aos parentes pedindo que lhes enviem materiais de estudo para o teste de direção. Logo o nível 90 parece uma pequena autoescola, com homens refletindo sobre o código de trânsito chileno e as sutilezas escondidas em perguntas como: Por que se deve reduzir a velocidade ao se dirigir sob neblina? A que velocidade você deve estar ao ultrapassar alguém montado a cavalo em uma rodovia? Se você estiver dirigindo a 65 quilômetros por hora e atingir um pedestre, qual a possibilidade de ele morrer?

Estudar para o teste de direção enquanto sua vida ainda está em jogo é loucura. É uma febre de dinheiro, e Carlos Bugueño percebe que ele e os colegas estão se deixando levar por ela. "O dinheiro estava começando a embaçar as coisas", diz. Os lembretes da vida fácil que os aguarda vêm de todos os lados. Por algumas manhãs, a linha de fibra óptica vinda da superfície traz a transmissão ao vivo de Santiago de um programa de televisão de quatro horas de duração, *Buenos Días a Todos*. Um dia, a equipe do programa anuncia que o governo da República Dominicana se ofereceu para levar todos os 33 mineiros e suas famílias para um resort relaxante na ilha caribenha. "Vamos para a praia!", grita alguém. Os homens não veem a luz do dia há um mês, a maioria nunca pôs os pés fora do Chile e alguns nunca viajaram além dos limites do deserto do Atacama, mas um dia, em breve, vão todos visitar juntos esse novo lugar paradisíaco, de areia quente e água cor de turquesa.

"Era surreal", conta Luis Urzúa. "Mas depois de um tempo, coisas surreais como aquela começaram a parecer normais."

Urzúa decide que os homens passam tempo demais assistindo a *Buenos Días a Todos*. Ficam sentados durante horas, ignorando trabalhos importantes a serem executados. Por exemplo, agora que os homens fazem refeições regulares, há um monte de merda — literalmente — para limpar na área do banheiro. E não são mais as pelotas de lhama de antes, mas cocôs fedorentos de tamanho humano, cocôs de mineiros, em grandes quantidades. Para conseguir que os homens limpem seu excremento, Urzúa liga para a superfície e pede à equipe de resgate que desligue a televisão durante as manhãs. Sem o *Buenos Días* de Santiago, os homens finalmente retomam o trabalho de limpeza de latrina. Dali em diante, a televisão só é ligada à tarde, para partidas de futebol dos times mais populares do Chile, La Universidad de Chile e Colo-Colo, e para filmes, "para nos manter calmos e fazer com que parássemos de reclamar", diz um dos mineiros.

Nem todos os mineiros presos enfrentam com tranquilidade a espera pelo resgate. Nessa primeira semana de setembro, Víctor Segovia registra em seu diário uma visão estranha: Edison Peña está correndo pela mina. Pegou um par de botas, cortou-as na altura do calcanhar e as usa para correr para cima e para baixo nos corredores escuros, sozinho com o feixe de luz em seu capacete e o som de sua respiração no ar pesado. Edison sempre foi o excêntrico do turno A: costumava caminhar sozinho na mina e cantar músicas de Elvis no Refúgio e, quando estavam famintos, encenava esquetes mórbidos sobre a morte com Mario Sepúlveda. Mas correr para se exercitar naquele inferno era uma loucura de uma ordem superior. Por que Edison está correndo? Depois que fizeram contato com a superfície, explica, foi tomado de alegria e gratidão. Viu uma "luz azul" na mina, a luz da fé. Prometeu a Deus que faria algo para demonstrar sua devoção e que melhor maneira de fazê-lo do que correndo pela ladeira, contra uma inclinação de seis graus, naqueles corredores esculpidos na Terra? Mas também está correndo porque sente que seu corpo precisa de exercício. Depois que começou a comer comida de verdade, ficou dolorosamente constipado, assim como muitos dos outros. Ir ao banheiro é um verdadeiro suplício. "Eu ia, fazia força e força. O que saía era um negócio supergrosso. Depois ficava preso de alguma forma e... não, não, não. Era como tentar parir um bebê. Doía muito." Edison precisa fazer alguma coisa com seu corpo doente e não tem nenhuma bicicleta para usar, então começa a correr. Muitos dos homens o veem e começam a rir. "Eles ficavam zombando de mim. Ninguém falava uma palavra de apoio. Exceto, talvez, Yonni Barrios: ele ficou preocupado que pudesse acontecer alguma coisa comigo." Para Florencio Avalos, parece que Edison está correndo "para esquecer as coisas, para ficar cansado e conseguir dormir". Florencio também sabe que é muito perigoso perambular sozinho por uma mina e conclui que, como diz uma expressão chilena, Edison "tem uma tábua a menos na ponte" (*le falta un palo para el puente*) ou, em outras palavras, tem um parafuso a menos. Para Edison, correr por esses corredores onde um pedaço de rocha pode cair de repente e matá-lo é sua maneira de dizer que vai enfrentar as adversidades de cabeça erguida. Mais tarde, ele ganhará uns tênis de corrida de uma marca internacionalmente popular, depois um par de chinelos de neoprene. Correr libera sua mente, mas também faz com que se lembre de onde está e de tudo por que passou. "Eu me sentia completamente sozinho", diz.

Enquanto Edison Peña corre, outros homens perfuram acima dele. No dia 9 de setembro, a perfuratriz do Plano B alcança duzentos metros. A dureza do diorito, a grande profundidade, o ângulo e a curva do poço original que está seguindo fazem com que as brocas se desgastem mais rápido do que o normal e precisem ser trocadas a cada doze horas. A velocidade da perfuração diminui de vinte metros por hora para meros quatro. Na equipe de perfuração há americanos da Center Rock Inc. e da Driller Supply e chilenos de empresas de mineração locais, como a Geotec, entre outras. Todos eles, trabalhando juntos, forçam seus corpos e a perfuratriz além de seus limites. Estão tão ansiosos para chegar àquelas almas vivas que sucumbem a um fenômeno que Laurence Golborne e André Sougarret já tinham visto antes: assim como o homem que continuou perfurando muito depois de ter passado do nível mais baixo da mina quando a equipe de resgate ainda estava procurando pelos mineiros, não conseguem "largar" o poço. Em seu afã de chegar aos homens, perfuram quando não deveriam. Infelizmente, embora os trabalhadores consigam reunir a força de vontade necessária para trabalhar além do ponto de exaustão, o metal na broca ainda precisa obedecer às leis da física e acaba inevitavelmente quebrando, a uma profundidade de 262 metros, conforme revelado por uma súbita queda de pressão na perfuratriz T130 e pelo comportamento esquizofrênico dos medidores de torque. A equipe eleva o enorme martelo ao topo, insere uma câmera no poço e descobrem um pedaço de broca do tamanho de uma bola de basquete preso no fundo do poço, que o inutiliza.

Não muito depois, a perfuratriz do Plano A sofre um problema hidráulico e também é desligada. O som tranquilizador de perfuração que atravessava a rocha e alcançava os mineiros para. No silêncio que se segue, os homens começam a se sentir mais sozinhos, abandonados e desesperados do que se sentiam desde que a primeira perfuratriz rompeu a rocha acima do Refúgio. Escrevem cartas e telefonam para a superfície, exigindo saber o que está acontecendo. Logo descobrem que, no fim das contas, talvez fiquem presos até dezembro.

Edison Peña volta sozinho a um dos corredores e se permite mergulhar mais fundo na solidão do que qualquer outro de seus colegas, ouvindo o som subitamente mais alto e claro de suas "botas de corrida" cortadas chocando-se contra o chão da mina, um passo após o outro. Florencio Avalos, o jovial capataz de Luis Urzúa, decide que está cansado de esperar para ser resgatado. Reúne cordas e outras ferramentas que possam ser usadas para uma escalada e, com três outros homens, parte em direção à cortina cinza de pedra que bloqueia a saída.

15

SANTOS, ESTÁTUAS, SATÃ

Antes de partir em sua expedição de fuga, Florencio Avalos liga para a superfície e conversa com seu velho amigo e compadre, Pablo Ramírez. Eu vou tentar encontrar uma saída pelas chaminés, diz Florencio. Ramírez tenta dissuadi-lo, é claro, mas Florencio está irredutível. Com seu irmão Renán, Carlos Barrios e Richard Villarroel, Florencio dirige um quilômetro ladeira acima, até o nível 190 e a chaminé mais próxima ao local do desabamento. O plano é retraçar o caminho que Mario Sepúlveda e Raúl Bustos seguiram naquela primeira noite no subterrâneo, subindo a chaminé até o nível seguinte e talvez outra chaminé em seguida. Ligam o jumbo com seu cesto aéreo e começam a subir.

Na superfície, a equipe de resgate não está pronta para desistir do poço do Plano B. Se conseguirem retirar aquele pedaço de metal de lá, podem retomar a perfuração. Inserem um ímã no poço, mas não conseguem puxar de volta o pedaço de broca quebrado. Nesse mesmo dia, o perfurador americano Jeff Hart chega ao terreno da mina após sua longa viagem do Afeganistão. Está ali para a próxima fase — a fase final — do Plano B de perfuração, uma missão que está suspensa até que o poço possa ser desbloqueado ou que uma nova perfuratriz possa ser ativada.

No meio do silêncio e da espera, Carmen Berríos recebe uma carta do marido, Luis Urzúa. Ele afirma que os homens estão desesperados porque não ouvem nenhuma perfuratriz. “A equipe de resgate está trabalhando duro por vocês", Carmen responde. "Porque Deus está com eles. Mas se vocês aí embaixo deixarem de acreditar e deixarem de rezar, será tudo em vão. Você não acha?... Se não estão ouvindo as máquinas perfurando, não é porque elas foram embora. Tenham fé e não se rendam ao desespero. Escrevo isso porque quero que vocês entendam, todas as pessoas envolvidas no resgate estão motivadas por um único objetivo: tirar vocês daí."

Antes das nove horas da manhã nebulosa de 10 de setembro, os caminhões que carregam as partes da perfuratriz do Plano C chegam após um longo percurso através do Atacama. Sobem lentamente a estrada estreita que leva ao terreno da San José. Faz frio e o clima entre os familiares reunidos do lado de fora da mina está menos animado, embora vários deles ainda estejam agitando bandeiras do Chile e alguns consigam encontrar forças para entoar mais um coro de "Chi-chi-chi, le-le-le". Enquanto os caminhões à sua frente estacionam, um motorista para seu veículo e, enquanto espera perto do portão, uma equipe de televisão chega para conversar com ele: "Chegamos, com muitos sacrifícios, depois de atravessar o deserto", diz o motorista, visivelmente comovido de estar na mina, onde seus compatriotas e muitas pessoas espalhadas por todo o mundo concentram suas esperanças. "Mas aqui estamos, com os nossos corações cheios como os de todos os chilenos."

Acima do nível 190, Florencio Avalos e seus três companheiros criam coragem para rastejar pela chaminé. Alcançam a abertura para o próximo nível da Rampa e caminham mais para cima, em direção à segunda cortina de rocha cinza que bloqueia o caminho para a superfície. Florencio e os outros mineiros começam a remover pequenas pedras no local desse colapso, pedras que estão sobre uma enorme rocha reclinada. Rapidamente, conseguem abrir um espaço grande o suficiente para que Florencio passe se espremendo, rastejando como um gato. "Vou entrar", diz ele, e Carlos, Renán e Richard lhe dizem que é muito perigoso. Mas Florencio passa espremido pelo espaço e, ao fazê-lo, enxerga um vasto espaço aberto e sombrio que engole o feixe de sua lanterna. Rasteja em direção a esse precipício e acaba soltando uma pedra, que cai na escuridão e pousa com um estalo em torno de dois ou três segundos depois; sua experiência como mineiro lhe diz que a pedra caiu trinta ou quarenta metros mais abaixo, a uma altura aproximada de um prédio de dez ou doze andares. Percebe que está perto de uma espécie de novo *rajo* interior ou de uma caverna. Para avançar um pouco mais, amarra uma corda ao redor da cintura e a entrega aos colegas, "porque eu sabia que, se fizesse qualquer movimento em falso, poderia cair". Ele consegue rastejar para fora da fenda em que se encontra e ficar de pé em uma rocha de frente para essa caverna. "Usei minha lanterna e não vi nada além de pedras em um espaço enorme e pensei: *Podemos sair por aqui.* Eu sabia que, daquele ponto, eram só mais trinta metros de subida para um espaço aberto, e o que eu conseguia ver olhando para cima eram trinta metros." Mas Florencio também vê que a fenda pela qual passou espremido é estreita e a subida restante difícil demais para que todos os homens consigam sair por ali. Os homens maiores e mais velhos ainda ficariam presos. "No máximo, quinze ou vinte de nós conseguiríamos sair por ali. Luis Urzúa não conseguiria, assim como Franklin Lobos, José Henríquez e Jorge Galleguillos."

Quando a expedição de fuga volta para o Refúgio, Florencio é informado de que André Sougarret tentou entrar em contato com ele. Não tente fazer isso de novo, lhe diz Sougarret. É instável e perigoso demais. O que Florencio viu foi o novo precipício criado pelo colapso e pela explosão do pedaço de diorito do tamanho de um arranha-céu que destruiu a mina no dia 5 de agosto. A montanha em desintegração ainda cospe pedras a todo momento, e Florencio tem sorte de ter visto esse precipício e de ter estado dentro dele sem ter sido gravemente ferido.

Às dez da noite de 13 de setembro, enquanto um grupo de engenheiros, mecânicos e perfuradores ainda tenta resgatar o poço do Plano B, a Virgem Maria chega à mina San José. É feita de madeira, uma representação recém-esculpida da Virgen del Carmen, padroeira do Chile e guia espiritual dos soldados que lutaram na Guerra da Independência contra a Espanha. O artista equatoriano Ricardo Villalba a esculpiu por encomenda do papa Bento XVI, que a abençoou e a deu ao Chile para marcar o bicentenário do país. A imagem está fazendo um tour pelas cidades mineiras do norte e, desde 5 de agosto, milhares de pessoas pediram que ela intercedesse em favor dos 33 homens presos. Quando a Virgem é carregada para dentro do terreno da mina em uma redoma de vidro, várias mulheres se reúnem debaixo da imagem, segurando velas cujas chamas amarelas são protegidas do vento do Atacama por suportes feitos com copos e garrafas usados. Uma chama amarela tremeluzente atravessa o plástico desses receptáculos humildes, pintando o rosto das fiéis com um brilho mais caloroso e acolhedor do que o do cinza austero dos holofotes que pairam sobre o acampamento. Após a liturgia presidida pelo bispo de Copiapó, monsenhor Gaspar Quintana, as mulheres sussurram orações e, ao fazê-lo, algumas deixam que a cera quente das velas pingue sobre seus dedos, até que suas mãos ressecadas e rachadas pelo vento começam a parecer esculturas de cera. Oram para que a Virgem remova os obstáculos que mantêm os 33 trabalhadores presos na escuridão, debaixo do chão sobre o qual se encontram. Detrás da redoma de vidro, a Virgem vê a devoção dessas mulheres e as olha de cima com o sorriso discreto e beatífico que recebeu do escultor Villalba.

A notícia da presença da Virgem Maria na superfície logo chega aos homens. Para os católicos, o poder da mãe de Deus pode ser evocado para a Terra e, às vezes, assume a forma concreta de um objeto supostamente criado pela mão de Deus: por exemplo, a Virgem da Candelária em Copiapó, uma minúscula escultura de pedra que, segundo contam, apareceu milagrosamente no século XVIII para um homem montado em uma mula, que buscava abrigo de uma tempestade em montanhas próximas. As pessoas veneram esses objetos porque se sentem mais próximas de Deus na presença deles. Vários dos católicos presos na mina San José atribuirão à Virgen del Carmen a ocorrência de um evento auspicioso poucas horas após a imagem ter deixado a mina: o resgate do poço do Plano B. Os perfuradores e engenheiros na área do Plano B desceram uma "aranha" metálica e conseguiram remover o pedaço de metal de quase doze quilos que estava preso no poço, a 260 metros de profundidade. A Virgem, ao que parecia, intercedeu pelos homens e aqueles que são católicos especialmente devotos seguram imagens da mãe de Deus, a padroeira do Chile, e dão graças. Após cinco dias e noites de crise e de orações, a melhor esperança para um resgate rápido dos 33 homens está de volta.

Após ouvir todos os católicos à sua volta alardearem os poderes desta ou daquela estátua ou imagem da Virgem, José Henríquez começa a fazer alguns comentários casuais durante a oração diária sobre o perigo de venerar imagens em vez de venerar a Deus. Um dos mineiros chegou a fazer uma dança para a Virgem. Henríquez considera o culto de estátuas ao mesmo tempo estranho e ofensivo. Afinal, é um dos Dez Mandamentos: Não farás para ti imagem de escultura. No monte Sinai, Deus apareceu para Moisés e disse que não se curvasse diante de tais objetos. Finalmente, Henríquez acaba expondo sua crença de uma maneira que vários mineiros consideram ofensiva. "De certa forma, Don José queria nos impor sua religião", afirma Omar Reygadas. "Ele começou a renunciar aos santos. Eu também não acredito em santos, mas respeito todas as religiões. As pessoas que participavam das orações seguiam religiões diferentes, alguns eram até ateus que só queriam rezar. E muitos deles eram devotos da Virgem da Candelária, que é aquela que dizem que toma conta dos mineiros. Então quando Don José começou a se manifestar contra os santos e a adoração de imagens, essas pessoas ficaram ofendidas." Henríquez relata: "Eu não quis atacar ninguém. Fiz um comentário? Fiz. Porque está lá na Palavra: Não venere imagens".

Víctor Segovia, que nunca foi religioso, adora participar dos cultos da igreja subterrânea informal da qual José Henríquez é pastor, mas também fica aborrecido com o rumo que as sessões de oração estão tomando. Certo dia, em setembro, descreve ter ido ao culto diário e visto Osman Araya, agora plenamente recuperado da inanição, entrar em um transe sagrado como o de um pastor evangélico, erguendo as mãos no ar por estar de fato sentindo o Senhor. "Não estou mais gostando tanto das orações do meio-dia, porque o Osman começou a gritar e chorar enquanto reza, e isso me faz lembrar aquelas igrejas onde as pessoas gritam, pulam e choram", escreve. Para Víctor, parece teatral e estranho, embora continue indo às orações diárias conduzidas por José e Osman mesmo depois de outros as terem abandonado.

Omar Reygadas também comparece às sessões de oração e nota aqueles que estão faltando: "Franklin Lobos começou a rezar sozinho. Outros se retiravam para um canto e faziam suas próprias orações. E alguns simplesmente esqueciam as orações e ficavam escutando música".

* * *

Para Mario Sepúlveda, quem primeiro convocou os homens à oração cinco semanas antes, a ausência dos colegas naquelas sessões sagradas é mais um golpe. Antes, todos os 33 homens rezavam juntos, mas agora há menos de meia dúzia deles reunidos diante do Pastor para ouvir a palavra de Deus. Mario vê que a irmandade que os mantinha unidos está se desintegrando e o sofrimento que isso lhe causa faz com que desça a ladeira, até a parte mais profunda da mina, no nível 44. É uma das partes mais recentemente escavadas da mina e, em uma montanha cheia de perigos, esse é um lugar em especial perigoso e também mais quente e úmido, devido à água que se acumula em uma poça lá embaixo. O laguinho subterrâneo e o grande espaço aberto conferem ao nível 44 uma atmosfera ainda mais mística. Mario reivindicou para si esse canto fétido da mina, referindo-se a ele como seu "lugar sagrado", e moveu algumas pedras para construir um santuário e um palanque no local. Vai até o nível 44 sozinho para ler passagens da Bíblia e praticar oratória. No vídeo que os mineiros enviaram à superfície, Mario olhava para a câmera e falava com o mundo inteiro; neste local, ele lê passagens bíblicas e fala com multidões que existem apenas em sua imaginação. Está praticando porque vê que seu futuro, depois que sair da mina, será como orador, viajando pelo mundo para falar de Deus e da força e bondade do trabalhador chileno. Em seus discursos solitários, conta histórias sobre quando andava de bicicleta com o filho, Francisco, e como cuidava dos cavalos que possui: o som de sua voz ecoa de volta em sua direção na câmara de pedra. Mas agora, em 11 de setembro, seu 37º dia no subterrâneo, desce até essa galeria vazia entalhada na pedra, seu auditório pessoal, não para falar, mas para rezar, organizar seus pensamentos e perguntar a Deus o que pode ser feito para unir novamente os homens cada vez mais divididos e revoltados que estão vivendo nas cavernas mais acima. Mario sabe que é seu 37º dia no subterrâneo porque marca os dias em seu capacete desde que ficaram presos. Foi após a 22ª marcação que os homens começaram a se voltar uns contra os outros e agora, no 37º dia, "chorando, desci até lá, pedindo a Deus que me fizesse mais forte, pedindo a Deus que fizesse Sua vontade conosco. Porque o inseto, o diabo, estava nos rondando".

O diabo está presente na mina, tomando forma na ganância, nos desentendimentos, na inveja e nas traições entre os homens. Mario acredita que o diabo veio da superfície, prendendo-se àquelas cartas, às ofertas de dinheiro e fama, para jogá-los uns contra os outros.

Mario começa a rezar: "Meu Senhor, nos proteja e tire esse inseto de nossas mentes. O diabo entrou na alma de cada um de nós. Tenha piedade de nós e faça com que voltemos a ser como éramos antes. E meu Senhor, pode começar comigo, porque a verdade é que eu tenho medo do mal".

Ele pronuncia essas palavras e de repente ouve um enorme estrondo. Um pedregulho, tão grande e letal quanto o que mutilou Gino Cortés, se soltou de uma das paredes da caverna instável, a uns três metros de distância de onde ele está. Ver um pedaço de rocha cair não é um evento incomum aqui, mas ver isso acontecer tão perto de si enquanto fala com Deus sobre o diabo faz com que Mario se encolha de medo e choque, e naquele mesmo instante sente a presença de alguém logo atrás de si, uma espécie de sopro quente que o atinge na nuca. "Quem está aí?", grita o mineiro. Ele se vira, balançando sua lanterna, que ilumina a poça de água e revela um par de olhos assustados, meio enlouquecidos, que o encaram de volta, refletidos na água. Enxerga a face de seu próprio medo e ela o choca mais do que qualquer outra coisa que tenha visto nos 37 dias que passou preso no subterrâneo.

"*¡Diablo!*", ele grita na escuridão. Consegue sentir o demônio tentando agarrá-lo. De repente, o mal não é mais apenas uma ideia, é uma presença que espreita no nível 44, pairando sobre a água. "Você nunca vai conseguir me levar, eu nunca vou ser seu filho!" A combinação da queda do pedregulho, da imagem de seu próprio rosto na água e do sopro quente em sua nuca leva Mario a um estado de loucura e faz com que realmente acredite que está em guerra com um ser maligno. Revira a lama em busca de pedras e começa a atirá-las na escuridão, contra aquela coisa que está ali na caverna, tentando entrar em sua pele. "Eu nunca vou ser seu filho! *¡La concha de tu madre!*" Atira pedras contra as paredes da caverna, depois foge correndo, subindo um pouco mais de 1 quilômetro em direção ao nível 90 e às almas vivas ali presas que esperam para ser resgatadas.

Quando Mario alcança os outros, os colegas reparam que ele está com as roupas e o rosto cobertos de lama, como se tivesse brigado com alguém.

"O que aconteceu com você?", perguntam.

"Eu estava lutando com o diabo", responde Mario.

Alguns riem, mas outros não, pois quase todo mundo que trabalha na mina há tempo suficiente já viu ou sentiu em algum momento o diabo vivendo lá embaixo. Uma lenda que corre entre os mineiros no Chile afirma que Satã vive em todas as minas de ouro, e é exatamente ouro que eles estavam extraindo da rocha lá embaixo, naquelas cavernas bem no fundo da montanha. Os mineiros escavaram toneladas de rocha para conseguir alguns preciosos gramas de ouro e, ao fazê-lo, enfraqueceram a montanha e a transformaram em câmaras cujas paredes podem estourar sem dar qualquer aviso. Os homens da San José viram a rocha explodir e isso lhes incutiu o temor a Deus e o temor ao diabo. Um pouco depois da luta de Mario Sepúlveda com o diabo, há outro colapso no nível 44. Um pedaço de rocha pesando mais de uma tonelada se solta do teto da caverna e desaba com outro enorme estrondo, e o local onde Mario construiu seu auditório e sua capela é interditado.

16

DIA DA INDEPENDÊNCIA

Quando entrou na mina no dia 5 de agosto, Ariel Ticona sabia que a esposa deveria dar à luz o terceiro filho do casal, uma menina, em 18 de setembro, o Dia da Independência do Chile. Durante os primeiros dezessete dias preso no subterrâneo, Ariel disse a si mesmo que precisava continuar vivo para poder subir à superfície e ver a menininha cujo nome ele e a esposa já haviam escolhido: Carolina Elizabeth. Talvez fosse o desejo de ver a filha que o levara a racionar em segredo os biscoitos extras que recebera de Víctor Zamora após o saque ao estoque de comida na primeira noite — quatro biscoitos que comeu escondido no decorrer daquela primeira semana. Depois que os mineiros foram descobertos, no 17º dia, Ariel agarrou-se à ideia de que seria resgatado a tempo de ver Carolina nascer e que conseguiria cumprir uma promessa que fizera à esposa: para o nascimento deste bebê, ao contrário do que ocorrera com os dois primeiros, ele estaria dentro da sala de parto. Ariel tem 29 anos de idade e admite estar mais maduro hoje do que quando se tornou pai pela primeira vez. Quando já tem dois filhos, o homem passa a dar mais valor ao trabalho doméstico com base no qual a família se constrói, e com a terceira gravidez da mulher Ariel vinha tentando ser mais prestativo: estava lá para ajudá-la a lavar as roupas, por exemplo, e esperava estar lá no momento do parto, para segurar sua mão e lhe dar apoio.

Ariel já está resignado à ideia de que vai perder o nascimento da filha, mas nesse meio-tempo tem uma epifania. Depois de falar com a família por videoconferência e de ver as imagens do acampamento na superfície, onde 33 famílias e centenas de membros da equipe de resgate estão reunidos, decide que a filha deve se chamar Esperanza. No dia 14 de setembro, Esperanza vem ao mundo, em um hospital de Copiapó. A cunhada de Ariel leva uma câmera para a sala de parto e o canal de televisão chileno Megavision prepara um vídeo do nascimento com música de fundo. Mas Ariel não o assiste. Esperanza nasceu por meio de cesariana, e os psicólogos decidiram, segundo informações veiculadas pela mídia, que Ariel deveria ser poupado do trauma de ver um procedimento cirúrgico enquanto ainda está preso no subterrâneo. Em vez disso, ele assiste a um vídeo bastante editado, transmitido por fibra óptica para a grande tela ali embaixo. Os outros mineiros acham que Ariel deve assistir ao nascimento da filha sozinho e se afastam da tela. Ele vê os médicos vestidos de azul de pé ao redor de sua esposa, depois o vídeo corta para um dos médicos segurando sua filha. Em seguida, o vídeo mostra o bebê com os cabelos molhados e emaranhados, os olhos fechados, ao lado da mãe, sorridente e exausta. Controlados por homens na superfície, os mesmos dois minutos de vídeo são reproduzidos várias vezes seguidas. A imagem, porém, não é nítida o suficiente para que Ariel possa enxergar se Esperanza se parece com ele ou com a esposa. É a primeira vez na história que um homem testemunha o nascimento de sua filha preso em uma caverna de pedra, e quando menciono isso a Ariel mais tarde e lhe pergunto como se sentiu ao ver a filha pela primeira vez, ele responde: "Não sei como me senti, se foi emoção, felicidade ou o que foi". Depois de falar com o irmão do mineiro, os jornais do mundo relatam que Ariel se debulhou em lágrimas ao ouvir a notícia. Informam também as estatísticas vitais de sua filha: 3,05 quilos, 48 centímetros, nascida às 12h20. Esses números são jogados em reportagens juntamente com as mais recentes estatísticas sobre as perfuratrizes que tentam alcançar os homens. A perfuratriz do Plano B avançou 368 metros. A perfuratriz do Plano A, trezentos metros. A perfuratriz do Plano C começará a funcionar em sete dias.

A primeira perfuratriz a romper a rocha será usada para levar uma cápsula de fuga até os 33 homens. A marinha chilena começa a construí-la — coincidentemente no mesmo estaleiro no qual o mecânico Raúl Bustos consertava motores até o local ter sido atingido pelo tsunami. Uma caminhada de dois minutos pelo vasto estaleiro Asmar separa a pequena oficina na qual Bustos trabalhava daquela na qual a cápsula de fuga será montada. As paredes internas da maioria dos prédios no estaleiro em Talcahuano ainda têm marcas com mais de dois metros de altura deixadas pela água do mar que varrera a área seis meses antes, e partes do vasto complexo ainda estão alagadas. No entanto, a marinha removeu todos os peixes mortos e navios encalhados e recolocou o estaleiro em funcionamento. Agora a equipe de engenheiros navais e maquinistas começa a trabalhar na construção do que seus colegas na Nasa — seguindo uma obsessão tipicamente americana por siglas — apelidaram de VF, ou Veículo de Fuga. Os chilenos receberam um memorando de doze páginas da Nasa com detalhes das especificações recomendadas pela agência espacial para o equipamento: "O VF... terá tanques de oxigênio portáteis de tamanho suficiente... para fornecer oxigênio de uso médico à taxa de seis litros por minuto durante um período de duas a quatro horas... O VF será configurado de tal maneira que o ocupante possa mover pelo menos uma das mãos até o rosto". O design utilizado pelos chilenos é totalmente criado por eles (logo considerarão a possibilidade de patenteá-lo), e em 12 de setembro o governo anuncia seus parâmetros básicos à mídia. Construído com placas de aço, o Veículo de Fuga terá um diâmetro externo de 54 centímetros, uma altura máxima de 2,5 metros e pesará aproximadamente 250 quilos quando vazio. Terá o estoque de oxigênio recomendado pela Nasa, um teto construído para resistir a objetos caídos de grandes alturas e viajará para cima e para baixo com rodas que impedirão que sua carapaça de aço bata nas paredes do poço ao subir para a superfície. (Essas rodas de borracha retráteis acabarão sendo fornecidas por uma empresa italiana.) Caso os homens que viajam dentro da cápsula percam a consciência, um conjunto de correias os manterá em pé.

Alguns dias mais tarde, o governo chileno libera desenhos da cápsula proposta, pintada nas cores da bandeira nacional e adornada com um nome: Fênix. Fênix é uma constelação menor do céu austral, um grupo de estrelas que forma um triângulo e um diamante, duas figuras simples que, juntas, formam o pássaro que ressurge das cinzas na mitologia grega. O nome tem um óbvio propósito retórico para o governo chileno: o próprio Chile é um país que está ressurgindo das cinzas. Com essa cápsula, os trabalhadores chilenos, a tecnologia chilena e a fé chilena realizarão um resgate ousado, que encherá um povo de esperança apenas alguns meses após um desastroso terremoto e um tsunami terem tirado a vida de tantos inocentes e deixado o país em profunda tristeza. Erguer 33 homens das entranhas da Terra em uma Fênix com as cores da bandeira também sugere a maneira como governo deseja que o resgate seja lembrado: como um mito heroico, determinante para a nação, com trabalhadores chilenos reais escalados para os papéis principais.

Na mitologia grega, contudo, mesmo os deuses são imperfeitos, imbuídos de vaidade, coragem, orgulho, amor familiar, rancor e qualidades demasiadamente humanas que também podem ser encontradas entre os homens que vivem na mina San José.

Nos dias anteriores ao 18 de setembro, o Dia da Independência do Chile, surge a pergunta: como os 33 patriotas chilenos presos na mina San José vão comemorar? Vários dos líderes da equipe de resgate na superfície querem enviar vinho para os homens. É o maior feriado do ano, afinal de contas, celebrado em família e regado a muita comida e bebida, e ver aqueles símbolos vivos do orgulho nacional tomarem uma taça de vinho em sua prisão na montanha fará com que todo o Chile se sinta bem. "Eu também queria mandar vinho para eles", afirma Iturra, o psicólogo. "Mas os médicos foram completamente contra." Alguns dos homens bebiam demais e estavam em abstinência havia mais de quarenta dias. A crise de abstinência acabou para eles: todos os 33 agora estão totalmente abstêmios. Após pensar melhor a respeito, o psicólogo concorda que o vinho é má ideia. Mais ou menos nesse período, Iturra recebe um lembrete perturbador da batalha que alguns dos homens travavam com o vício. "Uma das mães veio até mim e disse: 'Meu filho está recebendo drogas'." Os parentes tiveram permissão para enviar aos mineiros pacotes com roupas e coisas do tipo e, nesses pacotes, alguém deu um jeito de colocar algo ilícito. "Era maconha ou cocaína, não sei, mas na verdade não importava. Eu realmente não podia ter nenhum homem com um estado de consciência alterado." Iturra muda o procedimento por meio do qual os itens são embalados, impedindo o envio de quaisquer drogas adicionais ao subterrâneo. Quanto ao vinho do Dia da Independência, Iturra observa que os corredores da mina são um local de trabalho e que o consumo de álcool é proibido por lei e pelo senso comum. Lá embaixo, os homens chegaram à mesma conclusão: não vamos precisar de vinho, dizem, muito obrigado.

Os 33 homens vão, contudo, saborear empanadas e um pouco de carne, um simulacro do banquete a que teriam direito se estivessem na superfície. Preparam-se para o Dia da Independência escrevendo um poema para o presidente. "Até isso quase causou uma briga entre o Perri e o Edison, porque eles tinham ideias diferentes a respeito do poema", escreve Víctor Segovia em seu diário no dia 16 de setembro. "Depois o Zamora acabou se metendo, e os três tiveram uma discussão acalorada: tudo por causa de um poema para o bicentenário. Ha-ha-ha."

Mas as desavenças não duram muito, porque os preparativos para o bicentenário coincidem com uma notícia excelente vinda da superfície: o segundo estágio do Plano B de resgate está quase concluído. Na manhã de 17 de setembro, a perfuratriz rompe a rocha. Um poço de 43 centímetros de diâmetro agora liga à superfície os homens presos. Depois que esse poço for alargado para 71 centímetros, os homens estarão livres. Se tudo correr bem, isso pode ocorrer em poucas semanas. "Isso está acontecendo super-rápido e está nos deixando muito felizes", escreve Víctor Segovia. Na manhã do dia seguinte, o Dia da Independência, a maioria dos homens corta o cabelo, toma banho e veste roupas limpas, "como se fôssemos prisioneiros e aquele fosse nosso dia de visita".

Do lado de fora, fotografias dos mineiros são exibidas repetidamente durante as comemorações públicas do bicentenário. Uma enorme imagem do famoso bilhete "*Estamos bien en el Refugio*" é projetada sobre o palácio de La Moneda em Santiago como parte de um show de luzes. Dentro da mina, os homens comem suas empanadas e bebem refrigerante. Erguem uma bandeira, cantam novamente o hino nacional e assistem a Mario Sepúlveda dançar a tradicional "cueca", que é filmada e transmitida para todo o Chile.

O único mineiro que opta por não participar das comemorações é Franklin Lobos, "para evitar problemas com os caras com quem não se dá bem", conforme registra Víctor em seu diário. Em uma mina cheia de homens cada vez mais frustrados, Franklin tem uma fera especialmente raivosa em seu peito, que não parou de rosnar desde o desabamento da mina. "Eu estava sempre de mau humor, até meus amigos podem confirmar", diz ele. Mas o que a maioria de seus colegas não sabe é que, debaixo de sua aparência exterior de rabugento, Franklin é um homem que está amolecendo e se tornando mais tranquilo a cada dia que passa, um homem que acredita que aprendeu a se ver como realmente é pela primeira vez.

Antes de os 33 homens na mina San José ficarem famosos, somente um deles havia experimentado a fama. Ser um herói do futebol é algo glorioso para um jovem, mesmo (ou especialmente) em uma cidade provinciana como Copiapó. Franklin Lobos foi herói suficiente para ter seu próprio apelido, porém um com conotações um tanto marciais e talvez viris: era chamado "O Morteiro Mágico", por sua habilidade de lançar verdadeiros mísseis contra o gol inimigo ao cobrar faltas. Fora escalado para a seleção chilena (por um breve período) no início da década de 1980 e vestira a tão cobiçada camisa vermelha. Naquela época, quando também se casou e começou a ter filhos, nunca lhe faltavam companhias femininas. "*Mujeres, mujeres, mujeres*", diz ele, recordando aqueles anos. Se tentasse ir ao centro de Copiapó comprar uma bebida, ninguém o deixava pagar: "Por favor, Franklin, é por nossa conta! Vamos comprar uma bebida para El Mortero Mágico!".

Quando Franklin chegou aos trinta e poucos anos, sua carreira começou a entrar em declínio; conseguiu continuar jogando até os 39, mais do que a maioria dos jogadores. A aposentadoria era um vácuo que não teria como preencher. "Num dia você tem todos aqueles amigos e as pessoas querem te comprar coisas, e de repente tudo isso acaba. Num dia você tem todas aquelas mulheres ao seu lado, e no outro elas desaparecem." Depois que a carreira acabou, o mesmo aconteceu com o casamento. Fazia a esposa sofrer com seu péssimo humor, suas ausências, então em um ato de compaixão Franklin lhe concedeu o divórcio, "no papel e tudo".

O Morteiro Mágico se tornou motorista de táxi e de caminhão e, aos 52 anos de idade, estava dentro da San José, uma mina extremamente perigosa. Tinha dois empregos para ajudar a pagar a faculdade da filha, Carolina, a mesma cujas lágrimas em frente à entrada da mina fizeram com que o ministro das Minas chorasse copiosamente em público. Agora Carolina está lá no Campo Esperanza junto com a mãe, a ex-mulher de Franklin, Coralia. Depois de tudo o que ele fez, Coralia está presente naquele acampamento castigado pelas intempéries, para dar apoio a seus filhos adultos e também a Franklin. Mas ela lhe escreve cartas de amor? "Não, ela sempre foi meio fria nesse sentido. Não queria mostrar seus sentimentos. Só me dizia para me cuidar, esse tipo de coisa." Sua mera presença, sua vigília diária pelo ex-marido que a traíra, mas que agora está confinado, é uma espécie de poema de amor. Finalmente, os sobrinhos começam a fazer lobby em favor dela, dizendo ao tio: A Coralia está aqui todos os dias, tio Franklin! Ela realmente se preocupa com você. Então agora Franklin Lobos, o Morteiro Mágico, considera fazer algo que teria sido impensável quando se apresentou para trabalhar no dia 5 de agosto: voltar para a ex-mulher.

Franklin considera um retorno a uma versão anterior, mais simples e anônima de si mesmo: será parte de um casal novamente, com a mãe de seus filhos. Enquanto reflete sobre como está satisfeito com essa sua transformação pessoal, sua recém-abraçada humildade, vê os colegas à sua volta se envaidecendo de sua importância e da glória que os aguarda na superfície. Vestem uma espécie de camisa da seleção quando se reúnem para sua comemoração subterrânea do Dia da Independência. Para Franklin, o fato de seus colegas mineiros se enxergarem como heróis nacionais é uma tolice quando tudo o que fizeram foi ficar presos em um lugar onde apenas aqueles que estão desesperados e sem dinheiro vão para sofrer e trabalhar. São famosos agora, é verdade, mas aquela sensação intoxicante de plenitude que a fama traz, aquela sensação de estar no centro de tudo, desaparece mais rápido do que eles podem imaginar.

Franklin tenta comunicar essa verdade aos colegas, mas o faz com certo desânimo, pois sabe que a única maneira de aprendê-la é vivendo-a. Assiste então aos companheiros de trabalho tomarem atitudes mesquinhas pela obsessão por suas imagens públicas. *Vou comprar um Camaro. A televisão italiana quer me entrevistar. Minha cidade natal quer me dar uma medalha!* Franklin fica especialmente irritado com Raúl Bustos, o homem de Talcahuano, por zombar sem misericórdia de Mario Sepúlveda após a descoberta da carta em que Mario se proclamava "líder absoluto". Franklin acredita que a vaidade do próprio Raúl é responsável pelo mal-estar entre os homens do nível 105 e os do Refúgio, e é para evitar ver Raúl (entre outros) que decide não participar da comemoração. Mas na superfície, por ironia do destino, a filha de Franklin, Carolina, acabou se aproximando de Carola, a esposa de Raúl, no Campo Esperanza. Em uma carta, ela conta ao pai sobre sua nova amizade e sobre como as duas conversam todos os dias e dão força uma à outra.

Certo dia, Franklin encontra Raúl no nível 105, coloca o braço nos ombros do colega e lhe diz, em tom irônico: "Minha filha disse que tenho que ser seu amiguinho agora, porque ela ficou amiga da sua mulher lá no acampamento. Olha só, é o que diz aqui nesta carta". Franklin mostra a carta a Raúl com um sorriso forçado. "Mas sabe de uma coisa, Bustos? Eu nunca vou ser seu amigo. Nunca. E sabe por quê? Porque você dividiu o grupo e eu nunca vou te perdoar por isso." Franklin sabe que soa como um babaca, mas não sente nenhum arrependimento, nem então nem depois, por ter dito o que sentia: "Foi uma das coisas mais difíceis que eu disse lá embaixo. Mas eu disse na cara dele, não pelas costas."

O mesmo Franklin Lobos que está disposto a se reconciliar com a esposa não está pronto para perdoar Raúl Bustos. Vai continuar se aferrando à inimizade nos dias que virão, mesmo quando os 33 homens começam a se aproximar do dia em que, se Deus quiser, entrarão em uma cápsula de aço e subir em direção à superfície e à luz.

Em 20 de setembro, os perfuradores americanos Jeff Hart, Matt Staffel, Doug Reeves e Jorge Herrera e seus colegas chilenos começam a perfurar o terceiro e último estágio do Plano B, usando como referência o poço recém-concluído de 43 centímetros de diâmetro. Quando terminarem, terão alargado o poço para 71 centímetros, criando assim uma passagem grande o suficiente para a cápsula de resgate Fênix. Se tudo correr bem, devem terminar em menos de um mês. "Se demorarmos até o Natal", dizem os americanos uns aos outros, "precisamos mudar de profissão." Para acelerar a perfuração, a equipe do Plano B permite que a rocha triturada produzida por sua perfuratriz T130 caia dentro da própria mina. Ao todo, a T130 enviará centenas de metros cúbicos de rocha triturada pelo poço piloto até a antiga oficina, perto do local onde os mecânicos costumavam se reunir para sentir a brisa que entrava pela caverna da Fenda. Luis Urzúa designa Juan Carlos Aguilar para liderar uma equipe de trabalhadores que usam um carregador frontal para recolher o diorito triturado. Os engenheiros na superfície se ofereceram para enviar combustível para operar as máquinas, mas Aguilar afirma que não há necessidade, pois já calculou quanto ainda resta nas picapes, no caminhão de transporte de funcionários, nos jumbos e nos outros veículos (há dezesseis deles presos com os homens), e há mais do que o suficiente para operar o carregador frontal por vários dias. O ruído de trituração e os rangidos produzidos pelo carregador fazem com que a mina destruída pareça estar em funcionamento. Era isso que os homens faziam quando a mina ainda produzia minério cheio de ouro e cobre: erguiam, carregavam e despejavam usando máquinas que eram como extensões de seus próprios músculos. O som e a sensação de pequenas quantidades de rocha sendo recolhidas e depois despejadas são familiares e reconfortantes para os homens que trabalham ali embaixo. Por um breve período, voltam a ser mineiros de verdade, homens trabalhando em uma caverna, cada um pensando no lar que o aguarda quando a labuta terminar.

Quando a Fênix e a passagem do Plano B forem concluídas, um membro da equipe de resgate entrará na cápsula e fará a viagem até o interior da mina. Seu trabalho será supervisionar o embarque dos 33 mineiros na cápsula e depois ser o último homem a sair da mina. É uma missão de enorme responsabilidade e grande honra, e o homem designado para executá-la se lembrará dela como o ponto alto de sua carreira como profissional de resgates em minas. A fim de escolher esse homem, o governo chileno organizou uma competição informal semelhante àquela realizada com pilotos de prova americanos na década de 1960 para selecionar os primeiros astronautas, descrita por Tom Wolfe em seu livro *Os Eleitos*. O governo seleciona dezesseis finalistas, todos funcionários de três agências que participaram no resgate — a companhia de mineração nacional Codelco, a marinha chilena e o GOPE, a tropa de elite da polícia nacional chilena.

Manuel González é um desses dezesseis homens. É mineiro e membro da equipe de resgate da mina El Teniente, localizada aproximadamente oitenta quilômetros ao sul de Santiago, uma das maiores minas subterrâneas do mundo. A El Teniente possui uma equipe de resgate de 62 homens, uma espécie de corpo de bombeiros voluntários dentro da mina. Exercem seus trabalhos de rotina — no caso de González, como perito em explosivos e supervisor de turno —, mas em caso de emergência entram em ação.

Algumas vezes, seu trabalho o levou a recuperar corpos de mineiros esmagados. Há outros membros da equipe de resgate da El Teniente com melhores habilidades de escalada do que González e que haviam sido escolhidos semanas antes para a primeira tentativa frustrada de alcançar os homens por meio das chaminés de ventilação. Porém, para a viagem na Fênix não são necessários escaladores, mas sim homens com boa forma física, paciência e fortes qualidades de liderança. Com quinze anos de experiência em resgates e um currículo que inclui o cargo de supervisor de turno e um período como jogador de futebol profissional, González possui todos os requisitos necessários. Em 1984, como membro do time O'Higgins, González jogara em uma partida contra Franklin Lobos, então no Cobresal, e marcara o único gol de sua curta carreira profissional. Agora González é um dos seis membros da equipe de resgate da El Teniente selecionados para viajar a Copiapó.

Ao chegar à San José, González é apresentado aos outros candidatos a viajar na Fênix, e um sentimento de camaradagem se produz imediatamente entre eles. Vão trabalhar para preparar uns aos outros para o resgate e, ao mesmo tempo, competir para ser o primeiro homem a entrar na Fênix. Quando a cápsula pronta chega à mina, veem que se parece com uma espaçonave de brinquedo, do tipo que se poderia encontrar em um museu para as crianças brincarem. Ela possui tanques de oxigênio, correias de segurança, luzes e um rádio, e a carapaça de aço não parece muito diferente do metal de que são feitos gira-giras de parquinhos infantis. A Fênix é uma cápsula projetada para viajar dentro da Terra, e um burocrata com tendências mais criativas poderia ter escolhido o nome Júlio Verne. González e os outros homens treinam dentro da Fênix, que é colocada no interior de um tubo de vinte metros de comprimento, depois erguida e abaixada por um guindaste, a fim de simular o resgate que está por vir. Cada um dos candidatos entra na cápsula sozinho e viaja para cima e para baixo no tubo, e pode acontecer de a cápsula ficar parada por algum tempo, com o candidato "preso" nessa gaiola de aço durante alguns minutos, um gostinho dos tormentos que os aguardam caso a montanha comece a estalar e trovoar durante sua descida até a mina.

* * *

Quando os mineiros presos entrarem na cápsula, farão a viagem de subida até a superfície, onde encontrarão seus familiares. Mas quem estará lá para receber Yonni Barrios, o homem com dois lares? A esposa, com quem vem se correspondendo febrilmente? Ou a namorada, que também é a mulher com quem vive (na maior parte do tempo)? Nas semanas desde que a primeira perfuratriz alcançou os 33 homens, Yonni leva sua vida pessoal no subterrâneo praticamente da mesma forma que fazia quando estava na superfície, no bairro de Juan Pablo II. Nos fins de semana, divide seus oito minutos de videoconferência em duas metades: quatro minutos com a esposa, Marta, e quatro com a namorada, Susana. "Eu não me importava que fossem só quatro minutos", afirma Susana. "Porque só um minutinho já era como ouro para mim." Para Susana, esses momentos passados conversando com o amante por meio da conexão de fibra óptica têm um aspecto mágico e místico. A primeira vez que vê Yonni, ele está de jaleco branco, seu uniforme de enfermeiro dos mineiros. Sua roupa branca e as luzes que o iluminam na caverna que serve de estúdio deixam Susana com a impressão de que Yonni está no "céu" ou em algum outro lugar muito, muito distante. "Ele estava sentado e tinha essa luz nos olhos. Como se fosse um alienígena. Tinha uma luz forte em volta dele, só dava para ver os olhos. Por um momento, achei que ele estivesse morto e que a empresa estivesse me pregando algum tipo de peça." Ela começa a chorar, apesar das súplicas do psicólogo para que se mantenha firme. "Você está morto!", diz ela para a câmera. "Eu chorava e chorava e o Yonni disse: 'Eu estou vivo. Chana, eu estou vivo. Olha para mim! Você está entendendo? Eu estou vivo!'." Após essas dramáticas primeiras palavras, passam para algo que se assemelha a uma conversa normal e Yonni começa a falar com Susana naquela sua voz suave e incerta e a dizer coisas que soam familiares, pois envolvem Marta. Ele explica que preferiria não estar falando com a esposa nessas teleconferências, mas é forçado, pois Marta lhe disse que está doente devido a todo o estresse de quase tê-lo perdido e que vai morrer (literalmente) se não falar com ele. Susana acredita que Marta esteja manipulando Yonni e o perdoa, como sempre faz.

Após as teleconferências, ao voltar para a casa que dividia com Yonni, Susana acompanha uma novela midiática em que ela e Yonni são retratados como vilões baratos unidimensionais e Marta como a vítima. Um coro grego formado por estranhos do mundo todo odeia Susana — e ela não se importa. "Minha felicidade era tão grande que eu nem sentia. Ele estava vivo e todas as histórias só me faziam rir. Era como se quanto mais coisas ruins falassem a respeito dele, mais vivo ele estivesse. Quando você luta contra a morte, não há nada que possa te envergonhar. Deixa que digam o que quiserem, que me amarrem, que me chamem de 'amante'. Eu era a 'amante'. Claro, eu sou a 'amante'. 'Quantas mulheres ele tem?' 'Umas dez mulheres! Ele tem mais mulheres do que sapatos!'"

17

RENASCIMENTO

Jeff Hart tem uma bandeira dos Estados Unidos bordada na manga da camisa que veste enquanto trabalha na perfuração do Plano B e, às vezes, usa um pano que se projeta da parte de trás de seu capacete branco com o logo da Layne Christensen. Quase sempre Hart perfura com um pé apoiado na sonda, e certo dia o ministro das Minas pergunta por quê. A perfuração é "uma sensação", ele explica. "Você precisa de fato estar de pé na sonda para sentir o que está acontecendo." Lá embaixo, o metal se fricciona e bate contra a rocha e a fricção é transmitida até o topo, onde Hart e seu pé sentem as "boas vibrações" e as "más vibrações" vindas da sonda. "É assim que você sabe se suas brocas estão quebrando ou se perderam o fio de corte", acrescenta. Os americanos estão ainda mais vigilantes do que de costume porque a rocha aqui na mina San José é mais dura do que esperavam. Conforme a perfuração do estágio final do poço do Plano B se torna mais profunda, precisam parar e mudar as brocas a cada dez ou vinte metros. "Começou a ficar estressante, porque estava muito difícil", afirma Hart. "Estamos em um poço que faz uma curva. Temos um tubo de perfuração que, nas nossas cabeças, fica no centro do poço até o fundo, mas não é isso que acontece, ele está roçando em toda a extensão do poço [pelas bordas]. Estávamos perdendo muito valor de torque na fricção contra a parede." Hart e os três outros americanos deveriam estar trabalhando em duplas, cada uma com turnos de doze horas, mas em vez disso, trabalham em turnos de dezesseis a dezoito horas, depois dormem em barracas no terreno da mina. Perfurar para alcançar homens vivos presos no subterrâneo é infinitamente mais estressante do que perfurar em busca de um lençol freático ou de um veio de minério. Hart sente o clima de urgência, motivado pela ideia de que se um dos mineiros ficar doente e levarem um mês a mais para retirá-lo da mina, ele pode não sobreviver. Hart também é pai, um pai que às vezes passa meses trabalhando longe de casa, e quer tirar todos aqueles pais do fundo daquele buraco e mandá-los de volta para seus filhos. Logo o estresse faz com que ele e os outros americanos, assim como os chilenos lá embaixo, percam a paciência uns com os outros.

Conforme a perfuratriz T130 se aproxima, uma nova praga se espalha pelos corredores nos quais os 33 homens vivem e dormem. Primeiro era o calor e os estrondos inexoráveis, depois a água, a lama e os fungos; agora uma nuvem de poeira e vapor começa a descer lentamente para a mina. Durante sete dias, começando em 27 de setembro, uma nuvem densa e poeirenta se move em direção ao nível 105 e ao Refúgio e lá se instala. "São 7h40 da manhã e tem poeira e vapor para tudo quanto é lado", escreve Víctor Segovia em seu diário. "É como quando a neblina desce, tudo parece ficar embaçado."

Os homens dormem e se movem sob a nuvem vaporosa e poeirenta, e Víctor se pergunta se inalar isso vai deixá-lo doente. Ainda há sessões de oração, mas apenas uns poucos comparecem. Vários dos homens passam de mão em mão bandeiras e fotografias que lhes pediram que assinassem, lembranças do que parece já ter se tornado um evento importante na história do Chile: "Se um objeto tiver assinaturas de todos nós, vai valer mais", observa Víctor. A maioria dos homens escreve cartas e já há uma sensação de que vivem um episódio que em breve entrará para a história como um relato. Como o recordarão e como ele será escrito? Sem dúvida, se lembrarão do sacrifício dos homens e das mulheres que trabalharam para tirá-los de lá, assim como de sua própria fé e sofrimento. Víctor "o Poeta" Zamora já escreveu um poema explorando esses temas, que foi publicado na superfície. "Levante esse ânimo, companheiro, temos que nos organizar primeiro/ Reúnam-se todos, temos que rezar", começa Zamora, descrevendo seus primeiros pedidos a Deus no subterrâneo.* Descreve também o remorso causado pela ideia de que estava abandonando sua família. "... a única coisa que

* "Arriba ese ánimo compañero, tenemos que organizarnos primero/ Júntense todos, tenemos que rezar."

pensei naquele momento/ dizer à minha esposa e meus filhos que lamento./ Eles, ansiosos, me esperando chegar àquela porta."* Termina sua mensagem com um esperançoso "Estamos em suas mãos, Chile".

Há, contudo, outra maneira de se pensar na história dos mineiros. Não seria de fato apenas uma série de traições, de homens que não conseguiam enxergar que aquela mina já estava matando e mutilando pessoas e que estava destinada a desabar e a matar todos dentro dela? Os proprietários da mina precisam ser responsabilizados, mas os supervisores que trabalham para eles também, como argumenta pelo menos um dos homens. Após uma de suas reuniões diárias, um mineiro se volta contra os supervisores do turno, Luis Urzúa e Florencio Avalos. Por causa de vocês que estamos presos aqui, diz ele. Se vocês tivessem fechado a mina, não estaríamos presos. O mineiro ameaça registrar uma queixa criminal contra Urzúa e Avalos quando chegar à superfície, por "quase homicídio", e ir ao rádio contar a história, como a enxerga, da culpabilidade do supervisor e de seu capataz pelos eventos de 5 de agosto.

Não importa como a história seja contada, haverá sempre a questão de quem se beneficiará dela. Vamos ser espertos, dizem diversos mineiros, e não deixar que outras pessoas lucrem com o nosso sofrimento, como sempre fazem. Vários insistem, em vista do ataque midiático que ocorre na superfície, que precisam manter o pacto de silêncio sugerido inicialmente por Juan Illanes. Tudo o que aconteceu entre 5 e 22 de agosto pertence ao grupo, não a um indivíduo, como disse Illanes. Se permanecerem unidos, todos terão uma participação igual no montante que poderão vir a ganhar vendendo sua história na superfície. Mas a tentação de riquezas individuais literalmente paira sobre eles e, às vezes, se estende até o interior da mina para tocá-los, por meio de ofertas feitas a seus parentes e retransmitidas em mensagens enviadas nas *palomas*. "Recebi um contrato brilhante", diz Edison Peña a Illanes, pois quer saber se pode aceitá-lo sem violar as regras. Um fabricante de calçados esportivos com sede nos Estados Unidos ofereceu a Peña, já famoso como o "mineiro atleta", dinheiro para calçar seus tênis quando sair da mina. Mario Sepúlveda também consulta Illanes, pois o pacto foi ideia deste, afinal de contas, e ele se tornou uma espécie de con-

---

* "... lo único que pensé en ese momento/ decirles a mi esposa e hijos que lo lamento./ Ellos con ansias esperándome, en esa puerta llegar."

sultor jurídico. Sepúlveda não diz que tem um contrato para uma entrevista ou algum outro acordo com a mídia, mas o mero fato de estar perguntando sobre o que, exatamente, pode e não pode falar parece suspeito para Illanes.

"Olha, compadre", começa Illanes. "Tenha muito cuidado. Porque entre o que é seu e o que é propriedade do grupo há uma linha muito tênue... Se você fizer merda, eu te ponho na cadeia.* Vamos ser claros. Você não tem nada aqui embaixo que seja só seu. Nada. Você vai me dizer que se te jogássemos aqui embaixo por quatro semanas e te deixasse completamente sozinho, depois viesse te resgatar, te encontraríamos tão bem como você está agora? Você fez tudo isso sozinho? Não, compadre. Você chegou até aqui porque atrás de você há outros 32 homens."

Com a proximidade do fim de setembro, Juan Illanes, Luis Urzúa e outros se perguntam se não deveriam formalizar seu acordo verbal e torná-lo uma obrigação legal. "As ambições das famílias iam levar as pessoas a romper o pacto", afirma Urzúa. "A ambição muda as pessoas." Illanes e Urzúa percebem que as pessoas estão vazando pequenas informações sobre sua história para a imprensa. Em cartas para a superfície e em discussões com o psicólogo Iturra, os homens pedem que um tabelião público seja levado até a mina, uma pessoa que possa dar forma escrita ao acordo verbal entre os 33 homens e reconhecer legalmente que todos o assinaram e concordaram com ele, mesmo enquanto ainda estiverem presos e esperando para serem resgatados.

Iturra concorda com o pedido dos mineiros e arruma confusão com o governo de Piñera por isso. "Eles queriam me despedir", afirma. Os mineiros não disseram a Iturra por que querem falar com um tabelião público, em parte porque não querem que a mídia descubra o que pretendem fazer, então os representantes do governo só podem especular: será que aqueles homens presos viraram 33 ingratos que planejam processar o próprio governo que está tentando salvá-los? Será que já têm um acordo com alguém para a produção de um filme? Iturra diz aos oficiais que não está preocupado, pois os mineiros ainda estão no subterrâneo e "não podem fazer nada de fato".

---

* *"Si vos la cagáis, yo te meto preso."*

O tabelião chega à mina no dia 2 de outubro. Os homens lhe explicam seu plano e ele lhes diz que pode entrar em contato com um advogado e redigir alguma coisa, mas que nada pode ser formalizado legalmente até que os homens cheguem à superfície, já que um tabelião precisa estar presente de fato à assinatura de qualquer documento — não pode simplesmente assisti-la, a 640 metros de distância, por meio de uma videoconferência.

Quando o tabelião deixa a mina, a perfuratriz T130 está a 428 metros de profundidade, a menos de cem metros de romper a rocha e de libertar os homens de uma vez por todas.

Antes que a cápsula possa chegar até eles, contudo, os homens presos terão que executar mais um trabalho de mineração. Terão que realizar uma detonação no fundo do poço do Plano B. Mesmo quando o poço final estiver completo, a cápsula de resgate não caberá dentro da mina a menos que os homens consigam remover parte da parede de pedra perto da abertura do poço. É um trabalho de mineração relativamente rotineiro, mas requer o uso de uma britadeira para abrir um buraco na pedra para a inserção da dinamite. As britadeiras precisam de ar comprimido, que costumava ser fornecido por meio de mangueiras vindas da superfície, mas elas foram cortadas pelo desabamento da mina no dia 5 de agosto. Jorge Galleguillos, cujo trabalho era manter aquele fornecimento de ar, agora trabalha no acoplamento de uma série de mangueiras de cinco centímetros que a equipe de resgate enviou para fornecer ar fresco da superfície. Tendo se recuperado do inchaço nas pernas, estende a mangueira montada até o nível 135, onde Víctor Segovia e Pablo Rojas finalmente recebem pressão de ar suficiente para operar uma britadeira e abrir oito buracos na rocha.

Jorge realiza seu trabalho, caminhando sozinho pelos corredores próximos ao nível 105, quando encontra Yonni Barrios. Yonni está estressado com sua função de enfermeiro — carrega consigo várias garrafas plásticas que contêm remédios enviados da superfície — e por alguma razão supõe que Jorge está fazendo uma caminhada relaxante pela mina.

"Ei, cuzão", diz Yonni. "Você não está fazendo porra nenhuma, né?"*

---

* "*Oye, culijuntos. Andáis haciendo puras huevadas, no más.*"

Jorge também está cansado e frustrado e responde a esse insulto limpando as mãos, que estão cobertas de lama após ter carregado as mangueiras, no jaleco branco de Yonni. "Está aí, para você ver se eu não estou fazendo nada", resmunga. Depois dá um tapa na cara de Yonni.

Yonni larga os frascos de remédio no chão, se recupera e chuta Jorge, que é mais velho que ele, na perna. Após inúmeras trocas de insultos e ameaças entre os homens do turno A durante mais de oito semanas presos no subterrâneo, este é o primeiro embate físico. Há apenas uma testemunha, Luis Urzúa, mas antes que ele possa dizer alguma coisa, a briga acaba.

No dia 9 de outubro, Jeff Hart e a equipe da perfuratriz T130 estão a apenas trinta centímetros de romper a rocha na oficina, no nível 135, quando a perfuratriz emite um forte som de estouro. "Quase morremos de susto", conta Hart mais tarde. Por alguns segundos, a equipe de perfuração considera as implicações de perder o poço e todo o trabalho de perfurá-lo, mas então, de forma surpreendente, a perfuratriz simplesmente funciona normalmente, sem nenhuma mudança perceptível na pressão ou no torque. Hart nunca descobrirá exatamente o que causou aquele estouro.

O ministro Golborne disse às famílias que, quando a perfuratriz rompesse a rocha, a equipe de resgate soaria uma buzina. Às 8h02, o gemido de uma sirene atravessa a montanha: a perfuratriz do Plano B chegou a seu destino. No Campo Esperanza, os familiares gritam "Para as bandeiras!" e correm em direção a uma coleção de bandeiras, 32 chilenas e uma boliviana, localizadas na base de uma ladeira coberta de pedras, um local onde as famílias já se reuniram antes para celebrar as boas-novas ou enfrentar juntas as más notícias. "Nossa alegria será ainda maior quando eles forem todos retirados vivos", diz María Segovia a um repórter. Serão necessários dois ou três dias para remover a broca e testar a estabilidade e a segurança do poço. Mais tarde, em uma coletiva de imprensa, Golborne observa que foram necessários 33 dias de perfuração para chegar aos 33 homens. O último homem está programado para entrar na cápsula e deixar a mina no dia 13 de outubro: somando os algarismos da data, do mês e do dia, aponta Golborne, também se chega ao número 33.

* * *

No nível 135, os homens se reúnem para ver o poço que os levará à superfície e comemorar com abraços e fotos com câmeras que os parentes lhes enviaram. Estão um passo mais perto da liberdade. Mas Víctor Segovia está preocupado: a abertura parece pequena demais, e ele já sente o tormento claustrofóbico de ser içado por ela. Um pouco mais tarde, os mineiros inserem explosivos de nitrato nos buracos que abriram perto do poço. Detonam os últimos explosivos na história de 121 anos da mina San José, uma explosão relativamente pequena que ajudará a libertá-los.

Na manhã seguinte, vários dos homens acordam com o som de estrondos distantes transmitidos através da rocha. Ouve-se uma série de explosões vindas, talvez, de dentro da caverna vislumbrada por Florencio Avalos, uma tempestade dentro da montanha, como aquela que os prendeu no dia 5 de agosto. Samuel Avalos, mais conhecido como CD, consegue continuar dormindo mesmo com todo o barulho, até que Carlos Barrios o chuta na perna para acordá-lo. "Ei, CD, levanta, *huevón*! A mina está fazendo barulho. Coloca seu capacete. O que fazemos?" Pedro Cortez, o jovem mineiro que quer comprar um Camaro amarelo, também é acordado por outro dos mineiros veteranos, Pablo Rojas.

"A montanha está estalando muito", diz Pablo.

"É, ela tem feito isso", responde Pedro. Uma série de fortes estrondos, *pencazos fuertes*, interrompeu seu sono. Agora podem ser ouvidos em intervalos de apenas alguns segundos e continuarão durante quatro horas, mas não há nada a ser feito a respeito, então Pedro se joga novamente em seu colchão inflável e tenta voltar a dormir. Isso enfurece Pablo, que não entende como alguém pode dormir quando a mina soa como se estivesse prestes a desabar de novo. "Era engraçado, porque nos noticiários vinham falando dos caras mais velhos da mina como se eles fossem os peritos que ajudaram os caras mais novos a sobreviver", conta Pedro mais tarde. "E agora os mais velhos estavam vindo até nós, os jovens, em pânico."

Logo todos os mineiros que dormem na área do Refúgio se levantam e se reúnem perto do poço por onde recebem as *palomas* da superfície.

Os mineiros mais velhos parecem aflitos e Yonni Barrios chora. Precisamos falar com Sougarret e Golborne, dizem. Precisamos dizer que não podemos nos dar ao luxo de esperar mais dois ou três dias. Eles precisam vir nos buscar agora. "Há um mito de que o diabo vive em minas de ouro", diz um dos mineiros mais jovens. Alguns acreditam que os estrondos são causados pelo diabo, que está zangado porque os homens estão prestes a sair. É domingo, o dia em que os homens normalmente se comunicam com a superfície, e nas conversas dessa tarde vários mineiros imploram aos parentes que digam a Sougarret e a Golborne para apressarem o resgate, pelo amor de Deus, pois o diabo dentro da montanha está zangado e não quer deixá-los ir embora. Mas os organizadores do resgate continuam seguindo seu plano: no domingo e na segunda-feira, continuarão a testar a estabilidade do poço e da Fênix, enchendo-a de sacos de areia e descendo-a pela abertura.

Os ruídos da montanha terminam com um enorme estrondo vindo de baixo, o que parece ser um gigantesco deslizamento de rochas. Mais tarde, os homens seguem para o fundo da mina e descobrem que vários corredores desabaram, incluindo a galeria no nível 44 onde Mario Sepúlveda costumava rezar.

Na segunda-feira, 11 de outubro, a equipe de resgate testa a cápsula Fênix até uma profundidade de seiscentos metros. Dentro da mina, os homens começam a limpar o Refúgio, como viajantes que querem deixar para trás uma casa limpa antes de partir em uma longa viagem. Luis Urzúa convoca os mineiros para uma reunião, sua última com os 33 homens presos. Diz a eles que devem se lembrar de como ajudaram uns aos outros quando a montanha desabava, quando passavam fome e como trabalharam juntos para permanecer vivos por 69 dias. Vários dos homens então se manifestam para reconhecer dívidas de gratidão e amizades. Víctor Zamora menciona como é grato a Mario Sepúlveda, que inspirou os homens no Refúgio quando estavam em seu momento de maior desespero. Jorge Galleguillos, o mineiro mais velho do norte que sofreu durante dias de inchaço nas pernas, agradece a Raúl Bustos, o mecânico sulista que não é de fato mineiro. "Ele sempre foi um verdadeiro cavalheiro e eu dou valor a isso. Sim, ele pode ser um pouco rabugento às vezes, mas sempre me ajudou." Quando Galleguillos termina, Luis Urzúa olha para ele e para Yonni Barrios e diz: "Tem dois homens aqui que passaram muito tempo juntos, que se ajudaram e que sempre foram amigos, mas que recentemente tiveram uma briga feia. E eu acho que eles deveriam se identificar e apertar a mão um do outro". Com 31 homens assistindo, Galleguillos e Barrios trocam um aperto de mão e um abraço.

Finalmente, Juan Illanes dá um passo à frente e fala em sua voz imponente de barítono. "Já que esta é a última vez que vamos estar todos reunidos, acho que deveríamos chegar a um acordo que vai nos servir no futuro", diz. De agora em diante, continua, uma decisão tomada pela maioria dos homens na superfície deve ser respeitada por todo o grupo. Estão todos prestes a voltar para suas casas, muitos deles em locais distantes da mina, e "vai ser impossível conseguir reunir todos nós de novo. E quer vocês gostem ou não, devem todos concordar em respeitar as decisões do grupo". Illanes os lembra do que acordaram antes: não vão revelar, individualmente, o que sofreram como grupo. Essa história é seu bem mais precioso e pertence a todos eles. "Eu quero que as pessoas aqui mostrem que vão respeitar o que concordamos, como homens. Não se trata só do grupo, mas de quanto você se ama. Porque se você se ama, vai defender os direitos dos outros." Illanes perde a compostura ao chegar ao fim de seu discurso, pois pede aos homens que acreditem em uma promessa expressa em palavras, uma ideia importante e sagrada, mas também tão fugaz e passageira quanto os segundos durante os quais essas palavras são pronunciadas. Está lhes pedindo que permaneçam leais a noções abstratas de honra e solidariedade, contra as tentações que os aguardam — fama e dinheiro reais, no mundo louco e irrestrito da superfície. Um dos mineiros se adianta para expressar sua discordância — Esteban Rojas afirma que não confia em Illanes e não concorda com muito do que ele disse. Alguns sussurram, concordando com Rojas, e de repente a atmosfera da reunião fica tensa. Todos precisam cuidar de suas próprias famílias, sem depender de um grupo; é simplesmente a coisa mais responsável a se fazer. Porém, essas são vozes minoritárias e, por fim, fica acordado que os homens dividirão igualmente os lucros provenientes de qualquer livro ou filme. Votam então para fazer de Illanes seu porta-voz oficial na superfície.

Para Mario Sepúlveda, a nomeação de Illanes como porta-voz é uma ferida infligida por homens por quem ele sofreu e trabalhou duro. Naquela mina, encontrou uma nova vocação: ser a voz da justiça e da verdade do trabalhador, mas não poderá contar toda a história do milagre do Atacama quando chegar à superfície. "Eles me tiraram da liderança", afirma. "Foi a maior traição que sofri nos setenta dias em que estive lá embaixo."

Ficar preso na San José deu a Mario Sepúlveda um novo senso de propósito e fez com que enxergasse claramente a grandeza de sua vida como trabalhador. Sente que deve algo à mina e, na tarde de 12 de outubro, doze horas antes do horário previsto para que o primeiro homem suba à superfície na Fênix, Mario se prepara para dizer adeus às cavernas e aos corredores da mina. Vai até o local onde dormia no Refúgio e constrói um memorial ao período durante o qual viveu ali. Quando o último homem deixar esses corredores, eles se tornarão uma espécie de cápsula do tempo, um marco da história do Chile e da mineração, destinados a permanecer selados e ocultos por décadas, talvez séculos. Então Mario escreve uma carta para deixar para trás e coloca na grade de aço que cobre a parede de pedra ao lado de sua cama um pedaço de papelão, no qual escreve seu nome completo, sua data de nascimento e as palavras "Mario Sepúlveda viveu aqui de 5 de agosto a 13 de outubro". Prende algumas das fotos que recebeu da família e coloca uma grinalda de plástico ao redor delas, junto com todas as bandeirinhas chilenas que reuniu. Começa então a apanhar pedras para levar de lembrança do nível 90, o local de muitas aventuras, incluindo uma tentativa de deflagrar uma explosão para enviar um sinal para a superfície. "Para mim aquele nível representava vida, esperança, um desejo de viver", afirma Mario. Vai dar as pedras a André Sougarret, ao engenheiro Andrés Aguilar, que desempenhou um papel-chave no resgate, e também ao presidente.

Enquanto Mario faz tudo isso, Raúl Bustos também se prepara para sair. Raúl também apanha algumas pedras, mas as leva até a Fenda e descarrega sua fúria atirando-as na caverna vazia. Toma isso, mina San José! *¡Concha de su madre!* Depois, com outros mineiros, pega algumas canetas hidrográficas e picha com raiva os veículos de propriedade da Companhia de Mineração San Esteban. Escreve "agradecimentos" vulgares aos proprietários da mina e a suas mães. Raúl também se despede do local onde dormia, mais acima, no nível 105. Preparou uma colagem das fotocópias de fotografias de família que seus parentes lhe enviaram e reúne essas imagens que foram suas companheiras por tantos dias solitários, quando desejava muito estar em casa. "Olhei para aquilo e me lembrei de todos os pensamentos que se passaram pela minha cabeça ali, pensando em refeições que eu não podia fazer, em aniversários que eu tinha perdido", diz. Afasta-se para um corredor tranquilo e privado da mina, onde ninguém pode vê-lo, e põe fogo nessas fotos. "Eu queria que tudo aquilo fosse embora, eram memórias ruins", diz, e muito rapidamente as fotografias se tornam cinzas carregadas pela leve brisa que sopra no corredor. Antes de voltar ao nível 105, certifica-se de apagar todos os vestígios que possa ter deixado. Assim como Mario Sepúlveda, Raúl Bustos imagina a San José em um futuro distante, em uma época em que homens com câmeras voltarão àquele local da história chilena, àquelas cavernas onde ele sofreu a mais profunda solidão que jamais conheceu. "Eu não queria que mais ninguém visse aquilo, que viesse e depois dissesse: 'Olha, está vendo, era aqui que Raúl Bustos dormia'."

"Era tudo muito particular, e era só meu."

Antes de deixar a mina, Víctor Segovia reserva um momento para acrescentar um último registro a seu diário subterrâneo. "A terra está dando à luz seus 33 filhos após os ter dentro de si durante dois meses e oito dias", escreve. Reflete sobre sua história de trabalho para a Companhia de Mineração San Esteban e seu complexo de minas, uma série de memórias que o levam de volta a 1998, a todos os empregos que teve e aos acidentes ocorridos com os homens que trabalharam ao seu lado durante seus doze anos como mineiro. Víctor era perfurador, operador de jumbo e lidava com explosivos. Um motorista de caminhão morrera em uma caverna na mina adjacente, a San Antonio, e outro trabalhador foi morto em um acidente rodoviário quando estava a caminho do complexo. Segovia também tinha visto dois homens morrerem na própria San José. Não culpa a mina por suas mortes, mas sim "aqueles que não investiram dinheiro suficiente para torná-la segura". Depois de todos esses anos, é como se a mina fosse seu segundo lar, e ele sente um afeto imutável e inabalável por sua arquitetura improvisada, pela humildade e crueza de suas paredes irregulares. Víctor desenha um coração em seu diário e dentro dele escreve:

"EU AMO A SAN JOSÉ". A mina é como ele: cheia de defeitos e malcuidada, mas digna de respeito e amor. "A San José era inocente", escreve. "A culpa era das pessoas que não sabiam administrar a mina."

Entre os oficiais e engenheiros chilenos e da Nasa que contribuíram com ideias a respeito do design da Fênix, há dois representantes da marinha, um americano e um chileno, com longa experiência nas frotas de submarino de seus respectivos países. Ambos os especialistas já praticaram resgates semelhantes à missão prestes a ser empreendida na San José e concordam que a subida dos mineiros à superfície deve seguir o princípio dos resgates submarinos: o homem mais forte e com melhor forma física será o primeiro a entrar na cápsula, pois poderá lidar melhor com quaisquer complicações que possam surgir. Por essa razão, os líderes da equipe de resgate chilena decidem que Florencio Avalos, o saudável capataz de 31 anos e segundo no comando do turno, abaixo apenas de Luis Urzúa, será o primeiro dos 33 homens a subir à superfície.

Antes que Florencio Avalos possa sair, um homem precisa entrar. Às dez horas da manhã do dia em que o resgate está programado para começar, Manuel González descobre que será o primeiro membro da equipe de resgate a entrar na Fênix. Após um almoço na cidade praiana de Bahía Inglesa, um motorista o leva até a San José e à área do poço do Plano B em uma van com janelas de vidro fumê, que oferecem uma espécie de proteção contra o espetáculo que se desenrola do lado de fora. A encosta antes desolada em torno da mina está coberta de pessoas: familiares e membros da equipe de resgate, que esperam poder comemorar muito em breve, e repórteres com câmeras, que estão ali para transmitir essa comemoração para locais próximos e distantes. Depois que González descer e o primeiro mineiro sair, dois médicos da marinha também entrarão na mina, mas por enquanto ele é o foco de toda a atenção. Após o cair da noite, quando os preparativos finais da cápsula e do poço estão concluídos, o rosto tenso de González é transmitido no gigantesco telão instalado no Campo Esperanza para que os familiares acompanhem o resgate. Erguendo os olhos, ele vê repórteres e câmeras alinhados em uma crista acima dele e muitas luzes, como se estivesse entrando em um anfiteatro e um grande drama estivesse prestes a começar.

González se aproxima da cápsula e às 23h08 é preso com as correias dentro dela. Veste um macacão laranja vivo, um capacete branco e tem a expressão de um homem incapaz de conter o medo do desconhecido. Foi informado de que o sistema que o enviará para dentro da mina foi projetado com várias redundâncias — entre outras coisas, o guindaste de construção austríaca que descerá e erguerá a Fênix pode aguentar 54 toneladas, ou em torno de cem vezes o peso da própria cápsula. Ainda assim, quando põe os pés no chão de aço da cápsula, González está de pé sobre um poço aberto com a altura de um prédio de 130 andares; uma queda livre do topo ao fundo duraria doze segundos e resultaria em morte certa.

"Fica calmo", diz o chefe da equipe de resgate. "Eu tenho total confiança em você."

O presidente e o ministro das Minas também estão presentes. "Boa sorte, Manolo", diz o presidente, usando o apelido comumente usado para o nome Manuel.

Às 23h17, a Fênix inicia sua descida. González não consegue ver o poço abaixo de si, pois a Fênix entra na montanha a um ângulo de 82 graus. Tem consigo um rádio, mas o sinal só dura pelos primeiros cem metros, mais ou menos, embora haja uma câmera dentro da cápsula e ele possa se comunicar fazendo sinais com as mãos se tiver algum problema. "Minha missão era me certificar de que tudo estava funcionando", diz, e passa a maior parte da viagem de dezessete minutos olhando a seu redor. Após ter descido aproximadamente duzentos metros, González vê um filete de água saindo de uma rachadura no poço. O calor está aumentando: é uma noite fresca de primavera na superfície, mas nas partes mais profundas da mina é um verão tropical. González sente um leve deslocamento a 150 metros do fundo, onde o poço se inclina de seu ângulo de 82 graus e passa a descer reto. Sua maior preocupação é o estado dos homens quando a cápsula se abrir, a possibilidade de que um dos mineiros entre em pânico e tente entrar na cápsula à força antes de sua vez.

Na verdade, lá embaixo, os mineiros enfrentam o problema oposto. Há um homem que não quer deixar a mina. Um teste da Fênix um pouco mais cedo causou a queda de algumas pedras, e agora Víctor Segovia está convencido de que essas pedras soltas farão com que a cápsula fique presa quando ele estiver dentro dela. E há algo ainda pior: os estrondos na montanha produziram uma rachadura na parede da caverna por onde a cápsula entrará na mina. "Eu estou vivo agora, aqui embaixo", diz ele. "Por que ir morrer naquele buraco?"

"Olha", Florencio Avalos lhe diz. "Eu vou entrar primeiro e se eu ficar preso nenhum de nós vai sair." As palavras de Florencio conseguem acalmar Víctor. Mais tarde, quando Florencio começa a se preparar para a viagem à superfície, os homens abaixam as cabeças e fazem uma oração final. Sessenta e nove dias antes, caíram de joelhos e pediram a Deus que os tirasse daquele lugar; agora pedem a Deus que proteja Florencio nessa primeira "jornada" de libertação. É um último momento privado antes do início do show do resgate. A luz forte que instalaram para iluminar o ponto de onde a cápsula vai surgir e a câmera que começa a transmitir uma imagem de vídeo ao vivo para a superfície por meio do cabo de fibra óptica aumentam ainda mais a sensação de que há um espetáculo teatral prestes a começar. O governo chileno, por sua vez, envia as imagens para os representantes da mídia reunidos na mina, com seus caminhões de transmissão por satélite, que encaminham os sinais em direção às estrelas do deserto para que centenas de milhões de pessoas em todo o mundo, postadas diante de grandes e pequenas telas, possam contemplar o interior da San José e a aproximação da cápsula. São onze e meia da noite em Santiago, está quase amanhecendo em Londres e Paris, é meio-dia em Nova Delhi e hora do jantar em Los Angeles.

A cápsula desliza pelo poço até chegar à caverna no nível 135. Yonni Barrios, sem camisa e de short branco, é o primeiro a se dirigir até a porta e cumprimentar González, que sai da Fênix em seu macacão laranja novinho em folha. Yonni está com os olhos lacrimejantes, González observa, e os dois homens rapidamente se abraçam. Virando-se para os outros homens, o especialista em resgates declara: "Tem uma porrada de gente lá em cima esperando por vocês!". Quando os homens caminham em sua direção para lhe apertar a mão ou abraçá-lo, González faz uma piada nervosa: "É melhor vocês não tirarem vantagem de mim, porque tem dois mergulhadores do comando de operações especiais da marinha descendo daqui a pouco e eles são muito bons de briga!".

Para os homens que estão presos há quase dez semanas, aquele homem alto parece incrivelmente limpo e saudável. Com um sorriso simpático, grandes bochechas de querubim e a pele bronzeada pelos dias que passou debaixo do sol do Atacama, parece um visitante de um mundo distante e incrivelmente iluminado. “A impressão que tínhamos era de que não existiam outras pessoas”, diz um dos mineiros, e agora um membro real e plenamente vivo da raça humana está ali entre eles.

Para González, os 33 homens parecem primitivos. Vários estão sem camisa e usam shorts arregaçados que mais parecem “fraldas” e botas cortadas, conta. “Era como se fossem um bando de homens das cavernas.” González ficará dentro da mina por 29 horas, e mais tarde terá a chance de explorá-la um pouco: logo ali perto, verá um santuário em homenagem a um homem morto em um acidente e, caminhando um pouco mais, sentirá como se tivesse voltado no tempo, para uma era mais simples e perigosa da história da mineração. “Eles estavam completamente sem proteção”, diz, referindo-se aos homens presos. Não vê nenhum respirador ou óculos de segurança e o calor e a umidade são diferentes de tudo que já sentiu em uma mina. As condições de trabalho cotidianas são “desumanas”, afirma. Um único dia naquela mina já seria um teste de resistência física e, ainda assim, aqueles homens sobreviveram ali por 69 dias. Como, em nome de Deus, González se pergunta, eles conseguiram?

Agora ele precisa tirá-los dali. “Meu nome é Manuel González e eu faço parte da equipe de resgate da mina El Teniente”, diz em uma voz tranquila, mas imponente. Explica aos homens como será a viagem pelo poço. “Olha, vocês vão sentir a cápsula balançar de leve, não fiquem com medo... A mudança na pressão vai ser perceptível.” Os preparativos finais incluem a medição da pressão sanguínea e dos batimentos cardíacos de Florencio. “Ah, não importa”, diz González ao observar os altos números. “Isso tudo é só por questões legais de qualquer forma.” Confere uma lista de verificação e conecta alguns monitores às correias que Florencio usa e um a seu dedo. Menos de quinze minutos após a chegada de González ao corredor do nível 135, Florencio Avalos está pronto para entrar na Fênix. “Nos vemos lá em cima”, diz ele aos outros mineiros ao entrar, e González fecha a porta. Alguns segundos depois, a Fênix começa a subir, de maneira tão suave e regular quanto um elevador, e desaparece no poço. Ao subir, Florencio se sente como se estivesse entrando em um corpo feito de pedra. “É bom!”, ele grita para os homens lá embaixo. *¡Se siente rico!* “É bom aqui dentro!” Os homens gritam de volta, e Florencio ouve as vozes enquanto sobe, afastando-se das cavernas que foram seu lar e sua prisão durante dez semanas.

Na superfície, a esposa de Florencio e seu filho o aguardam perto da abertura: Mónica, que certa vez caminhou durante o sono por esta mesma montanha, e seu filho de oito anos, Bayron. Mais abaixo na encosta, no Campo Esperanza, María "a Prefeita" Segovia assiste ao resgate na televisão gigante, pensa naqueles homens adultos espremidos em um canal de pedra e conclui: a mina é como uma mulher que os está parindo. Como muitas das mulheres que estão vivendo na propriedade da Companhia de Mineração San Esteban, María sente a analogia dentro de seu corpo. "Se você vai ter um bebê, sabe que ele também pode nascer com complicações, ou que pode simplesmente não sobreviver." Um bebê pode ser estrangulado pelo cordão umbilical ou pode ficar preso no canal vaginal e sufocar. Enquanto os homens sobem pela pedra, a cápsula que os carrega pode cair na mina ou a montanha pode desmoronar novamente e destruir o poço, prendendo a Fênix e seu passageiro dentro dele. María Segovia deu à luz quatro filhos, e agora os homens por cujas vidas ela vem lutando vão subir por um canal de parto de 640 metros, esculpido na mãe montanha. Se a Terra não quiser deixá-los partir, eles não vão conseguir sair, pensa María. Mas talvez a Terra não queira mais segurá-los.

Dentro da cápsula, Florencio está acordado para seu nascimento, observando as paredes de pedra que passam diante de seus olhos, iluminadas por uma luzinha. Está usando o mesmo capacete vermelho gasto que colocou no dia em que entrou na mina, 5 de agosto. Faltam poucos minutos para a meia-noite e, em sua lenta viagem de subida, 12 de outubro se transforma em 13 de outubro. Florencio só consegue ouvir o chacoalhar da cápsula: é como se estivesse andando em uma velha montanha-russa. Sente a cápsula balançar para a frente e para trás, mas permanece calmo durante a viagem de trinta minutos, porque sua longa provação dentro da montanha está quase chegando ao fim. Está sozinho, mas na superfície uma audiência de 1,2 bilhão de pessoas o aguarda, com os olhos fixos em um cilindro que se projeta para fora da montanha.

Florencio começa a recordar os eventos que se desenrolaram dentro daquela montanha e outras memórias lhe vêm à mente, memórias de sua vida no exterior: o dia em que conheceu a mulher que viria a se tornar a mãe de seus filhos, os dias em que seus meninos nasceram e em que foram para a escola pela primeira vez. Dá-se conta de que teve uma boa vida e hoje está sendo abençoado mais uma vez, subindo das cavernas de pedra da mina em uma cápsula, sendo puxado por homens e mulheres que não consegue enxergar. Sente o ar se tornar mais leve. Seus ouvidos se tampam, depois se abrem com um estalo. Uma brisa vinda da superfície penetra a cápsula na seção final do poço e, por alguns momentos, Florencio se vê cercado por paredes de aço, o som do chacoalhar desaparece e é substituído por um estranho silêncio. O rádio desperta com um chiado e o capataz começa a ouvir pessoas, os gritos dos homens que berram instruções para ele e uns para os outros, vozes na superfície flutuando sobre sua cabeça. Há uma súbita explosão de aplausos. Com a Fênix ainda subindo lentamente, luzes e cores vindas do mundo exterior a invadem e, olhando para cima, Florencio vê um homem com a pele queimada de sol e de capacete branco olhando para ele através da grade de aço da porta da cápsula.

PARTE III

O CRUZEIRO DO SUL

18

EM UM PAÍS MELHOR

Na noite de 5 de agosto, Bayron Avalos declarou o pai, Florencio, morto, mas em 13 de outubro o vê ressuscitar da montanha estrondosa apenas alguns minutos após a meia-noite. Com as câmeras do mundo voltadas para ele, Bayron desata a chorar e a berrar de forma descontrolada. A primeira-dama do Chile, que está ao lado do menino, tenta confortá-lo. Florencio Avalos emerge da Fênix e dá um abraço silencioso na esposa e no filho, depois aperta a mão do presidente, do ministro Golborne e dos outros líderes da equipe de resgate. Enquanto centenas de repórteres e âncoras de todo o mundo comentam com um entusiasmo ofegante o resgate que se desdobra diante de seus olhos, a cena ao redor da cápsula em si é contida e de uma tristeza silenciosa — especialmente se comparada à que vem uma hora depois, quando Mario Sepúlveda sobe à superfície. Os gritos do homem podem ser ouvidos quando ele ainda está a vinte metros de distância do topo. "*¡Vamos!*", diz o grito de um homem das cavernas invisível, transbordando pelo topo do cilindro que se projeta para fora do poço. "*¡Vamos!*", grita novamente, fazendo rir a equipe de resgate e sua esposa, e quando a Fênix é finalmente erguida para fora do poço, Mario solta um guincho animalesco que faz com que todos riam mais. A porta se abre e Mario rapidamente abraça a esposa, depois enfia a mão em uma sacola que trouxe do interior da mina e começa a distribuir pedras cor de ardósia do nível 90 como lembranças para o ministro Golborne, os líderes da equipe de resgate e o presidente Piñera. Então, tirando o capacete, como um cavalheiro ou cavaleiro errante, inclina a cabeça para cumprimentar a primeira-dama.

Minutos depois, abraça um grupo de trabalhadores da equipe de resgate com gritos de "*¡Huevón!*" e, em seguida, puxando um coro com todos os presentes de "*Mineros de Chile!*", erguendo os braços com uma energia frenética, livre, até que um dos membros da equipe de resgate finalmente faz com que pare e lhe pede que tire as correias, por favor — afinal de contas, há outros homens lá embaixo esperando para serem resgatados. Finalmente Mario é colocado em uma maca e carregado para uma sala de triagem ali perto, de onde será enviado mais tarde de avião (junto com todos seus outros colegas) para um hospital em Copiapó.

Juan Illanes é o terceiro homem a sair, seguido por Carlos Mamani, que é cumprimentado no topo do poço pelo presidente do Chile e mais tarde, no hospital, pelo presidente boliviano Evo Morales. O próximo a subir é o adolescente Jimmy Sánchez, que é recebido pelo pai, depois vêm Osman Araya, que conduziu tantas sessões de oração, e José Ojeda, o responsável pelo famoso bilhete sobre "Los 33". Claudio Yáñez, que parecia tão fraco que lembrava um potro recém-nascido, emerge com suas jovens feições bem esculpidas sob a luz suave e tênue de uma manhã nublada e envolve a namorada e mãe de seus filhos em um abraço apertado. Ele é seguido por Mario Gómez, o motorista de caminhão que voltara à mina para fazer alguns pesos a mais com um carregamento extra e que agora insiste em dedicar um momento para orar de joelhos diante da cápsula. Quando o décimo mineiro sai, o sol já está brilhando através das nuvens, e os homens e as mulheres na superfície gritam para Alex Vega, ainda dentro do poço: "Coloque seus óculos de sol!". Alex certa vez se perguntou se a escuridão da mina o deixaria cego, mas agora precisa se preocupar com o dano que a luz do sol do deserto pode lhe causar, e quando a cápsula emerge, ele usa os óculos escuros como foi instruído. Sua esposa, Jessica, que se recusara a lhe dar um beijo de despedida na manhã de 5 de agosto, agora lhe dá um beijo e um abraço de paixão e duração cinematográficas, cheios de tanta saudade e sofrimento que as pessoas ao redor do casal param de aplaudir e o som das lágrimas de Jessica pode ser ouvido por todos os presentes.

"Não chore", diz Alex. *No llorís.* "Acabou."

Jorge Galleguillos é o próximo a subir, seguido por Edison Peña, que diz logo após sair: "Obrigado por acreditarem que estávamos vivos. Obrigado por acreditarem que estávamos vivos". Repete essas palavras mais algumas vezes, mesmo quando cai nos braços da mulher que o pediu em casamento. (Ele não vai aceitar.) Um pouco depois, chega de Memphis a notícia de que Edison foi convidado para visitar Graceland, a mansão que pertencera a Elvis Presley. Carlos Barrios, que participou de duas expedições em busca de uma saída da mina, é recebido pelo pai, que está em prantos: "*Tranquilo, ya*", diz Carlos. Em seguida vem Víctor Zamora, o poeta. O psicólogo, Iturra, cumpriu sua promessa de nomear Arturo, filho de Zamora, "resgatador júnior". O menino usa um capacete branco com um símbolo de Carabinero na frente e, diferentemente das outras crianças no local, tem permissão para ir até a cápsula e ajudar a abri-la. Logo após o meio-dia, Víctor Segovia chega à superfície, trazendo consigo o precioso diário, e depois dele vêm Daniel Herrera, o motorista de caminhão alto e caladão, e Omar Reygadas, o homem que desceu com uma vela até o fundo da mina. O 18º e o 19º a sair são os primos Esteban Rojas e Pablo "Gato" Rojas, que estava na mina compensando o dia de trabalho que perdera devido ao enterro do pai. Quando Darío Segovia emerge, a tarde já está na metade. Sua irmã María, a prefeita, não está presente (ficou no Campo Esperanza, mais abaixo), e ele é recebido pela companheira, Jessica Chilla. Ela segura o rosto de Darío e o toca nos braços e nas pernas, algo que fará repetidas vezes quando o vir no hospital, como uma mãe verificando a saúde de seu bebê recém-nascido. "Eu queria ver se ele estava inteiro", explica Jessica. "Acho que ele não estava consciente do que estava acontecendo, de tão nervoso." A noção mágica e surreal de que testemunhou o nascimento de um homem de meia-idade colore essas primeiras horas após o retorno de Darío. "Era como se ele estivesse começando uma vida que nunca imaginou que viveria."

Yonni Barrios ouve gritos de "Doutor!" quando chega ao topo. Não vê a namorada, Susana Valenzuela, imediatamente, mas ela está ali, ao lado do ministro das Minas, após vários dias de um drama familiar privado que teve alguns de seus elementos expostos pela mídia mundial. Yonni disse a Susana em sua última videoconferência que não se preocupasse, pois ele se certificaria de que ela fosse recebê-lo na superfície. Diz a ela que será como Tarzan, o rei da selva: uma palavra sua e todos os animais da floresta farão sua vontade. E assim é. A equipe de resgate diz a Marta Salinas, a esposa oficial de Yonni, de quem ele está afastado, que Yonni quer que sua namorada, com quem vive, tenha a honra de recebê-lo. A Marta resta apenas dar declarações à imprensa lamentando a escolha do marido. "A outra vai estar lá para recebê-lo[...] Estou feliz por ele ter se salvado." Na manhã do resgate de Yonni, Susana termina seu trabalho na cozinha do acampamento fritando peixes, troca de roupa e é levada por uma escolta policial até o local do resgate.

Susana observa Yonni sair da cápsula, visivelmente mais magro. Ele está tirando as correias de costas para ela quando ela o chama em voz baixa: "Ei, Tarzan".

Samuel "CD" Avalos é o 22º mineiro a sair, seguido pelo jovem Carlos Bugueño, depois por José Henríquez, o Pastor, que é recebido pela esposa, Blanca Hettiz Berrios, com quem é casado há 33 anos. Já é fim de tarde e o local do resgate está escuro quando o irmão de Florencio, Renán Avalos, chega ao topo, seguido por Claudio Acuña, que deixa o poço ao som do choro alto da filha bebê. Em seguida vem Franklin Lobos, o ex-jogador de futebol, que abraça a filha de 25 anos cujas lágrimas ajudaram a fazer com que o governo federal se envolvesse no resgate. Ela dá ao pai uma bola de futebol assinada pelos familiares, e Franklin para por um momento para fazer embaixadinhas. A noite cai sobre o local do resgate enquanto os últimos mineiros saem da mina: Richard Villarroel, que não deixará que o filho que está para nascer cresça sem pai, como ele; Juan Carlos Aguilar, o chefe da equipe de mecânicos; Raúl Bustos, o homem de Talcahuano; e Pedro Cortez, que observa como o ar é doce e fresco na superfície, onde as pessoas foram feitas para viver. O 32º homem a sair é Ariel Ticona, que precisará esperar só mais um pouquinho antes de conhecer a filha recém-nascida. Luis Urzúa é o último homem do turno A a sair. Em 5 de agosto, Urzúa desceu ao fundo na mina que desabava para se certificar de que todos os homens haviam sido encontrados e agora completa o ritual rotineiro de um supervisor: deixa seu local de trabalho, mas só depois de todos os homens de seu turno terem saído da mina. Sua chegada à superfície é recebida ao som de cornetas e sirenes, que ecoam pela montanha. Urzúa é abraçado pelo filho, depois pelo presidente, e começa a conversar com Piñera em uma voz baixa, exausta, que os microfones próximos têm dificuldade de captar. "Como o *jefe*, estou passando o turno para você", diz Urzúa ao presidente. "Como um bom *jefe*", responde o presidente. Com essas palavras, o suplício público dos 33 homens do turno A da mina San José chega ao fim.

* * *

Manuel González é o último homem dentro da mina. Quando a Fênix desce para retirá-lo, ele se vira para a câmera que transmite imagens para a superfície e se inclina, cumprimentando o público. González entra na cápsula e sobe à superfície, onde é recebido pelo presidente Piñera. O presidente ajuda a colocar uma cobertura de aço sobre o topo do poço do Plano B e faz um discurso louvando a coragem e a tenacidade dos mineiros e da equipe de resgate. "Hoje o Chile não é mais o mesmo país que era há 69 dias", diz. "Os mineiros não são mais os mesmos homens que ficaram presos em 5 de agosto. Eles saíram mais fortes e nos ensinaram uma lição[...] O Chile hoje está mais unido do que nunca." Piñera nunca mais será tão popular quanto neste momento.

No Campo Esperanza, os milhares de jornalistas, membros da equipe de resgate e familiares começam a se preparar para partir. As barracas, a pequena escola, as cozinhas, os altares e até as bandeiras desaparecem. A mina começa a adquirir a aparência desolada e solitária de um sítio arqueológico desértico quando "a prefeita" María e outros irmãos do mineiro resgatado Darío Segovia percorrem o local para se certificar de que tudo está limpo e em ordem. "Fomos os últimos a sair, não havia mais ninguém ali", conta María. Os únicos que restam são alguns policiais, que ficam guardando o terreno vazio. Às quatro horas da tarde do 74º dia "levantamos acampamento, toda a família junta". Darío está no hospital em Copiapó, ocupado com a companheira e os filhos, e María decide dar ao irmão o espaço de que precisa para colocar a vida em ordem. A "prefeita" do Campo Esperanza pega o ônibus de volta para Antofagasta sem sequer ter visto o irmão por cuja libertação trabalhou durante dez semanas. "Eu deixei o acampamento feliz, porque ele tinha vencido, tinha conseguido sua vida de volta, mas fiquei triste de não ter me encontrado com ele. Aquilo me marcou." Nas semanas seguintes, María volta a vender salgados em uma carrocinha na praia, debaixo do sol escaldante, e em casa assiste pela televisão à transformação de Darío em um "magnata", viajando pelo mundo e aceitando honrarias. Eles se falam por telefone, mas um ano se passa sem que os dois irmãos se vejam. Um dia, porém, María recebe uma carta do irmão. "Estou muito orgulhoso de você, senhora prefeita", começa a carta.

19

A TORRE MAIS ALTA

Em 16 de outubro, em uma sala de reuniões da administração da previdência social chilena em Copiapó, Juan Illanes conduz seis de seus colegas mineiros em sua primeira entrevista coletiva oficial. Os homens estão sentados atrás de um aglomerado de microfones e ainda exibem um tom de pele acinzentado por terem ficado dez semanas presos no subterrâneo. Trinta e dois dos mineiros receberam alta do hospital — somente Víctor Zamora, cujos dentes estão apodrecidos, continua sob supervisão médica — e enxames de repórteres apareceram em suas casas. Mario Sepúlveda foi retirado do hospital em segredo, com um cobertor na cabeça para evitar as multidões de jornalistas que tentavam entrevistá-lo. Agora Illanes pede à imprensa que respeite a privacidade dos homens resgatados. "Vocês precisam nos dar espaço para que possamos aprender como lidar com todos vocês", diz ele. Também pede à mídia que se abstenha de tentar "destruir a imagem" dos mineiros como um todo e especialmente de homens como Yonni Barrios, que se tornou alvo de muitas histórias maldosas, "com apelidos e tudo mais", ridicularizando suas complicações amorosas. "Por favor, considerem o estado emocional dele", diz Illanes. Na América Latina, assim como em outros lugares, a mídia cria heróis, depois sente prazer em destruí-los, especialmente quando eles optam por não cooperar com o maquinário de criação de celebridades, e Illanes sente a rapidez com que esse grupo de entrevistadores pode se voltar contra ele. Responde a algumas perguntas surpreendentemente céticas sobre por que alguém estaria disposto a trabalhar em uma mina tão perigosa para início de conversa. "Eu precisava do dinheiro", diz ele. Mas se recusa a falar a respeito de como os homens sobreviveram por dezessete dias antes de fazerem contato com o mundo exterior. Os homens têm um pacto de silêncio e um acordo para dividir os lucros provenientes de um livro e um filme e por isso não vão falar sobre aqueles dezessete dias, afirma Illanes. Nas perguntas feitas pelos repórteres nessa entrevista coletiva e em suas visitas surpresa às casas dos mineiros, há alusões às histórias sublimes e ridículas que a mídia imagina estarem guardadas, esperando para saltar dos lábios desses homens pálidos. Vocês brigavam uns com os outros? Vocês pensavam em sexo? Vocês viram a face de Deus? Vocês consideraram o canibalismo? A mídia chilena já sugere que é possível que nem tudo seja o que aparenta ser entre os heróis da mina San José. Claramente, os homens estavam divididos e, segundo relatos publicados na mídia, um dos membros da equipe de resgate ouviu um grupo de mineiros dizer, quando Mario Sepúlveda deixava a mina na Fênix: "Ainda bem que estamos nos livrando desse cara!".

Repórteres cercam a casa de Víctor Segovia na rua Calcopirita, no bairro de Los Minerales, e quando ele consegue atravessar uma falange da mídia para chegar à porta de casa, acaba encontrando do lado de dentro mais jornalistas que usaram a lábia para entrar, incluindo uma das personalidades de televisão mais famosas do Chile, Santiago Pavlovic, que usa um tapa-olho e apresenta o programa *Informe Especial*. Há também um repórter na cozinha conversando com a mãe de Víctor e outro que veio da Ásia. Víctor quer ir ao quintal para tomar uma cerveja, mas há um repórter lá também. Seus parentes estão lhe dizendo: "Por favor, fala logo com esses repórteres para eles irem embora". Enquanto tudo isso acontece, Víctor tenta consolar o pai, de 77 anos, que está doente e perdendo a memória. Ao pôr os olhos no filho pela primeira vez em dez semanas, o pai de Víctor começa a chorar. "Eu nunca, nunca tinha o visto chorar assim", diz Víctor. "Ele sempre foi um homem durão." Acima de tudo, Víctor está confuso com a maneira como está sendo tratado por todos, ali em sua própria casa, como se fosse uma celebridade, como se fosse rico, com uma mistura de admiração e ressentimento. Estão impacientes com ele, querem vê-lo sorrir, querem ouvir quais são seus planos agora que não precisa mais trabalhar, pois todos no Chile sabem que um dos homens mais ricos do país disse que Víctor e os outros 32 mineiros seriam milionários. Até a ex-mulher de Víctor, que o largara anos antes, de repente quer fazer as pazes e pede para ser perdoada, e é tudo tão estranho e surreal quanto aquele homem barbudo com um tapa-olho, transportado de alguma forma da televisão para a sala de estar de Víctor, encarando-o e perguntando: "Podemos conversar?".

A mídia ama os 33 e, ao mesmo tempo, começa a se ressentir deles. Os mais novos heróis nacionais do Chile não passam de um bando de trabalhadores comuns que têm a ousadia de ignorar as perguntas mais prementes da mídia porque têm planos de ganhar dinheiro contando sua história — não em Santiago, mas em Hollywood e Nova York. Alguns vendem pequenas partes de sua história por valores altos e baixos — "ele nos cobrou cinquenta dólares, mas parecia estar escondendo alguma coisa", afirma um repórter japonês após ter visitado um deles. Se a mídia chilena não terá a chance de transformá-los em heróis, pode muito facilmente acabar com eles e torná-los objetos do escárnio popular. Primeiramente, como vários veículos da mídia começam a apontar, há o preço que o país pagou para resgatá-los: pelo menos 20 milhões de dólares, estima o governo, incluindo as passagens aéreas dos técnicos levados ao local, 69 mil na cápsula Fênix construída pela marinha e perto de 1 milhão gastos pela empresa nacional de petróleo em combustível para os diversos veículos e equipamentos de perfuração. Em 19 de outubro, o tabloide *La Segunda* publica um artigo que soma o custo de todos os presentes recebidos pelos mineiros: 38 mil dólares cada (ou em torno de 19 milhões de pesos) em "viagens, roupas e doações", informa o jornal, incluindo óculos de sol Oakley no valor de quatrocentos dólares cada e a versão mais recente do iPod touch, doada pela Apple, além de viagens programadas para Grã-Bretanha, Jamaica, República Dominicana, Espanha, Israel e Grécia (os mineiros foram convidados a visitar esses países por representantes governamentais e empresários). No fim, nem todas essas viagens acabam se concretizando e apenas um punhado de mineiros vai à maioria delas. Mas Luis Urzúa começa a sentir uma mudança na atitude das pessoas. "Depois daquela história no *La Segunda*, começaram a achar que estávamos ficando ricos. Começaram a nos olhar de um jeito diferente." No curto prazo, contudo, as pessoas ainda se atropelam para dar presentes aos homens. Alguns dias após a publicação das contas no *La Segunda*, a Kawasaki Chile anuncia que dará uma motocicleta a cada um dos 33 mineiros. Esse é nosso modelo mais caro, diz o gerente geral (elas custam 3,9 milhões de pesos cada). "Acima de tudo, os mineiros merecem", diz o executivo a um repórter de televisão, que assim consegue vincular a marca Kawasaki aos homens resgatados: "Esses homens representam trabalho árduo, sacrifício, tenacidade, a capacidade de superar obstáculos — qualidades que também são representadas pela Kawasaki, uma das empresas mais importantes do Japão". Franklin Lobos aceita o presente em nome dos colegas e diz algo que os 33 repetiram várias vezes desde que voltaram à superfície. "Nós não somos heróis, como as pessoas dizem. Somos apenas vítimas. Não somos estrelas de cinema ou de Hollywood."

Alguns dias depois, Ariel Ticona se encontra em um estúdio em Madri, com a esposa e a filha recém-nascida, Esperanza, respondendo a perguntas do apresentador de um programa de televisão espanhol. Temos um presente para você, diz o apresentador, e ouvindo sua deixa, uma jovem de vestido colado surge dos bastidores, empurrando um carrinho de bebê novinho em folha. A próxima parada de Ariel na Espanha é o estádio Santiago Bernabéu, templo do esporte mundial e lar da equipe do Real Madrid. Ariel e mais três outros mineiros recebem um tour VIP que inclui um passeio pelo próprio campo com uma câmera de televisão os filmando. "Esta é a experiência mais bonita que eu já tive", diz Ariel, olhando para os 85 mil assentos vazios através de seus óculos de sol Oakley. Há algo magicamente inocente na maneira como Ariel sorri, e seu rosto se alarga ao absorver tudo aquilo.

Nas primeiras semanas após terem deixado os corredores sombrios da San José, os 33 sobreviventes estão no centro de uma arena de adulação pública ao mesmo tempo que convivem com as memórias privadas de suas origens humildes e das dez semanas que passaram à mercê da montanha. Edison Peña absorve tanta atenção e bajulação da mídia quanto os outros — afinal de contas, um homem que corria e cantava "Heartbreak Hotel" no subterrâneo parece representar o epítome da força e da alegria do espírito humano. Mas após ter sobrevivido dentro de uma montanha trovejante, Edison enxerga algo de cruel em estar na superfície, observando as pessoas seguirem com suas vidas "normais". O corpo de Edison escapou, mas sua mente ficou para trás: ainda está naquela montanha, que continua despencando em cima dele; ainda está presa atrás da guilhotina de pedra.

A montanha o acompanha em suas viagens pelo mundo como embaixador do Chile, da mineração e do cooper, visitando Tóquio e Tupelo, no Mississippi, além de muitos outros lugares entre as duas cidades. Para ele, o mais assustador é voltar para casa em Santiago. "Toda a regularidade, a parte 'leve' da vida, realmente me atordoava", diz Edison. "Eu ficava chocado de ver as pessoas andando por aí, vivendo normalmente. Ficava chocado porque eu dizia: 'Ei, de onde eu venho não é assim. Eu venho de um lugar onde tínhamos que lutar desesperadamente para sobreviver'. Eu saí para a vida e encontrei essa merda chamada paz. Me desestabilizou. Desestabilizou vários de nós." Na mina, Edison corria para esquecer onde estava, e agora, na superfície, corre para esquecer onde está. Em 24 de outubro, onze dias após o resgate, Edison Peña participa do trecho de um triatlo em Santiago, correndo 10,5 quilômetros. "Os médicos e os psicólogos me passaram um regime rígido que eu preciso seguir", conta Peña a um repórter de televisão após a corrida. "Eu me sinto meio anormal." Edison confessa a outras pessoas, em público e particular, que se sente instável, mas isso não o impede de aceitar um convite para assistir à maratona de Nova York. Em Nova York, ele canta uma música de Elvis no programa de David Letterman e responde a perguntas em uma coletiva de imprensa antes da corrida. Por que ele corria na mina, alguém pergunta. "Eu estava dizendo para a mina: 'Eu posso te ultrapassar, eu vou derrotar o destino'", responde Edison. Antes do acidente, Edison era mais um ciclista que um corredor, mas decide que não será apenas um espectador na maratona de Nova York, vai correr também e tentar terminar a prova. Um médico e membros do clube de corrida local que o convidou lhe dizem que entrar em uma maratona sem ter treinado é imprudente, mas Edison está determinado. Como era de se esperar, seus joelhos começam a doer após uma hora, mais ou menos, e ele acaba caminhando em torno de dezesseis quilômetros, mas termina a prova (com um tempo de cinco horas, quarenta minutos e 51 segundos), graças, em parte, a dois imigrantes mexicanos, funcionários de um restaurante e membros do clube de corrida, que o acompanham durante todo o percurso. "Nessa maratona eu lutei", conta Edison à imprensa mais tarde. "Eu lutei comigo mesmo. E lutei com a minha dor." Vários de seus colegas da mina dirão posteriormente que Nova York foi ruim para Edison Peña: foi lá que ele começou a se afundar mais no alcoolismo. "Se tivéssemos ficado realmente unidos, como 33 homens, teríamos cuidado do Edison e ele não teria tido o colapso que teve", diz o jovem mineiro Pedro Cortez. Em Nova York, Edison começa a brigar com a namorada, que acha que ele não deveria continuar viajando, mas quando lhe oferecem outra viagem, ele não consegue recusar. "Você começa a virar uma marionete. Nós viramos marionetes. Vamos para lá, vamos para cá. 'Fica parado assim. Aqui, aqui, debaixo da luz.' Nós queríamos sair e experimentar o mundo. Tínhamos nascido de novo e aaaahhh... aquele primeiro ano... eu não sei explicar, mas foi difícil. Faz as malas, fica na fila. Faz isso, faz aquilo. Faz! Eu acho que, se formos ser honestos, é como se tivéssemos perdido as nossas vidas." Edison mergulha cada vez mais fundo na espiral quando chega a Memphis e a Graceland em janeiro, bem a tempo do aniversário de Elvis. Em outra entrevista coletiva, Edison canta alguns versos de "The Wonder of You", em uma voz de barítono com um forte sotaque, porém sedutora. "When everything I do is wrong/ You give me hope and consolation."* O público em Graceland ouve uma interpretação sincera, vinda de um homem que está vivendo dentro do mundo triste descrito na canção, e vários de seus ouvintes, que não têm como saber o que atormenta Edison, gritam sua aprovação mesmo antes que ele termine.

Pelas primeiras semanas, os mineiros conversam com psicólogos e terapeutas. "Minha namorada diz que eu acordo gritando no meio da noite", conta Carlos Bugueño a um psicólogo, que lhe prescreve pílulas para dormir. "À noite, todas as memórias voltam", diz Pedro Cortez. Durante o dia, longos silêncios são inquietantes, assim como ruídos e estalos altos. Pedro entra em uma van com um grupo de cinco sobreviventes da mina e todos eles se atiram ao chão ao ouvirem o som da explosão de um cano de descarga de uma motocicleta. Bugueño e Cortez se juntam a vários dos sobreviventes em uma clínica da previdência social chilena em Copiapó para uma sessão de terapia em grupo. Quando o terapeuta fecha a porta, para manter a privacidade, vários dos homens se levantam para sair. "Você está nos prendendo aqui", diz um deles. "Não nos prenda aqui dentro!" A imagem da porta fechada, combinada com os rostos familiares dos homens

* "Quando tudo o que eu faço está errado/ Você me traz esperança e consolo."

com quem ficaram presos, faz com que vários retornem ao estado emocional em que se encontravam no subterrâneo. "Fomos até as janelas e abrimos todas elas", diz Cortez. "Eles não podiam fazer uma reunião com todos nós juntos porque o estresse era demais." Continuam então com visitas individuais a terapeutas, mas a maioria só dura algumas semanas.

Iturra, o psicólogo que os acompanhou enquanto estavam presos, faz críticas severas ao tratamento oferecido aos homens após o resgate. A maior parte de suas recomendações é ignorada, incluindo seu argumento de que deveriam voltar a uma nova rotina de trabalho, mais moderada (na superfície, é claro), após uma ou duas semanas de folga. Em vez disso, a maioria deles continua sentada em casa, esperando colher os frutos de seu status de celebridade internacional, e se sente obrigada a comparecer a todos os eventos, oficiais ou não, realizados em sua homenagem. "Eles viraram troféus", diz Iturra. "Viraram símbolos." Se você faz de um homem um símbolo de coisas muito maiores do que qualquer pessoa poderia ser, corre o risco de deixá-lo sem saber quem realmente é. "A pior coisa que fizeram foi chamá-los de heróis", diz a esposa de um dos mineiros. O mesmo governo que se esforçou tanto para realizar uma proeza técnica nunca antes vista na história, para resgatar 33 homens comuns, deveria ter percebido que esses homens comuns estavam prestes a empreender uma jornada emocional também sem precedentes. Mas seu sofrimento na superfície se desenrolava, na maior parte, no mundo privado do lar de cada um dos homens, e nenhum representante do governo se prontificou a assumir o controle da recuperação deles.

Em vez disso, no fim de outubro, os 33 homens foram convidados a visitar o palácio presidencial de La Moneda para uma comemoração pública. Para alguns poucos, como Florencio Avalos, essa será uma das últimas vezes em que se submete a uma exibição pública. "Eu fui a La Moneda porque nunca tinha ido e sempre quis conhecer. Depois disso, nunca ia a nada." Os 33 recebem a recém-cunhada medalha do bicentenário chileno, por atos heroicos que encerram as qualidades que mais trazem orgulho à república de duzentos anos. Ouvem o presidente fazer um discurso em que o resgate se torna uma metáfora para o que Piñera espera alcançar durante o resto de seu mandato ainda recém-iniciado. O presidente fala de construir um país sem pobreza, uma sociedade que trata melhor seus trabalhadores e diz que o poço de resgate de setecentos metros, produzido "por nossos engenheiros e técnicos" e que serviu como "uma ponte de vida, fé, esperança e liberdade", não será o último grande projeto empreendido pelo Chile.

Para os 33 homens da mina San José, assim como para o Chile, o futuro parece promissor. Os mineiros estão subindo a novas alturas, literalmente, quando visitam, em dezembro, o escritório de seus novos advogados em Santiago. Após uma série de recomendações, escolheram a maior firma de advocacia do país, a Carey and Company, para transformar o acordo verbal a que chegaram no subterrâneo em um documento legal. A Carey e seus especialistas também os representarão em negociações para a venda dos direitos de produção de um filme e um livro, contatando agências em Nova York e Los Angeles, além da firma de advocacia Arendt Fox, em Washington, D.C. Mas primeiro os homens precisam ver exatamente o que a Carey tem a oferecer, o que requer uma visita em grupo ao novo escritório da firma, no 43º andar daquele que é então o prédio mais alto do Chile — a recém-concluída torre Titanium, em um bairro chique de Santiago conhecido como "Sanhattan".

A Carey designou dez advogados para redigir os contratos. Eles estão entre os melhores advogados do país — homens e mulheres inteligentes, ambiciosos e poliglotas, formados e treinados em faculdades de Direito e firmas de advocacia no Chile, na Europa e nos Estados Unidos —, mas quando finalmente encontram os homens da mina San José, ficam momentaneamente estupefatos. "Você olhava para eles e de repente era tomado por esse enorme sentimento de patriotismo", conta uma das advogadas. Olhar para esses homens chilenos comuns é como olhar para a bandeira nacional, ou para os Andes, mas o sentimento de admiração se dissipa relativamente rápido e os advogados começam a tratar de negócios. Prepararam um contrato de vinte páginas e uma apresentação de PowerPoint, mas o interesse dos mineiros nas sutilezas da legislação sobre propriedade intelectual praticada no Chile e nos Estados Unidos não dura muito — uma das advogadas percebe um jovem mineiro no fundo jogando em seu celular, com um ar infantil.

Quando a apresentação acaba, os advogados deixam os mineiros sozinhos em uma sala de reuniões para decidir se concordam ou não com as propostas. A sala de reuniões no 43º andar é uma das mais impressionantes da América Latina — chama-se Sala Manquehue, porque tem vista para um pico dos Andes com o mesmo nome. A discussão é curta e civilizada, embora vários dos mineiros estejam furiosos com Mario Sepúlveda por ter dado uma entrevista a um jornalista da BBC que está escrevendo um livro com o qual os mineiros não farão nem um centavo. Mario também conversou com um produtor de cinema latino-americano, que disse que poderia oferecer um valor astronômico pelos direitos do filme. O acordo com a Carey criará uma nova entidade jurídica, chamada Propiedad Intelectual Minera S.A., mas esse acordo só será válido se todos os 33 homens concordarem em assiná-lo, incluindo Mario Sepúlveda. O homem com coração de cão é, nesse momento, uma das personalidades mais populares no Chile e poderia facilmente assinar seu próprio contrato. "Mario estava muito ciente de seu poder", diz uma das advogadas. Vangloria-se diante da advogada, dizendo que basta fazer um telefonema se quiser "tomar um chá com o presidente hoje à tarde".

Sentindo a pressão dos colegas e considerando a possibilidade de que venham todos a crucificá-lo perante a imprensa caso não o faça, Mario Sepúlveda concorda em assinar o contrato. A Propiedad Intelectual Minera nasce e os homens, que em 5 de agosto entraram em um local de trabalho subterrâneo que estava entre os lugares menos desejáveis para se trabalhar no Chile, podem, por um momento, se sentir como figurões do mundo corporativo no prédio mais alto do Chile. O arranha-céu não tem em altura nem um terço da profundidade da mina San José, mas a vista da janela da sala de reuniões só é limitada pela neblina do verão de Santiago. O prédio é inundado de luz e, lá do alto, os ex-mineiros conseguem enxergar uma nova rodovia que está sendo construída abaixo do rio Mapocho, um gigantesco projeto de construção símbolo da entrada do Chile no "primeiro mundo". Um novo Chile nasce e seu futuro é ilimitado, assim como o deles. São símbolos da força daquela nação, como disse o próprio presidente, e cada um recebeu do Congresso uma medalha forjada com minérios extraídos das montanhas do Chile por homens que sofrem e labutam nas profundezas da terra.

20

SUBTERRÂNEO

Em sua visita amplamente divulgada à Disney World em janeiro, os homens da mina San José vestem falsos capacetes amarelos de mineração enfeitados com orelhas de rato pretas. Em fevereiro, 25 dos mineiros visitam a Terra Santa, e o Ministério do Turismo de Israel dá a cada um deles um chapéu adornado com o slogan "Israel te ama". Os homens da San José são gratos à Disney pela oportunidade de levar suas famílias ao "lugar mais feliz do mundo" e também ao governo de Israel pela chance de visitar a Basílica do Santo Sepulcro e prestar homenagem à fé que ajudou a salvar suas vidas. No entanto, misturada a essa gratidão, há um estranhamento em relação ao tratamento de celebridade que os segue em suas viagens ao redor do globo. "Ser tratado como um astro do rock era estressante", conta Pedro Cortez, que vai a ambas as viagens. "Chegamos à Disney World e as pessoas queriam nos tocar. Como se fôssemos Deus, quase." Um visitante do Magic Kingdom vê um homem usando capacete amarelo caminhando pela rua principal, é informado de que é "um daqueles mineiros chilenos" e se lembra da história ligada ao homem de capacete: ele foi ressuscitado do mais profundo túmulo de pedra da história da humanidade. Com que frequência nos encontramos na presença de um milagre? Então os visitantes apontam câmeras na direção do homem de capacete, o seguem por alguns instantes só para vê-lo caminhar. "Sim, é um milagre estarmos vivos. Somos gratos a Deus e a todas as pessoas que nos ajudaram", diz Pedro. "Mas era como estar em um filme sobre a Semana Santa, em que Jesus está caminhando e todo mundo indo atrás dele." Esse estranho comportamento por parte de completos desconhecidos continua na própria Terra Santa.

Ao voltar ao Chile, Pedro decide que está na hora de parar de se sentir como um herói ou um personagem de uma história bíblica. Vai colocar a vida em ordem novamente. Para começar, em vez de comprar um Camaro amarelo, como sonhava quando estava preso na mina, compra um jipe usado. Porém, o mais importante é que decide se matricular em uma universidade para obter um diploma em eletrônica. Mas quando começa a frequentar as aulas, enfrenta o pequeno problema de ser a única celebridade internacional no campus. Jornalistas ficam de tocaia do lado de fora de sua sala de aula para entrevistá-lo. "Eu queria ficar relaxado, mas tudo à minha volta estava contra mim", diz ele. Reportagens televisivas e longos silêncios desencadeiam memórias da mina, e os rostos de sua namorada e de seus parentes lhe trazem sentimentos de inadequação. Certo dia, Pedro sai da aula chorando e perde dois dias de faculdade. "Eu sentia como se estivesse me afogando." Acredita que está decepcionando todas as pessoas à sua volta, que nunca conseguirá corresponder a suas expectativas, mas tem dificuldade em explicar esses sentimentos ao profissional que o deveria estar ajudando. "Nem o psicólogo entendia", conta Pedro.

Víctor Segovia não sofre de pesadelos nem de uma sensação de inutilidade nos primeiros meses após ser liberto da mina San José. Mas seu telefone celular está sempre tocando com ligações de amigos e parentes que o veem como a pessoa capaz de evocar a mágica que resolverá todos os seus problemas: não porque ele esteja vivendo um milagre e tenha acesso ao divino, mas por causa do dinheiro que tem no bolso. Telefonam com uma série de lamentos e pedidos: "Víctor, não estou me sentindo bem"; "Estou com um problema em casa, *huevón*"; "Eu preciso de 1 milhão de pesos" (em torno de 2 mil dólares); "Vão confiscar minha televisão e os móveis da minha sala de jantar, me ajuda!". Víctor diz que está sendo tratado pelos amigos e parentes "como um banco". "Um cara me ligava pedindo 40 ou 50 mil pesos", conta, o equivalente a aproximadamente oitenta ou cem dólares, "e nem me convidava para uma cerveja antes. Era tudo só para arrancar dinheiro de mim." Está cercado por muitos círculos concêntricos de necessitados: em determinado ponto, amigos de parentes e amigos de amigos começam a lhe pedir ajuda. Quando Víctor finalmente para de emprestar dinheiro, percebe que distribuiu cerca de 6 milhões de pesos chilenos (aproximadamente 12 mil dólares, quase um ano de salário), a maior parte dos quais nunca receberá de volta.

Meus primeiros encontros com os mineiros ocorrem mais ou menos na mesma época em que estão começando a se dar conta de que a riqueza pós-resgate não são tão grandes nem durarão por tanto tempo quanto esperavam. Assim como Víctor Segovia, começam a gastar relativamente rápido o dinheiro doado por Farkas — 1 milhão de pesos chilenos não valem mais tanto quanto costumavam valer. E com a maior parte do Chile acreditando que os mineiros ficarão ricos vendendo sua história, ninguém dá continuidade à convocação de Farkas para a arrecadação de 1 milhão de dólares para cada um deles. Richard Villarroel é o primeiro mineiro com quem converso em particular, em uma mesa de um restaurante em Copiapó. Ele me conta a respeito de quando golpeou a broca da perfuratriz com uma chave inglesa depois que ela rompeu a rocha, de ter crescido sem pai e do recente nascimento de seu primeiro filho. Traz a conversa para o presente e para seu estado mental, pois agora que não está mais visitando terras estrangeiras, agora que está em casa, o fardo daquilo pelo que passou está muito mais aparente. "Estou na parte mais difícil agora", me conta Richard. "Não sinto mais. Virei uma pessoa mais séria. Uma pessoa mais dura. Não choro por nada. Minha esposa também percebeu. O que quer que aconteça à minha volta, é como se eu não me importasse. Tenho essa doença de cabeça. Eu posso estar conversando com você num momento e, de repente, perco o fio da meada [*se me va la onda*]. Tenho que esperar você me dizer sobre o que estávamos conversando para poder lembrar o que era." Pergunto a ele se está indo a um psicólogo ou psiquiatra. Eu estava, ele responde. Mas o profissional que o estava tratando disse: "Você está bem. Pode ir". Ao que Richard respondeu: "Estou? Mas eu não me sinto mais o mesmo. Converse com a minha esposa. Ela vai explicar para você como eu era antes e como eu sou agora".

Conforme vou conhecendo os mineiros e indo as suas casas, várias de suas esposas e namoradas expressam esse mesmo pensamento: os homens que saíram da mina não são os mesmos que entraram. "O Arturo que costumávamos ter aqui em casa ficou para trás na mina", me conta Jessica Chilla, usando o nome do meio de seu companheiro, Darío Segovia, o nome que sempre usaram em casa. O novo Darío Arturo Segovia é estoico e indiferente. "Você pode dar um soco nele que ele não vai dizer nada. Ele não sente nada." Até a filha de seis anos concorda: "Ele não é o mesmo Arturo". Tudo o que Jessica deseja é voltar à reconfortante rotina diária que costumavam ter, aos prazeres simples de se revezar para apanhar a filha na escola.

"Nós tínhamos todo um sistema de vida", Jessica me conta na sala de estar do casal.

"É, um sistema de vida que era lindo", diz Darío.

"Ele até cozinhava para mim", acrescenta Jessica.

"Eu cozinhava", confirma Darío.

"Agora não cozinha mais", diz Jessica rindo, pois é uma ideia realmente incrível que um mineiro como Darío pudesse preparar refeições para a esposa, especialmente com todo o carinho com que costumava fazê-lo. Ri também porque, por mais que Darío Arturo tenha mudado, ela sente, a essa altura, que o companheiro está começando a melhorar. "Há dois ou três meses, ele estava muito pior."

Na casa em que divide com Yonni Barrios, Susana Valenzuela vem testemunhando o sofrimento de seu "Tarzan". Quando o sol se põe a cada dia e as janelas ficam escuras, ele entra em depressão. Yonni às vezes acorda no meio da noite, põe seu capacete e fica sentado no escuro na sala de estar, só com a lanterna do capacete ligada, como se estivesse de volta nas cavernas da San José, ouvindo os estrondos distantes. Às vezes ele começa a gritar e a socar as almofadas do sofá. "Eu não sabia o que fazer", diz Susana. Isso dura várias noites, até que finalmente Susana acende as luzes da sala, o segura, abraçando-o, e diz: "Acorda, acorda, *huevón*, já acabou". Depois, ele dorme o dia todo, a noite toda, dorme tanto que não pode ser normal. Então volta a não conseguir dormir e Susana prepara uma xícara de chá com leite, que leva para Yonni em uma bandeja, fingindo que é seu aniversário e cantando para o companheiro como se ele fosse um garotinho. *"Estas son la mañanitas..."* Repete isso durante alguns dias, a cada dia um novo "aniversário", com direito a chá, leite quente e cantoria. Susana consegue também que ele volte a ver o psiquiatra e, depois de algum tempo, Yonni começa a se acalmar um pouco.

Mais ou menos nessa época, apareço na casa de Yonni e Susana pela primeira vez e converso com o ex-mineiro por mais de duas horas em uma sala de estar coberta de fotografias do casal se abraçando nos dias seguintes ao resgate, mostrando um Yonni magro, pálido e exultante por estar de volta nos braços da namorada. Ao recordar o desabamento e os dias em que passaram fome, Yonni derrama muitas lágrimas, mas fica claro que é catártico para ele finalmente compartilhar a história com alguém que a contará para outras pessoas. "Eu gostei quando você veio e ele conversou com você, porque foi como se ele tivesse se desfeito daquilo", me diz Susana mais tarde. "Ele ia ser leal à sua promessa e não ia falar com mais ninguém."

A segunda vez que vou à casa de Yonni, meses mais tarde, é depois que sua esposa, Marta, o processou. Chego com o roteirista José Rivera e o produtor de cinema Edward McGurn, e perguntamos a Susana a respeito da esposa de seu namorado. Ela sugere que conversemos com Marta. "Ela mora no próximo quarteirão", diz Susana. "O Yonni pode mostrar a vocês onde é. Yonni, vai mostrar para eles", ela comanda. Quando Yonni parece relutante em fazê-lo, Susana solta uma boa risada e diz: "Não se preocupa, eu não vou te bater!".

Yonni caminha até o fim do quarteirão e atravessa a rua. O homem famoso em todo o mundo como o Don Juan da mina San José aponta para uma casa ali perto, com um leve sorriso, que poderia ser interpretado como dócil ou malicioso, não sei dizer qual dos dois.

Conversamos com Marta Salinas por alguns minutos, durante os quais ela permanece de pé atrás do balcão onde estão expostos os doces e outros produtos de sua lojinha, financiada pelo empréstimo tomado por Yonni. Marta afirma ter vendido para um jornalista americano as cartas que Yonni lhe escreveu de dentro da mina. Ao fim de nossa conversa, ela pergunta: "O Yonni já recebeu o dinheiro do filme?".

"Não, senhora", respondo. "Ainda não."

Poucas pessoas além dos 33 homens sabem exatamente o que José Henríquez dizia quando estava no subterrâneo, mas por todo o mundo ele ganhou o apelido de El Pastor. Algumas semanas após ter saído da San José, Henríquez dá uma palestra para uma multidão exaltada de evangélicos em uma igreja do tamanho de um auditório em Santiago, com vários de seus colegas mineiros presentes. "Eu via diante de mim 32 homens humildes perante Deus", diz ele do palco, descrevendo rapidamente as orações que conduzia no subterrâneo. "Agora, agradeço ao Senhor por esta oportunidade de testemunhar o grande poder de Deus. O que Deus fez naquele lugar é inegável. E que ninguém tente roubar essa glória de Deus. É por isso que estamos aqui", continua Henríquez, erguendo o punho em um gesto desafiador, como um homem que obteve uma grande vitória para a sua causa. Nos dias e semanas seguintes, José Henríquez poderia com facilidade transformar sua fama como El Pastor em uma lucrativa turnê como palestrante, pois o acordo que os 33 homens assinaram permite que deem palestras desde que não revelem os segredos essenciais a respeito dos primeiros dezessete dias. Mas na maior parte do tempo, Henríquez fica em casa e minimiza a importância de seu papel. Nas poucas ocasiões em que fala em público, faz questão de esclarecer que não é realmente pastor. "Acho que o que Deus viu na mina e o que o convenceu foi a humildade", afirma Henríquez em uma entrevista a uma emissora cristã. A humildade requer que Henríquez reconheça que não é um pastor, pois os homens que têm essa vocação sofrem para levar a palavra de Deus aos outros, como fazia seu avô, viajando de bicicleta por muitos anos de um local de culto para o seguinte. "Eu sou só um homem que entrou em uma mina sabendo quais poderiam ser as consequências."

Florencio Avalos, o capataz e primeiro homem a sair da mina, recusa todas as viagens para as quais é convidado, incluindo uma para a Grã-Bretanha, na qual sua presença foi especificamente solicitada. No primeiro aniversário do acidente, é inaugurada uma exposição sobre os mineiros no Museu Regional do Atacama, em Copiapó, mas Florencio não comparece, embora o presidente vá discursar — e tenha especificamente solicitado sua presença — e o local fique a apenas dez minutos de carro de sua casa. "Essas coisas não me interessam", ele me diz. Visito sua casa três vezes para ouvi-lo relatar suas experiências na mina San José. Ele fala com um sentimento de admiração e gratidão, embora não pareça sofrer tanto quanto seus colegas com essas memórias. Florencio retomou uma rotina. Trabalha na superfície para uma empresa de mineração enquanto os filhos vão para a escola. "Eu trabalho para que meus filhos possam estudar", diz. "Se eu não trabalhar, eles não podem frequentar uma escola." Sentamos para conversar em sua sala de estar, na casa de dois andares em um condomínio de classe média em Copiapó. Ele me convida para sentar e almoçar na mesma mesa onde sua esposa lhe preparava uma sopa no dia 5 de agosto.

Mais tarde, o filho adolescente, César "Ale", sai para ir à escola, mas não sem antes parar para dar um beijo de despedida no pai e na mãe. Nos Estados Unidos, não é frequente ver adolescentes tratarem os pais com todo esse afeto e, ainda que seja um gesto comum na América do Sul, há algo de comovente em ver o capataz do turno A compartilhar esse momento com o filho. Como todos os rituais de família no lar dos Avalos, este assumiu um significado mais rico e profundo nos meses e anos seguintes ao resgate de Florencio da mina.

Quando estava começando a morrer de inanição, Florencio imaginou os filhos crescendo, se tornando homens e vivendo o resto de suas vidas sem um pai cujo rosto pudessem beijar. Esse futuro trágico e vazio não virou realidade.

Ao fim da minha terceira viagem ao Chile, conheci todos os mineiros exceto um. Víctor Zamora não só é um homem difícil de ser encontrado, como também quer um dinheirinho extra para falar comigo e com os homens que estão produzindo o filme sobre os mineiros. Quando finalmente chegamos à sua casa, próxima à rodovia que leva à cidade de Tierra Amarilla, encontramos um carro batido na entrada da garagem. Zamora abre a porta e sai. O contraste entre o homem confiante que agradeceu à equipe de resgate naquele primeiro vídeo enviado à superfície e este homem descabelado e desorientado não poderia ser maior. Conta que penhorou as joias da esposa, o prazo da penhora venceu e ele não tem os 1,2 milhão de pesos (2400 dólares) para reaver as joias. Leopoldo Enriquez, um dos produtores do filme, é também um dos investidores mais bem-sucedidos do Chile e, após dar uma olhada no contrato de penhora, declara: "Isto é usura". Ele concorda em ajudar a pagar o empréstimo de Zamora, que então nos recebe em sua sala de estar entulhada.

Víctor Zamora explica que o carro batido em frente à casa é seu. Vem tentando começar um negócio de compra e venda de frutas (há um monte de frutas apodrecendo do lado de fora), o que requer dirigir de um lado para o outro. Recentemente, estava dirigindo na estrada quando apagou e bateu em um caminhão. Víctor tem dormido na direção. Seu subconsciente, de uma maneira absurdamente literal, tenta levá-lo de volta para a mina: ele liga o carro, parte em direção a seu local de destino, cai em uma espécie de atordoamento e, quando abre os olhos, descobre que está indo em direção à San José. Víctor explica que suas memórias do que aconteceu dentro da montanha não impediram o ataque à sua psique. "O que mais me afetou foi... ver minha própria morte e ver como meus companheiros estavam morrendo, lentamente", nos conta. Ao mesmo tempo, no espaço fechado do Refúgio, Víctor via a humanidade e a vulnerabilidade de seus colegas melhor do que jamais vira. Isso só tornou mais difícil e doloroso vê-los se aproximarem da morte. "Você enxerga a capacidade dos seres humanos de ter sensibilidade em momentos críticos, vê como nasce uma espécie de amor, um carinho, uma fraternidade num momento de perigo." Víctor acende um cigarro e fuma continuamente enquanto fala, e isso parece acalmá-lo o suficiente para que consiga nos dizer o que viu e fez na mina, em especial naquela primeira noite de fome.

Alguns meses mais tarde, estou entrevistando Luis Urzúa em Copiapó quando seu telefone toca com uma ligação de Zamora. Ele pergunta a Urzúa se a associação de 33 homens, um grupo informal liderado por Urzúa, pode lhe emprestar uma pequena quantia de dinheiro. Não é a primeira vez que Zamora pede um empréstimo, afirma Urzúa. Quando era jovem e vivia nas ruas, Zamora dependia da generosidade e da bondade dos outros e, durante alguns meses após sua libertação da mina San José, volta a esse estado infantil, revivendo sua condição de órfão — só que agora com uma esposa e dois filhos a tiracolo. Por fim, Víctor deixa Tierra Amarilla e volta com a família à cidade em cujas ruas morara quando jovem, Arica, a 1300 quilômetros e 24 horas de distância, ao norte. Lá encontra um emprego.

A distância de Copiapó e da mina ajuda Víctor Zamora. Quando falo novamente com ele, um ano depois, é um homem transformado. Longas caminhadas na praia, diz ele, e ouvir os amigos e parentes falarem de seus próprios problemas o trouxeram de volta ao presente. Converso com ele por telefone e ele soa como o homem confiante e centrado do primeiro vídeo enviado pelos mineiros à superfície. "Quando alguém quer falar comigo, eu nunca digo não", me conta. Começou a entender como moldou suas memórias da mina, transformando-as em algo que faz dele um pai e marido melhor. "*Queda mucho para vivir*", ele me diz. Ainda há muito a ser vivido.

* * *

Por mais profunda que tenha sido a crise de Zamora, não chegou a ser tão perigosa quanto as crises de depressão e bebedeira que Edison Peña sofreu. "Não tínhamos nada com que nos ocupar e todo aquele tempo livre acabou com a gente, foi um erro", me conta Edison, relatando o momento em que chegou ao fundo do poço. Desde 5 de agosto, Edison participou de muitas viagens, dentro da terra estrondosa e pelas ruas de paralelepípedo de Jerusalém, entre outros lugares, e cada vez que volta para casa, bebe. "Pelo que sei, os caras que foram à lua depois só queriam ficar no bar, bebendo sozinhos. Essa é a pior coisa que existe, beber sozinho." Com o primeiro aniversário do resgate se aproximando, o abuso de álcool de Edison e seus comentários a respeito de pensamentos suicidas acabaram levando à sua internação em uma clínica em Santiago. "Para a minha própria segurança", explica, não permitiram que eu deixasse as pequenas mas bem equipadas instalações, que de fora mais parecem a mansão de uma abastada família chilena.

"Fico sentado lá por uma hora e quero morrer[...] Comecei a sentir o terror de estar preso", conta Edison. É impossível para ele não associar as portas trancadas da clínica psiquiátrica com as paredes de pedra da mina. "Eu perguntei se eles me deixariam sair para as férias de setembro e eles disseram: 'Não, o risco é grande demais'. Então passei meu segundo 18 de setembro, meu segundo Dia da Independência, confinado." Em determinado ponto, Edison foi amarrado e colocado em um quarto com paredes acolchoadas, ele me conta, para protegê-lo de si mesmo.

"Por quanto tempo você ficou amarrado?", pergunto.

"Não lembro", ele responde. "Não me faça lembrar. Eu odeio agulhas e essas coisas todas."

Seu colapso emocional e a humilhação do tratamento forçado que veio a seguir são outro desafio a ser superado, diz Edison. "Depois de uma experiência como aquela, não sei como esperam que você esteja de bom humor e mostre às pessoas coisas positivas a seu respeito. Acho que conseguir fazer isso é um dom que os comediantes têm, mas eu não sou comediante. O que eu acho é que Edison Peña está tentando mostrar às pessoas alguma outra coisa a seu respeito, algo positivo[...] O mais importante é conseguir falar sobre essas experiências e entender que foi algo que você viveu. Muita gente que sofreu uma experiência como aquela não conseguiria falar a respeito. Se você consegue falar a respeito, isso é um dom. Se consegue sentar e conversar com uma pessoa que você não conhece muito bem sobre todas essas coisas pelas quais passou, isso é alguma coisa. Isso é coragem. É se conhecer."

Edison Peña claramente se conhece tão bem quanto qualquer um dos outros 33 homens da mina San José, mas isso não faz com que seja mais fácil viver de forma saudável. Meses depois de falar comigo, ele fica muito bêbado durante um dia de reuniões com os produtores do filme no resort de Algarrobo. Vários meses depois disso, Edison viaja a Copiapó para uma reunião com os outros mineiros, convocada por Luis Urzúa e pelos líderes de sua associação. Eles veem um Edison Peña diferente, um que nunca tinham visto antes. "Ele não estava bebendo", conta Urzúa. O homem que conseguiu encontrar a força de vontade para correr dentro da mina, para terminar uma maratona sem ter tido nenhuma preparação e para cantar músicas de Elvis na frente de estranhos em um idioma que não domina está tentando encontrar força para não beber. Ver Edison se esforçar para levar uma vida sóbria é, de certa forma, mais impressionante do que vê-lo correr nas cavernas da mina San José.

Após meses de negociações, o governo concede aos mineiros mais velhos uma pensão de aposentadoria. Também a oferecem aos mais jovens, mas como não é suficiente para se sustentarem, eles a recusam. Alguns dos mais jovens conseguem cobiçados trabalhos na superfície com a companhia nacional de mineração, a Codelco, embora esses trabalhos requeiram que se mudem para o sul do Chile. Ariel Ticona, cuja filha, Esperanza, nasceu enquanto estava na mina, não está preparado para deixar a cidade onde nasceu e foi criado e decide ficar em Copiapó, mesmo sem emprego. Embora quase nunca saísse de casa, "eu não queria estar em casa, ficava com raiva de todo mundo", conta. Finalmente, o homem que um ano antes era o novo pai mais famoso do Chile acaba deixando a esposa e a filha. "Ficamos separados por três, quatro meses. Eu sempre tive consciência de que estava decepcionando as duas. Eu tentava mudar, mas não conseguia", Ariel me conta. Após um tempo de reflexão solitária, "eu percebi que voltar a trabalhar seria minha terapia". Ariel volta para a esposa e os filhos e, durante uma pelada, fica sabendo de um emprego na área por meio de um de seus colegas de time, o mineiro Carlos Barrios. O trabalho consiste em operar um veículo de elevação de perfuradores — em uma mina subterrânea.

Menos de dezoito meses após ter sido retirado da San José, Ariel Ticona está dentro de um caminhão, entrando novamente em um buraco aberto em uma montanha. "No primeiro dia, eu me senti um pouco estranho", conta. "Não estava com medo. Não sei, só não queria estar lá." O fato de que todos os colegas de trabalho o tratam como uma celebridade torna a experiência ainda mais surreal. "No segundo dia, fiquei com medo. Ouvia o barulho de máquinas perfurando e me lembrava de quando estavam nos procurando. No terceiro dia, comecei a me acostumar." Depois de muitas sessões conversando com terapeutas e psicólogos a respeito do trauma de ficar preso debaixo da terra, Ariel é forçado a entrar mais uma vez no escuro e, após mais algumas semanas na mina, os inegáveis perigos do trabalho subterrâneo e sua capacidade de superar seus medos (não entra em pânico nem sai correndo) contribuem para convencê-lo de que talvez aquele fosse realmente seu lugar. Também ajudou o fato de que aquela era uma mina melhor e mais segura, "nem muito grande nem muito pequena". "No quarto dia, eu estava começando a gostar", diz ele. O trabalho em minas subterrâneas também tem suas recompensas, e ele logo consegue juntar dinheiro suficiente para comprar a casa que vinha alugando e começar a reformá-la.

Ariel Ticona voltou ao ponto de onde partira. Mais uma vez, se arrisca para dar à família uma vida confortável. O que os 69 dias durante os quais ficou preso na mina San José lhe trouxeram foram um carrinho de bebê espanhol de última geração, várias bandeiras e outros suvenires, uma medalha conferida pelo Congresso do Chile e memórias de visitas à Flórida, a Israel e a um cavernoso estádio de futebol em Madri.

Para Carlos Pinilla, o ex-gerente geral da San José, o legado da mina é a ignomínia local. "Eu não procuro trabalho em Copiapó", ele me conta. Também não fala com ninguém sobre o que aconteceu na mina San José. O dia em que os homens foram encontrados vivos foi "o dia mais feliz da minha vida, mais feliz do que o dia em que eu me casei, mas feliz do que o dia em que meu primeiro filho nasceu". Ele sabe que os mineiros o veem como o principal responsável por seu suplício, pois leu o testemunho dado pelos homens após o acidente a uma comissão do Congresso. Quando esbarrou com um dos mineiros em um prédio de escritórios em Copiapó, houve entre os dois uma tensa troca de palavras. Pinilla afirma que ainda não entende como a mina desabou e que nunca acreditou que ela desabaria naquele 5 de agosto. Mas é um homem diferente após o acidente. Refletiu muito sobre a pessoa que era. "A maneira como eu trato os outros é mais amigável", ele me conta, parecendo exausto após uma hora de entrevista. "Eu não queria mais ser o chefe-ogro. Quase imploro às pessoas para fazerem as coisas, dizendo 'por favor' o tempo todo."

Nos meses após o resgate, Carlos Pinilla encontra emprego em outras minas, incluindo uma que fica mais de quatrocentos quilômetros ao sul de Copiapó, em Ovalle. Por coincidência, dois ex-funcionários do turno A da San José também encontraram emprego ali: Claudio Acuña e José Ojeda. Assim como Ariel Ticona, trabalham abaixo da superfície. Luis Urzúa compartilha a informação comigo e eu lhe digo que essa parece ser uma reviravolta especialmente cruel do destino: ser vítima do desabamento de uma mina, depois se ver obrigado a trabalhar no subterrâneo em uma segunda mina com o mesmo chefe que um dia o deixou para trás, preso por 69 dias.

"Essa é a vida de um mineiro", diz Urzúa.

21

SOB AS ESTRELAS

Mario Sepúlveda está andando a cavalo perto de sua casa em Santiago quando é convocado para uma reunião com os homens e as mulheres que estão transformando sua história em um livro e um filme. Esperamos por ele em uma sala de conferência em um andar alto de um hotel em Santiago, e quando chega, atrasado, exibe o cabelo ralo, jeans, um poncho de lã no estilo dos *huazos* chilenos e botas de borracha cobertas de lama. Sua expressão intensa e suas roupas de cavalgada atraem olhares surpresos do recepcionista e dos carregadores de mala no lobby do hotel. A vida de Mario após o resgate tem sido bastante movimentada. Um ano após ter sido resgatado da San José, continua recebendo ofertas da mídia. Foi convidado para estrelar um *reality show* em que os participantes passarão metade do tempo vivendo em condições da Idade da Pedra e a outra metade na Era Digital. Sepúlveda também criou uma fundação para construir casas para as pessoas que ficaram desabrigadas pelo terremoto e tsunami que antecederam o acidente de 5 de agosto na mina. Sua filha, Scarlette, foi aceita pela Universidade de Nevada e ele foi convidado para dar uma palestra lá também, assim como em vários outros lugares.

Em minhas primeiras entrevistas com ele, Mario chorou e contou histórias de como ele e os colegas mineiros se uniram durante os primeiros dezessete dias. Mas agora, nessas entrevistas finais, conversamos sobre um assunto mais delicado, as oito semanas que se seguiram à publicação da carta em que ele se proclamara "líder absoluto" e o que aconteceu nos dias após sua chegada à superfície, quando ele concedeu a um repórter da BBC uma entrevista com conteúdo suficiente para que o jornalista escrevesse um livro. Muitos dos mineiros sentem que Mario os traiu e ele, por sua vez, também está zangado com eles e especialmente furioso com Raúl Bustos.

"Eu realmente queria encher o Bustos de porrada na mina, mas nunca me deixaram", conta Mario.* "Mas ainda não perdi as esperanças. Aqui na superfície, um dia. Eu juro... Eu odeio aquele babaca." Mario nos brinda com solilóquios loucos, que devem ser como os que costumava soltar dentro do Refúgio. Também nos conta histórias e as encena, se levantando para nos mostrar como reagiu quando sentiu o sopro do diabo em sua nuca ou caindo no chão para representar a cena de quando enganou Edison Peña com um falso discurso de morte. Acima de tudo, Mario levanta a voz: em gritos, apelos, denúncias e piadas. Ele nos faz rir e, ao mesmo tempo, nos deixa preocupados com seu estado mental. Quando fala sobre Raúl Bustos e seus outros "inimigos", repete várias vezes aquele mesmo insulto vulgar que se refere à parte da anatomia feminina, apesar de sua esposa, seu filho pequeno e um membro do sexo feminino da produtora estarem todos sentados à mesa conosco. Muitas mulheres ficariam preocupadas de ver o marido tão colérico, mas Elvira o observa com um distanciamento absorto, talvez porque saiba que Mario pode estar com muita raiva de alguém em um momento e, no seguinte, amar essa mesma pessoa. Nessas ocasiões em que todos os mineiros são convocados para uma reunião em grupo, todos os seus "inimigos" se tornam seus amigos novamente. Mario pode estar em uma sala com seus irmãos da San José, abraçar a todos e contar histórias como se nenhum deles jamais tivesse dito uma palavra desagradável sequer a qualquer um dos outros. Nesse sentido, os 69 dias que Mario passou na mina não o mudaram, mas simplesmente trouxeram à tona os aspectos turbulentos de sua personalidade para todos aqueles a seu redor e para um público mundial. Ele viajou à Califórnia, à Alemanha, à Hungria, ao México e a outros lugares para ser reconhecido como Super Mario e oferecer algumas palavras de sua própria versão frenética do otimismo do mineiro chileno. Em casa, sua coleção de cachorros (vira-latas e filhotes) cresce para dezoito, ele compra mais um freezer para carne (que está sempre cheio) e a esposa dá à luz um menino saudável, que chega ao mundo após nove meses completos de gestação, pesando quase quatro quilos. Quando um juiz chi-

---

* "*Tenía ganas de sacarle la concha de su madre pero nunca me dejaron.*"

leno determina que os proprietários da mina não são criminalmente responsáveis pelo desabamento, Mario diz a um repórter local: “Isso me faz querer me enfiar de novo em um buraco debaixo da terra e não sair mais”. Fica sabendo que seu herói, Mel “Coração Valente” Gibson, não vai representá-lo no filme oficial, mas que um famoso galã espanhol concordou em assumir o papel desafiador, porém substancial, do Homem com Coração de Cachorro.

Em Copiapó, não há estrelato para Carlos Mamani, o imigrante boliviano. Ele recusou um bom emprego como funcionário do governo de seu país natal. Como milhares de outros imigrantes, decide tentar a sorte no Chile, seu lar adotivo. Arruma um emprego em uma empresa de construção, operando um carregador frontal de modelo e marca semelhantes ao que operou durante a metade de um dia na San José. Certo dia, está no carregador, descarregando terra em uma peneira, quando a enorme nuvem de poeira produzida o transporta de volta ao dia 5 de agosto na mina San José. “Eu vi todo o desabamento de novo, exatamente como vivi naqueles primeiros momentos.” Abre a porta do veículo e solta um grito. O som de sua voz em pânico o desperta e o traz de volta ao presente. Faz mais de um ano que o acidente ocorreu e Carlos está surpreso de continuar tendo esses flashbacks, que fazem com que reviva o medo e a solidão de suas semanas debaixo da terra. “A parte mais difícil de estar lá embaixo era que eu não conhecia ninguém”, ele me conta. Hoje, todos à volta de Carlos sabem quem ele é, mas alguns de seus novos colegas de trabalho não estão felizes em ver um boliviano com feições indígenas e um sotaque do Altiplano ocupando um dos melhores cargos da empresa. “Você não deveria estar aqui. Por que você não volta para o seu país?”, dizem. Insinuam que Carlos está bem de vida — “um boliviano rico, imagina só” — e brincam dizendo que ele deveria convidar toda a equipe para um churrasco em sua casa. Carlos já lidou com racismo antes, mas nunca com racismo misturado com tanta inveja. Os comentários o deixam com raiva, mas sua resposta é simplesmente continuar trabalhando. Quando nos encontramos, sua rotina diária o leva a um projeto de construção de uma rodovia em uma estrada entre Copiapó e a próxima cidade ao sul, Vallenar. Sente-se satisfeito por estar sendo pago para fazer o trabalho que começou no dia em que a San José desabou, só que agora opera um carregador Volvo 150, um modelo levemente maior e de "mais prestígio", diz ele. Quando seu trabalho na rodovia estiver concluído, dirigirá nela e sentirá orgulho por ter ajudado a ligar duas cidades no Chile, o país onde se tornou um herói boliviano e onde decidiu ficar para criar os filhos.

Assim como ocorreu com Carlos Mamani, a crise emocional causada pelos 69 dias preso no subterrâneo demora algum tempo para acometer Víctor Segovia. Mais de um ano após o resgate, ele começa a se sentir sozinho e isolado. Os empréstimos que fez e que nunca foram pagos o deixaram se sentindo usado e insignificante, e o incomoda o fato de que nenhum de seus parentes e amigos pergunta como ele está emocionalmente. É como se não se importassem, pensa. Víctor vira um recluso, quase nunca sai de casa, e seu tormento interior começa a se manifestar na forma de doenças físicas, membros inchados e dificuldade de respirar. Os médicos lhe receitam remédios, mas a princípio os medicamentos são fortes demais e o deixam ainda mais doente. A dose é então corrigida, o que ajuda Víctor, assim como a nova válvula de escape que encontra para sua dor: começa a escrever novamente, a manter um diário. "Meu Resgate" é o nome escolhido para o novo diário, e em suas páginas Víctor descreve em detalhes as viagens que fez e como acabou caindo em depressão, ilustrando sua história e seu drama com desenhos.

Quando estava preso, Juan Illanes mantinha a mente ativa contando histórias e também imaginando a si mesmo realizando projetos domésticos. Quando volta para casa, em Chillán, termina esses projetos, incluindo a calha que fez e refez várias vezes na cabeça enquanto tentava dormir no nível 105. Entre os 33 sobreviventes da San José, Illanes é o primeiro a voltar a trabalhar, após encontrar um emprego na Geotec, a empresa responsável pela perfuração do poço do Plano B. "Trabalhar é a melhor terapia para estresse pós-traumático", afirma Juan. Estudos comprovam que a gravidade do estresse pós-traumático é diretamente proporcional ao tempo vivido sob ameaça de morte, e Juan aos poucos se liberta do trauma indo trabalhar, consertando equipamentos, depois voltando para casa e, no dia seguinte, indo trabalhar mais uma vez. Seu novo emprego é na Collahuasi, uma enorme mina de cobre a céu aberto próxima ao porto de Iquique, ainda mais longe de sua casa, no sul do Chile, do que era a San José, incríveis 2100 quilômetros no total. A maior parte da viagem da cidade onde mora àquela em que trabalha, contudo, é feita de avião. Trabalha durante doze dias e folga por outros doze, e cada viagem de ida e volta de um lado a outro do país faz com que mais uma camada de dor desapareça. "Tenho aprendido e crescido muito", diz ele a respeito do novo trabalho.

Meses e anos se passam e as lições daqueles 69 dias se tornam mais claras para os homens do turno A da mina San José. Raúl Bustos lembra como ele e a esposa estavam sempre procurando mais trabalho, tentando ganhar mais dinheiro, e como ele bebia uísque e Red Bull no meio da noite, esperando que ela voltasse de outro emprego, quando o terremoto e o tsunami se abateram sobre a cidade. Lembra-se do risco que correu, simplesmente por dinheiro, ao aceitar o emprego na San José apenas meses mais tarde. Agora se pergunta: o que eu estava buscando e por quê? Sessenta e nove dias de solidão o liberaram de sua inquietude. Sua família, sua casa, o quintal e o pessegueiro — enxerga tudo isso sob uma luz mais brilhante, e o tempo se move mais lentamente e parece mais rico de alguma forma. "Não estamos mais tão preocupados em ser bem-sucedidos", diz Bustos. Pedro Cortez, o jovem mineiro que não gostou do tratamento de "astro do rock" que recebeu nos meses seguintes ao resgate, começa a se sentir melhor quando as pressões e expectativas trazidas por seu status de celebridade começam a desaparecer. Os pesadelos e devaneios que faziam com que chorasse vão embora. "Você começa a pensar em outras coisas", explica: a filha, os estudos, os empregos que pode conseguir, a nova pessoa que vai se tornar. "Você não pensa mais na tragédia."

Darío Segovia e a esposa, Jessica, abrem um negócio. Em vez de comprar e vender produtos agrícolas, como Darío havia pensado, tornam-se distribuidores de uma empresa de refrigerantes. Darío cuida da frota de dois caminhões e Jessica faz a contabilidade no escritório montado em casa, onde encontram seus funcionários para o café da manhã todos os dias. Darío e Jessica dormem tarde e acordam cedo. "Com ou sem o dinheiro do filme, vamos continuar com a nossa empresa", diz Jessica. Ela gosta da ideia de que se tornaram "microempreendedores", seguindo os passos da irmã de Darío, María.

"Não há nada como ganhar seu próprio dinheiro", afirma María. "Damos mais valor às coisas que conquistamos com sacrifício." A ex-prefeita do Campo Esperanza continua trabalhando em Antofagasta, e certo dia está vendendo seus salgados em um brechó quando uma de suas filhas lhe telefona e diz: "Mamãe, você vai ter que ser forte de novo". Sua filha de 36 anos, Ximena, foi diagnosticada com leucemia. Com a doença avançando rapidamente, Ximena precisa ser transferida para uma unidade de tratamento intensivo em Santiago e, mais uma vez, María Segovia sente como se as forças da natureza e do destino estivessem tentando acabar com sua família. Entra em um ônibus e parte em direção ao sul. Sua filha está morrendo e, como toda mãe, María fará qualquer coisa para ajudá-la. Então, quando chega a Santiago, telefona para a pessoa mais poderosa que conhece, o ministro Golborne. O ministro a recebe em seu gabinete, a chama de amiga e a abraça, escuta sua história e chora com ela. Ele promete ligar para o ministro da Saúde para se certificar de que Ximena receba os melhores cuidados possíveis. Golborne não apenas cumpre a promessa como também aparece no hospital onde Ximena está internada, trazendo flores e acompanhado do ministro da Saúde. Ximena fica boa.

Um cético poderia observar que o ministro Golborne está prestes a lançar uma campanha à presidência e que em sua visita a Ximena no hospital traz a mídia de Santiago a tiracolo — a cobertura é um lembrete do papel de Golborne no milagre da mina San José. A compaixão e a tenacidade de Golborne durante a busca e o resgate na mina fizeram dele um dos políticos mais populares do Chile. A administração de Piñera decepcionou a maioria dos chilenos, mas Golborne é uma estrela em ascensão, um líder conservador com uma história cativante de serviço a 33 trabalhadores e suas famílias. Dois anos após o resgate, parece quase certo que será nomeado pelo partido como candidato à presidência. Porém sua campanha é logo abalada por controvérsias, incluindo uma que acaba completamente com sua imagem de homem do povo: a revelação de que mantém parte de suas riquezas em uma conta não declarada nas Ilhas Virgens Britânicas.

Os eventos ocorridos em Santiago sempre parecem muito longínquos para Juan Carlos Aguilar, o antigo supervisor da equipe de mecânicos. Está de volta em casa, na extremidade sul do Chile continental, na cidade de Los Lagos, e leva uma vida reservada, que inclui dar palestras em escolas locais. Com sua voz suave, sua falta de pressa e sua atitude despretensiosa, fala a crianças e adolescentes sobre a importância do trabalho em equipe, sobre como pessoas humildes podem superar as maiores dificuldades e como a fé pode nos fortalecer mesmo quando a morte está próxima. Seu papel como um dos líderes dos 33 homens no subterrâneo não é amplamente conhecido, mas todos os seus colegas mineiros reconhecem o que ele fez e isso é suficiente para Juan Carlos. Duas ou três vezes por ano, atravessa a metade do Chile para participar de reuniões em Copiapó, porque aqueles mesmos homens o escolheram para ser um dos três membros de seu comitê de líderes. Discutem a possibilidade de criar uma fundação para ajudar mineiros pobres. Mas Juan Carlos sente que não está fazendo o suficiente. Algo especial lhe aconteceu, algo que quase o matou e que lhe deu uma vida nova. Pensa no rosto dos homens naquele buraco e na "guilhotina" cor de ardósia que os prendeu. Em cartas escritas no Refúgio e em sonhos trazidos pela inanição, disseram adeus a suas famílias e todo um país trabalhou para retirá-los do escuro. Juan Carlos se pergunta por que ele, entre tantos milhões de trabalhadores, foi escolhido para viver essas experiências. "Acordo todas as manhãs e pergunto a Deus: 'O que eu devo fazer com isso?'."

Dois anos e meio após o acidente, Juan Carlos Aguilar está ao lado de Luis Urzúa em Copiapó na coletiva de imprensa para o anúncio da criação da nova fundação sem fins lucrativos dos mineiros, a Trinta e Três do Atacama. A missão da fundação é ajudar os pobres da região e os *perquineros*, os mineiros artesões cuja cultura moldou a infância e a vida familiar de muitos dos 33 homens. A maioria dos sobreviventes da San José está presente, incluindo Mario Sepúlveda, Raúl Bustos e Edison Peña, assim como o ministro das Minas, Laurence Golborne, que não pode mais ser acusado de ter motivações políticas imediatas. Reúnem-se no Cassino e Hotel Antay, em frente à capela onde está guardada a relíquia católica mais sagrada para os mineiros locais, e escutam enquanto Luis Urzúa lê algumas palavras que preparou. "Por que sobrevivemos a uma tragédia?", pergunta. "Qual a missão a ser seguida por cada um de nós?" Desde o resgate, Luis fez aulas de oratória e tornou-se na superfície algo que não era no subterrâneo — o líder incontestável dos 33 mineiros. Urzúa me conta que aprendeu a falar com "figurões" e que mais de uma vez escreveu cartas e e-mails incisivos a poderosos advogados e produtores de cinema em Santiago e Los Angeles. Com o passar do tempo, no entanto, seus antigos companheiros começam a questionar suas ações (do mesmo modo que fizeram na mina), e votam para tirá-lo do comitê de liderança.

Na última vez que falo com Luis, ele está irritado com vários de seus ex-colegas. Mas para as pessoas de fora ele ainda tem seu papel como uma figura histórica do Chile e da mineração. Além de suas responsabilidades como líder dos 33 homens, Luis sente que o colapso da mina e o drama do resgate o ligaram a estranhos espalhados por todo o mundo. No Chile, as pessoas lhe dizem que nunca esquecerão onde estavam quando ouviram a notícia de que os mineiros haviam sido encontrados vivos. Era um domingo, um dia de família, no horário da principal refeição do dia. "Estávamos nos sentando para comer", contam, e se lembram de ouvir os sinos da igreja tocando e as pessoas correndo para as ruas. Os chilenos que estavam no exterior quando 1,2 bilhão de pessoas assistiram aos homens sendo resgatados na televisão lhe contam que ser chileno naqueles dias de outubro era sentir como se todo o mundo o tivesse adotado. Éramos parabenizados por sermos chilenos, contam os compatriotas a Urzúa.

A sensação que Luis tem ao conversar com todos esses estranhos não é a de que o enxergam necessariamente como um herói nem de que o admiram. Entende que é como se esses estranhos tivessem vivido algo juntos: uma experiência compartilhada, com ele dentro da mina e eles do lado de fora. O que sente desses estranhos é a gratidão de pessoas que receberam uma história real de esperança, uma lenda atemporal nascida em sua própria época, em um país humilde à sombra dos Andes.

A primeira vez que encontrei Alex Vega foi em sua casa em Copiapó, aproximadamente onze meses após o resgate. Ele não estava bem. Perguntei-lhe a respeito da história de sua família e sobre como era trabalhar na San José, e percebi que sua mão tremia. Conversamos um pouco mais, e o tremor parecia se espalhar pelo corpo, como se estivesse tremendo de frio naquele dia quente e ensolarado de primavera. "Você parece um pouco nervoso", eu disse, e logo Alex começou a falar sobre as "cicatrizes" que ainda tinha e de como lutava com mudanças de humor e pesadelos que agora começavam a ficar menos frequentes, mas que ainda o assombravam. Acima de tudo, o que perturbava Alex era a sensação de que precisava estar sozinho, de que a esposa e os filhos ficavam melhores quando ele não estava no mesmo cômodo, o que é um pensamento doloroso e confuso para um homem que ama a família, ainda mais após passar 69 dias ansioso para estar novamente com ela.

A reação de Alex a essa crise emocional acaba sendo se apegar mais à esposa, Jessica, tornando-se mais dependente dela. Percebe que não consegue sair de casa para uma longa viagem sem ela, e quando vai a Santiago para se encontrar com os outros mineiros, a reunião acaba tendo a presença dos 33 homens e de Jessica Vega, não porque ela seja intrometida, mas simplesmente porque Alex não consegue pegar um avião ou estar em um quarto de hotel sem ela. Os outros mineiros não ficam ressentidos com ele, pois todos sabem muito bem o que Alex está enfrentando.

A cada vez que volto a encontrar Alex — sete meses depois, um ano depois — ele está melhor. Em sua casa no bairro de Arturo Prat, sou apresentado a seu pai, à irmã e ao irmão e também entrevisto Jessica. Após algum tempo, fica claro para mim que Jessica desconhece muito do que aconteceu com Alex. "Posso contar para ela?", pergunto. Mais cedo ou mais tarde ela vai ler neste livro e talvez seja melhor que ouça de mim agora. Alex diz que não há problema, então conto a Jessica como seu marido foi arremessado por uma das explosões causadas pelo colapso da mina; conto como, em seu desespero para chegar em casa, ele arriscou a vida tentando rastejar por debaixo da pedra que bloqueava a Rampa; e conto também como ele se ofereceu para não comer no 16º dia, quando os outros mineiros disseram que ele estava com uma aparência dolorosamente magra, fraca e faminta. A descoberta de que Alex carrega essas memórias durante todo esse tempo faz com que Jessica chore por um breve instante e mais tarde, quem sabe, de certa forma lhe dê uma luz, como se o enredo e o significado do filme em que está vivendo lhe tenham sido subitamente esclarecidos.

O acidente na mina San José fez de Copiapó, por um breve período, a cidade de mineração mais famosa do mundo. Desde então, a vida rapidamente voltou a seu ritmo cotidiano, à rotina de extração de minerais e às excentricidades do clima e da geologia descritas por Darwin em seu diário. Um terremoto de 8,2 de magnitude sacudiu o deserto do Atacama. E nove meses após o resgate dos 33 homens, uma chuva torrencial caiu sobre a cidade. O rio Copiapó encheu pela primeira vez em catorze anos e as margens transbordaram, forçando a evacuação dos ocupantes ilegais do bairro de Tornini, assim como outra tempestade expulsara María e Darío da casa onde moravam quando crianças. Os ocupantes de Tornini foram posteriormente despejados pelo governo municipal para liberar a área para a construção de uma estrada de acesso a um shopping center, mais um símbolo do crescimento econômico da cidade. Quando as moradias já haviam sido esvaziadas, porém ainda não demolidas, vira-latas perambulavam pelas ruínas.

A mais ou menos cem metros de distância, do outro lado da ponte por meio da qual a rodovia Pan-Americana atravessa o rio Copiapó, a cidade ergueu o mais conspícuo monumento local ao resgate dos "33 do Atacama" — uma mulher alta, de pele cromada, segurando uma pomba. Doada pelo governo chinês, a escultura fica de frente para o leito seco do rio Copiapó e recebe todos aqueles que entram na cidade em carros e ônibus vindos do sul, incluindo os que vêm para trabalhar nas minas da região. Do lado de fora da cidade, na mina San José, uma cruz e um monumento foram erguidos no local onde as famílias dos 33 homens se reuniram e montaram o Campo Esperanza. São raros os turistas que fazem o percurso de 45 minutos de carro de Copiapó para visitar a mina. A entrada da San José está completamente coberta, com uma cerca de arame. Se o guarda do local não estiver olhando, é possível caminhar até a cerca e dar uma espiada no túnel sombrio que leva a um labirinto vazio e destruído de cavernas subterrâneas.

Na última vez em que me encontro com Alex Vega e sua família não é para entrevistá-los, mas para um jantar. Parto a pé em direção à casa de Alex e, entrando no bairro de classe operária de Copiapó ao cair da noite, deparo com uma coleção de casas baixas. Não há mais ninguém na calçada além de mim, até que vejo um grupo de homens jovens reunidos debaixo de um poste de luz que acaba de ser aceso na crescente escuridão. Eles olham furtivamente para baixo, fitando uma avenida pavimentada que claramente não vê muito movimento, e passo por eles, depois por depósitos e casas feitas de estanho e madeira, agrupadas atrás de muros de concreto. Mais uma vez, estou sozinho na rua, embora tenha a impressão de que, por trás dessas barreiras, se encontrem famílias muito trabalhadoras que encheram seus terrenos até a borda de cômodos, móveis e utensílios, mas cuja humildade só lhes permite gozar dessa prosperidade se tiverem certeza de que ninguém os verá. Erro o caminho e deparo com dois meninos que brincam de rolar um pneu por uma das ladeiras do bairro; eles me ajudam a sair dali.

Quando chego ao endereço de Alex, encontro a casa do mesmo jeito que me lembrava: inacabada. Alex não completou o projeto de construção que o levara a trabalhar na San José para ganhar um dinheirinho extra. Ainda tem um cômodo velho entulhado com fogões e uma mesa, e um mais novo com um grande sofá e algumas poltronas; entre eles, há um espaço vazio esperando para ser preenchido com a nova construção. O muro que vinha construindo com a esposa, contudo, está mais alto, quase pronto. Quando aperta a minha mão, percebo como, pela primeira vez, o faz com a firmeza de um homem que trabalha com ferramentas. Após mais de dois anos de sofrimento emocional, Alex tomou várias medidas para se curar, incluindo voltar a trabalhar no conserto de veículos. Quando nos sentamos para conversar, ele me conta o que fez para se livrar dos pesadelos sobre ser enterrado vivo. "Eu não conseguia dormir, então disse a mim mesmo: 'Eu preciso enfrentar esse medo. Preciso entrar de novo em uma mina'." Perguntou ao cunhado, que trabalhava no subterrâneo, se podia acompanhá-lo, e por uma semana Alex entrou na mina todos os dias, descendo trezentos metros abaixo da superfície. Dirigia para as profundezas escuras, perambulava pelos corredores de pedra, depois voltava e saía daquelas cavernas sombrias ao encontro da luz do sol. Depois disso, os pesadelos nunca mais voltaram e ele parou de acordar chorando no meio da noite. O próximo passo em sua recuperação, ele me conta, será reunir todos os seus familiares e amigos para falar sobre o que viu e tudo a que sobreviveu durante 69 dias debaixo da terra, um assunto que ele e as pessoas à sua volta deliberadamente evitam há anos. "Eu quero virar a página e deixar tudo isso para trás."

Quando a irmã de Alex, Priscilla, chega mais tarde com o namorado, o mariachi Roberto, e outro dos irmãos Vega, Jonathan, o ambiente está leve e alegre. A presença do autor do livro sobre Alex e seus colegas leva Jessica, Roberto e Priscilla a se lembrarem de como era o Campo Esperanza, com suas fogueiras, famílias e suas figuras estranhas: o palhaço que surgira para fazer as crianças rirem, as celebridades que foram só para aparecer em fotos, os trabalhadores que ajudaram nas perfurações e na busca e os repórteres vindos de todos os cantos do mundo. Então, como a noite está agradável e alguns dos Vega querem fumar, vamos para o lado de fora.

Enquanto seus dois filhos pequenos correm, circulando-o várias vezes enquanto brincam de pega-pega, entrando e saindo do pátio de cimento, Alex tem o semblante calmo e satisfeito de um homem que voltou para casa após uma longa viagem e que consegue enxergar como sua presença é reconfortante e uma fonte de força para as pessoas à sua volta. Sob o céu escuro e as estrelas, escuto a família contar mais histórias sobre os 69 dias que passaram na San José, especialmente sobre a madrugada de 22 de agosto no Campo Esperanza. Vocês se lembram daquela noite?, pergunta Roberto. Que noite mágica, não foi? Alex diz que não, não se lembra, e todos riem. Bem, era como se você estivesse lá com a gente, Alex, mesmo que você estivesse enterrado setecentos metros debaixo da terra. Era uma noite fria de agosto, mas a família Vega estava cheia de esperança, pois tinham sido informados de que a perfuratriz do Plano B estava perto do Refúgio e tinham fé de que ela chegaria até Alex. O deserto ao redor da mina estava coberto de flores, após uma rara ocorrência de chuva alguns dias antes. Os Vega recordam as canções que cantaram naquela noite, incluindo aquela que Roberto escreveu sobre "El Pato" Alex e seu pai, de setenta anos de idade, que entrara na montanha em busca do filho.

Naquela noite, em um deserto coberto de flores e uma caverna coberta de fungos, Alex e sua família viveram um acontecimento épico que pertence ao mundo e à história do Chile, mas que é também um conto familiar, tão íntimo quanto esse espaço pequeno e inacabado que Alex e Jessica Vega chamam de lar. Para Alex, a odisseia termina com a renovação do ritmo diário em sua casa: de manhã, quando sai para trabalhar sob a neblina conhecida como *camanchaca*; à tarde, quando o sol do deserto a dissipa; e à noite, como esta, quando o ar fresco o chama para o lado de fora com a família. Olho para cima, para a abóboda celeste da noite do hemisfério sul que não me é familiar, e vejo um céu como o que a família de Alex via do Campo Esperanza, incluindo uma constelação chamada Fênix e as cinco estrelas brilhantes da Crux, um grupo de estrelas também conhecido como o Cruzeiro do Sul. Sob as estrelas do sul, antes do amanhecer do dia 22 de agosto, tinham fé de que em breve testemunhariam um milagre e cantavam uma canção dizendo que Alex seria liberto de sua prisão na montanha. Nesta noite, voltam a cantá-la, para um visitante de um país distante e para Alex.

"E El Pato voltará!"

"Ele voltará!"

Quando a canção termina, Alex Vega olha para as pessoas que o amam e que sorriem com a lembrança da noite em que entoaram essas palavras pela primeira vez.

"E aqui estou", diz ele.

AGRADECIMENTOS

Este livro baseia-se, em grande parte, nas centenas de horas de entrevistas que realizei no Chile com os 33 sobreviventes do colapso da mina San José e suas famílias, assim como no diário mantido por Víctor Segovia. Muitas das entrevistas foram realizadas nas casas dos mineiros, individualmente e em particular, ou com suas esposas, namoradas, filhos e outros parentes presentes. Algumas entrevistas foram realizadas em grupos, em hotéis em Copiapó e nos escritórios da firma de advocacia Carey em Santiago.

Assim como ocorre com qualquer experiência vivida por um grande grupo de pessoas — ainda mais uma experiência como essa, em que as pessoas envolvidas correram risco de morrer e tiveram suas vidas completamente alteradas —, há com frequência diferenças dramáticas de opinião sobre certos eventos e sobre o comportamento de certos indivíduos. Os 33 homens, como um grupo, me confiaram sua história, para que eu a contasse e separasse exatamente o que é mito do que é realidade, o que me esforcei por fazer dentro de minhas possibilidades. A responsabilidade por quaisquer erros no texto é exclusivamente minha.

Muitos dos detalhes físicos relativos às experiências dos mineiros durante seus primeiros dezessete dias presos no subterrâneo foram retirados de minhas entrevistas, mas também de diversos vídeos gravados pelos próprios homens. José Henríquez levou seu telefone celular para a mina naquele fatídico 5 de agosto (em vez de deixá-lo em seu armário no vestiário, como fizeram os outros) e a câmera desse celular oferece os únicos registros visuais daqueles dias. Além disso, o governo chileno compartilhou comigo a versão sem cortes do primeiro vídeo gravado não muito depois da descoberta dos homens, cenas que fornecem provas dramáticas da degradação física deles e das condições desumanas dentro da San José. Também tive acesso a imagens e vídeos particulares gravados pelos próprios mineiros (com câmeras enviadas após a chegada dos poços de resgate até eles). A fim de reconstruir o que é entrar e trabalhar em uma mina subterrânea, também me foi de grande ajuda ter visitado o interior de uma mina próxima à San José na companhia do ministro das Minas, Laurence Golborne.

Além das entrevistas, um documento-chave para a composição deste livro foi o relatório sobre o acidente e suas causas, preparado por uma comissão de investigação do Congresso do Chile. Os peritos da Nasa que viajaram até o Chile contaram suas histórias para um projeto de história oral da Nasa e esses relatos serviram como base para os capítulos relativos aos esforços de resgate. Outros detalhes vieram das entrevistas concedidas pelo perfurador americano Jeff Hart a um canal de televisão do Colorado e uma palestra que deu na Colorado School of Mines. Um estudo de 1993 sobre a geologia e a "mineralização" do sul do Atacama, feito por diversos cientistas para o *Periódico Internacional de Ciências da Terra* (*Geologische Rundschau*), foi uma das fontes para os trechos a respeito da história geológica da região. As observações de Darwin sobre Copiapó e o Atacama foram retiradas de seu famoso diário, *A viagem do Beagle*. O relato da tentativa de resgate fracassada de Pedro Rivero baseia-se, em parte, na entrevista concedida por ele em novembro de 2010 à revista de mineração *Area Minera*. A excelente retrospectiva de 2011 sobre o resgate, realizada pela revista *Minería Chilena*, também me forneceu e confirmou fatos cruciais. Muitos detalhes a respeito do resgate vêm da volumosa cobertura diária dos eventos publicada em jornais chilenos, especialmente *La Tercera* e *El Mercurio*, assim como dos relatos de Carlos Vergara Ehrenberg em seu livro, *Operación San Lorenzo*. Este veterano da reportagem jornalística gostaria de reconhecer o profissionalismo dos escritores e fotógrafos chilenos que cobriram o desastre da mina San José e espera que eles consigam enxergar a influência de seus esforços coletivos neste relato.

Entre as várias entrevistas que realizei com membros da equipe de resgate e representantes do governo, muitas se destacam, especialmente aquelas com Golborne, Cristián Barra, Pedro Gallo, André Sougarret, os perfuradores Eduardo Hurtado e Nelson Flores, o especialista em resgate Manuel González, o supervisor de turno Pablo Ramírez e Carlos Pinilla. O psicólogo Alberto Iturra disse que conversou comigo porque seus "clientes, os mineiros", lhe pediram que o fizesse. Finalmente, gostaria de agradecer especialmente às famílias de Darío Segovia, Florencio Avalos e Alex Vega pelas muitas horas que passaram comigo em suas casas.

A advogada María Teresa Hola foi minha guia em Copiapó quando eu ainda estava aprendendo a me orientar pela cidade e também compartilhou comigo seu conhecimento a respeito da história de sua cidade natal, assim como fizeram muitos outros habitantes. Na firma de advocacia Carey em Santiago, Paulina Silva e Pilar Fernández me contaram a respeito de suas experiências com os mineiros, e Claudia Becerra e Soledad Azérreca me ajudaram a localizá-los para entrevistas e organizaram a logística de minhas viagens ao Chile. Os advogados Guillermo Carey, Fernando García, Remberto Valdés e Ricardo Fischer estão entre aqueles que concordaram em me confiar este projeto e sou grato por seu apoio.

Na Phoenix Pictures, Edward McGurn, Patricia Riggen e o lendário Mike Medavoy ofereceram maravilhosas palavras de incentivo após terem lido meu manuscrito, que na época era ainda um trabalho em andamento. Nuria Anson transcreveu centenas de páginas de entrevistas, e sem seu trabalho incansável e incrivelmente rápido este livro teria levado muitos anos a mais para ser escrito. Jessica Boianover, em Buenos Aires, e Jazmin Ortega, em Los Angeles, transcreveram entrevistas adicionais, e Ricardo Luis Mosso realizou pesquisas em Buenos Aires. O roteirista José Rivera foi meu parceiro durante muitas entrevistas, e seus insights sobre a história dos mineiros foram inestimáveis. Os produtores de cinema Leopoldo Enríquez e Cecilia Avalos também ajudaram a organizar muitas das entrevistas.

Escrevi a maior parte deste livro enquanto trabalhava como repórter para o *Los Angeles Times* e gostaria de agradecer aos colegas que me ajudaram a cumprir minhas responsabilidades enquanto me dedicava a este projeto gigantesco, incluindo Nita Lelyveld, Joy Press, Carolyn Kellogg e David Ulin. Sou também imensamente grato a Judy Baldwin por seus insights a respeito do processo criativo e do espírito humano: seus conselhos me ajudaram a conservar minha sanidade mental e a me manter centrado durante o processo de escrita deste livro.

Obrigado a Jay Mandel, Alicia Gordon e Eric Rovner, da William Morris Endeavor, por confiarem em mim e me trazerem para este projeto. Meu amigo de longa data e editor Sean McDonald não apenas não hesitou quando eu lhe disse que queria escrever este livro, como também encontrou um lar para ele na FSG.

Finalmente, e o mais importante, minha esposa, Virginia Espino, que deu suporte a nossa família durante os três anos que passei trabalhando neste livro e aguentou minhas ausências durante as cinco viagens que fiz ao Chile. Eu não poderia ter escrito este livro sem seu amor e apoio. Obrigado, *amor de mi vida*.

ESTA OBRA FOI COMPOSTA PELA ABREU'S SYSTEM EM ADOBE GARAMOND
E IMPRESSA EM OFSETE PELA PROL GRÁFICA SOBRE PAPEL PÓLEN SOFT DA SUZANO
PAPEL E CELULOSE PARA A EDITORA OBJETIVA EM AGOSTO DE 2015